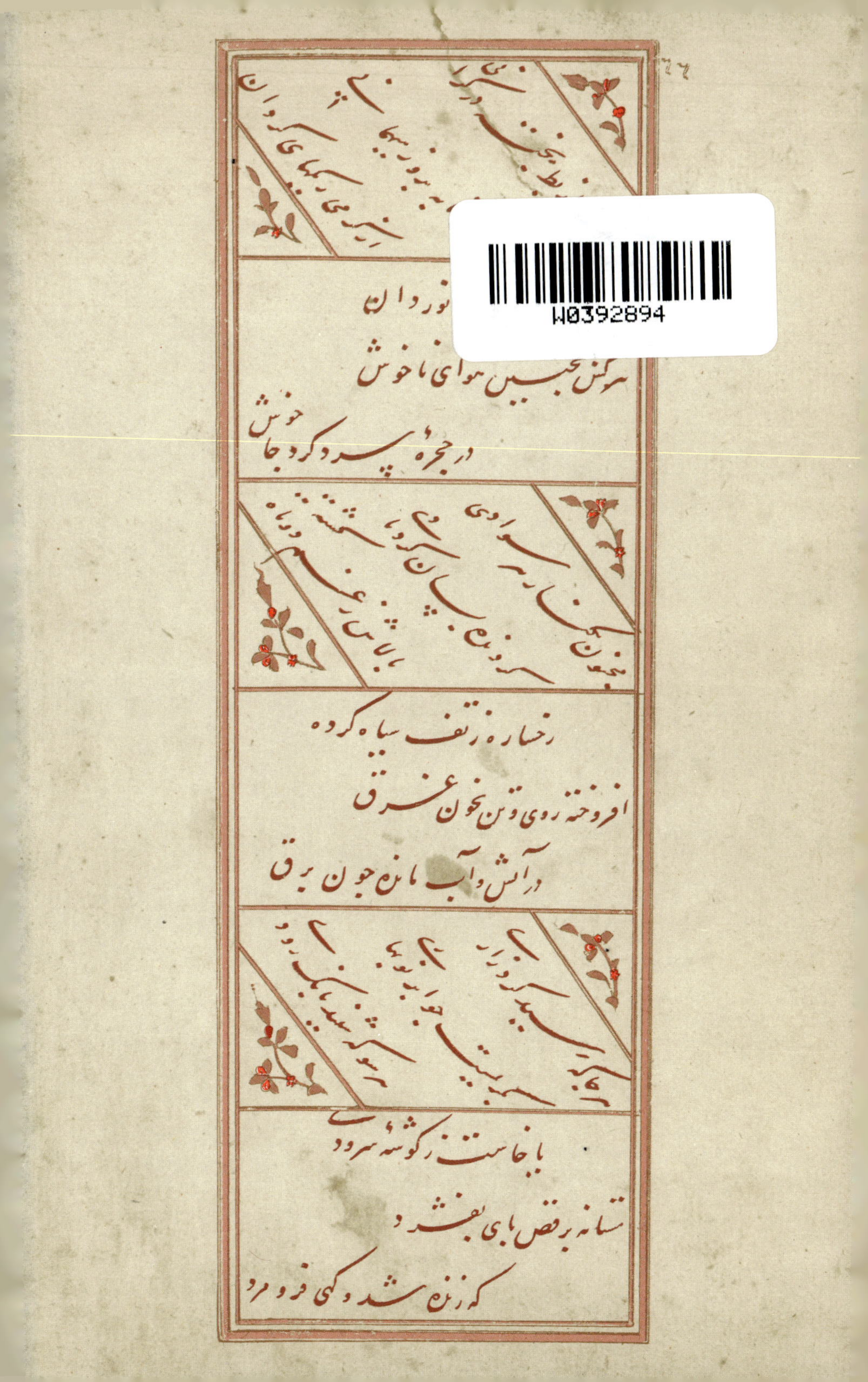

[illegible] بطن [illegible] زنش [illegible]
[illegible] بدور بیها [illegible]
[illegible] کیهای [illegible] کردوان

[illegible] نوردان

هرکس بجبین هوای ناخوش

در حجرهٔ پسر دو کرد جا خوش

[illegible] سوادی

[illegible] کرده [illegible]

[illegible] چشمه [illegible] دو ماه

رخساره زتف سیاه کرده

افروخته روی و تن بخون غرق

در آتش و آب مانده چون برق

[illegible]

[illegible]

[illegible]

برخاست زگوشهٔ سرودی

مستانه برقص پای بفشرد

کز زن شد و کی فرو مرد

Annemarie Schimmel

† 26.1.2003

Nimm eine Rose und nenne sie Lieder

Poesie der islamischen Völker

Eugen Diederichs Verlag

Aus dem Arabischen, Persischen, Türkischen, Urdu, Sindhi, Paschto und Pandschabi übertragen.
Der Umschlag wurde nach einem Schmuckblatt persischer Poesie aus dem frühen 16. Jahrhundert gestaltet, das Vorsatzpapier nach Blättern einer Anthologie persischer Dichtung aus dem späten 15. Jahrhundert.

CIP-Kurztitelaufnahme der Deutschen Bibliothek
NIMM EINE ROSE UND NENNE SIE LIEDER:
Poesie d. islam. Völker/Annemarie Schimmel.
1. Aufl. – Köln: Diederichs, 1987.
ISBN 3-424-00909-1
NE: Schimmel, Annemarie [Hrsg.]

Erste Auflage 1987

Umschlaggestaltung: Roland Poferl, Niederkassel
Satz: Fotosatz Harten, Köln
Druck und Bindung: May & Co. Darmstadt
ISBN 3-424-00909-1

Dem Andenken meiner Mutter,
die Poesie liebte, besonders Rumi und Iqbal,
die jahrzehntelang meine liebevollste, aber unbestechliche Kritikerin war,
und die in diesem Jahr 1987 ihr hundertstes Lebensjahr erreicht hätte.

Wir kommen von des Lebens Gipfelhöhe,
Sind wieder Kinder in der Mutter Nähe,
Vom Denken frei, mit Lachen unbeschwert
Sind wir ins Paradies zurückgekehrt.

Wer wird, auf mich zu Hause wartend, beten?
Wer unruhig sein, wenn Briefe sich verspäten?
Ich werde in dein Grab die Frage senken:
Wer wird im Nachtgebet jetzt meiner denken?

IQBAL

Inhalt

Dichtkunst in der Welt des Islam

Eine Einführung

Was ist Poesie? Das Schönheitsfest,
da Wahnsinn sich eint mit Verstand.
Was ist Poesie? Der Vereinigungsort,
da Liebe und Weisheit sich fand,
Das Rinnen des Stromes der Schöpferkraft
in die Wüste künstlicher Dinge,
Das Zersprühen farbiger Sterne auch,
das die finstere Nacht durchdringe...
Was ist Poesie? Das Vorüberziehn
einer Welle im Halbschlaf der Welt,
Ist der Laut des Taus, der auf das Blatt
der schlummernden Rose fällt.

So besingt der pakistanische Dichter Josh Malihabadi, einer der wortgewaltigsten Meister der modernen Urdu-Literatur, die Poesie, der er, wie ungezählte andere vor ihm, sein Leben gewidmet hatte.

Die Dichtergärten in der Welt des Islam sind ebenso zahlreich wie unbekannt. Von der heroischen und kunstvollen Poesie der frühen Araber, die in der arabischen Welt immer als unerreichbares Muster galt, erstreckt sich diese Literaturlandschaft bis zu den modernen Urdu schreibenden Lyrikern, die in Nordindien und Pakistan beheimatet sind; von der epischen Dichtung der Perser zu anmutigen Volksliedern der Türkei: jede Stimmung, jedes Gefühl ist in Poesie wiedergegeben worden, und je nach Neigung kann sich der Leser an hochfliegenden Liebeshymnen oder an sehr irdischen Spottreden, an preziösen Naturschilderungen oder herzzerreißenden Totenklagen, an geschliffenen Weisheitssprüchen oder Traumbildern der Seele erfreuen. Die islamische Dichtung umfaßt zeitlich rund 1400 Jahre; geographisch reicht sie von Spanien bis Bengalen – ja, man könnte auch noch religiöse Lyrik aus West- und Ostafrika wie aus Südost-Asien hinzuzählen.

Urbane, höchst verfeinerte Dichtung steht neben einfacher, singbarer Volkspoesie, und der Dichter, der um des Lohnes willen seinen launischen Fürsten in den exotischsten Hyperbeln preist, neben dem Sänger und Mystiker, der seine unstillbare Gottessehnsucht immer und überall singt – von Inspiration beseelt, wie eine Flöte, die sich dem Hauch dem Spielers auftut.

Es ist verständlich, daß nur ein winziger Bruchteil dieser gewaltigen poetischen Welt im Westen bekannt ist, und viele der hier versammelten 130 Dichter werden dem Leser auch vom Namen her nicht geläufig sein. So geht es selbst den gebildeten Muslimen: Sie wissen kaum, was ihre Brüder in anderen Sprachen gedichtet haben und noch dichten. Nur einzelne altarabische Gedichte sind Allgemeingut der klassisch Gebildeten. Doch wird ein Ägypter kaum wissen, was in persischer Sprache gedichtet ist, ein Türke nichts von dem, was seine Zeitgenossen in Urdu oder gar Sindhi schreiben – wie dann könnte man eine solche Kenntnis bei denen voraussetzen, denen der sprachliche Zugang zu den mannigfaltigen und schwierigen Sprachen des islamischen Orients und der Einblick in die verwickelte Geschichte der islamischen Völker fehlt?

Und doch ist der deutsche Leser privilegiert, verglichen mit dem angelsächsischen: wir haben durch Goethes *West-Östlichen Divan* die erste Berührung – und fruchtbare Berührung! – mit der islamischen Dichtung gehabt (echter als die angelsächsiche Anverwandlung der Vierzeiler Omar Khayyams durch E. FitzGerald!), und wir besitzen in Friedrich Rückert (1788—1866) den genialsten aller Nachdichter, dessen Feder persische, arabische, sanskritische und viele andere Poesie in fast erschreckender Treue dem Deutschen gewonnen hat, damit seinem Motto dienend:

> Weltpoesie
> allein ist Weltversöhnung!

Damit hat er die von Herder erträumte, von Goethe formulierte Idee der Weltliteratur, für die die deutsche Sprache gewissermaßen den Umschlagplatz bilden sollte, zumindest für die orientalische Literatur verwirklicht, deren erste Schätze seit dem späten 18. Jahrhundert Europa zu erreichen begannen.

In der Dichtung der islamischen Völker lassen sich Gemeinsamkeiten und Unterschiede feststellen, ebenso wie in der Architektur, ja im Kunsthandwerk allgemein. Gewisse formale Übereinstimmungen bestehen; aber nicht nur die grammatischen Eigentümlichkeiten jeder in der islamischen Kultur verwendeten Sprache, sondern auch historische und religiöse Entwicklungen haben die Dichtung zwischen Spanien und Bengalen in verschiedenster Weise getönt. Aller klassischen Poesie – im Arabischen, Persischen und Osmanisch-Türkischen wie im Urdu – ist die Form des *ghazal* (Ghasel) und der *qaṣīda* (Kassida) eigen, dichterische Gebilde in quantitierenden Versmaßen, die *einen* durchgehenden Reim besitzen, der in den nicht-arabischen Sprachen oft noch durch einen Überreim verlängert werden kann. Das kurze Ghasel, dessen Form 1819 von Rückert durch seine Nachdichtungen von Ghaselen des großen persischen mystischen Dichters Dschelaladdin Rumi (gest. 1273) in die deutsche Literatur eingeführt worden ist, wurde vor allem in der persischen Welt entwickelt und hat seinen vollendetsten Ausdruck in den Ghaselen des Hafis von Schiras (gest. 1389) gefunden. (»Persisch« steht hier wie im folgenden nicht nur für das eigentliche Iran und seine Sprache, sondern für alle Gebiete, deren literarische Kultur sich seit dem 11. Jahrhundert unter dem Einfluß Persiens entwickelt hat, wie die osmanische Türkei und das muslimische Indien). Das Ghasel drückt meist Liebe aus, Liebe zu einem irdischen Wesen oder zu Gott, und oft sind diese beiden Ebenen unauflöslich miteinander verbunden, weshalb der Streit um den eigentlichen Sinn der Dichtung des Hafis und seiner Landsleute sinnlos ist: die opalisierende Doppelsinnigkeit ist gewollt und gibt jedem Leser oder Hörer die Möglichkeit, das Gedicht seinem eigenen Verständnis nach auszulegen, die Klage des Dichters über seine grausame Geliebte auf eine unerreichbare Dame in *purdah*, eine kokette Kurtisane, häufiger aber auf einen mondschönen Jüngling, auf den unerreichbaren, tyrannischen Herrscher oder aber auf den göttlichen Geliebten zu beziehen. Und so gilt für gute orientalische Dichtung, was Ghalib im 19. Jahrhundert in Delhi über seine eigenen Verse sagt:

Er hörte meiner Rede Charme – da sagte er verwundert:
»Ich wußte das doch auch... Mir ist, als käm's mir aus der Seele!«

Denn die arabisch-persische Dichtung ist nicht eine Erlebnislyrik, die einmalige Erfahrungen in unwiederholbaren Worten aussagen will; sie ist vielmehr, vergleichbar der mittelalterlichen und der Barockdichtung, in ein System fester Formen und Bilder gebunden, die immer feiner ausgehämmert werden wie Filigranwerk, und die mit einem bestimmten Vorrat poetischer Bilder und Formeln arbeiten, in die nur gelegentlich etwas Neues eingeführt wird, wie man das etwa vom späten 16. Jahrhundert an in der indo-muslimischen Poesie erkennen kann, deren Stil in gewisser Weise mit dem neuen Stil der materiellen Kultur des Moghulhofes parallel geht. Goethe hatte diesen Charakter der persischen Dichtung, das »Geistreiche«, und das »Vorwalten des oberen Leitenden« deutlich erkannt. Die Dichtung verwendet eine raffinierte Metaphorik, bestimmte »Chiffren« treten immer wieder auf: die koranischen Propheten werden ebenso zu literarischen »Zeichen« wie die Helden der persischen und türkischen Heldensagen, die alle im Gedicht in ihrer Beziehung zu anderen »Zeichen« einen festen Stellenwert haben; Blumen und Vögel erscheinen in magischem Licht und repräsentieren oftmals den strahlend schönen Geliebten und die sehnsüchtige Seele des Liebenden, der nachtigallengleich im Gedenken an die Rosenwangen des geliebten Wesens klagt, oder sich faltergleich in die Flamme der Schönheit zu werfen sucht...

Gemeint ist der kokette Blick. Beim Sprechen
Wird dies nicht deutlich, ohne »Dolch« zu sagen.
Wie oft wir auch von Gottesschau gesprochen –
Es geht nicht, ohne »Glas« und »Wein« zu sagen –

so drückt Ghalib, der große Urdu-Dichter, diese traditionelle Bildersprache treffend aus. Denn in einer Gesellschaft, in der zwei wichtige Ingredienzien der Poesie, nämlich Wein und »freie« Liebe, zur Sphäre des *ḥarām*, des religiös Verbotenen, gehören, mußte der Dichter alles vermeiden, was das Objekt seiner Gefühle bloßstellen und damit oft in tödliche Gefahr bringen konnte. Er mußte lernen, die Geheimnisse seiner unerfüllbaren Liebe zu einem Menschen wie auch der endlosen Liebe zu

Gott unter immer wechselnden Bildern zu verbergen, wie Rumi es in seiner klassischen Bemerkung formuliert hat:

Des Freunds Geheimnis möge niemand lichten –
Du horche auf den Inhalt der Geschichten.
In Sagen, Märchen aus vergang'nen Tagen
Läßt sich des Freunds Geheimnis besser sagen!

Die Bildersprache und das reiche Repertoire rhetorischer Formen, an denen sich der Dichter erfreute, war natürlich nicht auf das lyrische Liebesgedicht beschränkt; es wird genau so auf das Fürstenloblied angewandt, in dem der Poet nun alle Register seiner Technik ziehen konnte, um auch den unbedeutendsten Mäzen mit unerhörten Vergleichen zu preisen, ihn über die mythischen Fürsten der Vorzeit, wenn nicht gar über die Propheten zu erheben, das kleinste Zeichen seiner Huld als himmlisches Wunder zu beschreiben, ein höchst unbedeutendes Scharmützel als eschatologischen Kampf zu schildern... Der westliche Leser steht fassungslos vor dem Feuerwerk an Wortspielen und Hyperbeln, die ihm oftmals die Grenze des guten Geschmacks, wenn nicht der Blasphemie zu streifen scheinen, und so sehr man auch die dichterische Gewalt von Poeten wie dem Perser Khaqani (gest. 1199) oder seinem Zeitgenossen Anvari bewundern mag, ist es fast unmöglich, sie adäquat in eine westliche Sprache zu übertragen – zu zahlreich sind die gelehrten Anspielungen, ohne deren Verständnis man das Sprachkunstwerk nicht wirklich bewundern und genießen kann.

Wiederum im persischen Kulturgebiet entwickelt sich das *Mathnawī*, ein erzählendes Gedicht in reimenden Halbversen, das auf jede beliebige Länge ausgedehnt werden kann und daher zur Schilderung heroischer Taten (wie Firdosis *Schāhnāma*, der Prototyp aller Heldenepen) oder romantischer Liebesgeschichten (wie im Hauptteil von Nizamis *Khamsa*, dem »Quintett« epischer Dichtung) oder aber für didaktische und mystische Unterweisung geeignet war. Strophische Formen entstanden im Mittelalter in der arabischen Welt und waren immer vorhanden in der mehr volkstümlichen Tradition, aus der sie im Laufe der Zeit auch in die »gelehrte« Dichtung eindrangen. Und der Vierzeiler des Schemas *aaxa*, in Europa so bekannt geworden durch FitzGeralds freie Nachschöpfun-

gen der *rubāʿiyyāt* Omars des Zeltmachers, hat sich durch die Jahrhunderte als beliebte Form für kurze Liebesverse und epigramm-artige Aussagen erhalten.
Alle islamische Poesie der klassischen Zeit und in den klassischen Sprachen folgt strengen metrischen Regeln; die Versmaße, im Arabischen schon sehr früh kodifiziert und dann mit einigen Abwandlungen im Persischen, Türkischen und Urdu verwendet, sind quantitierend und gehorchen genauen Vorschriften; das Versmaß darf in einem Gedicht keineswegs wechseln. In der volkstümlichen Dichtung jedoch werden andere Formen verwendet: das silbenzählende Versmaß der türkischen Volkslieder ist leicht eingängig, und die traditionelle Volksdichtung des Industales, in dem Sindhi und Pandschabi gesprochen wird, folgt den Regeln der indischen Metrik. Sie ist häufig in *dōhās*, zweizeiligen Strophen eines quantitierenden Metrums, verfaßt, während die kurzen Volksverse der Pathanen in Afghanistan und Nordwest-Pakistan, die *landey*, aus je zwei Zeilen von 9 und 13 Silben bestehen. Aller Volksdichtung aber ist es eigen, daß sie eigentlich zum Singen bestimmt ist – daher die immer neuen Wiederholungen, die rhythmische Stärke, die einfachen Bilder, die aus der Vorstellungswelt von Landleuten, Fischern, Hausfrauen genommen sind und die Stimmung in den bergigen Weiten Anatoliens oder in den Stromtälern des Indus und seiner Nebenflüsse einfangen.
Die Dichtung war zunächst für mündlichen Vortrag gedacht; die Überlieferung des Gedichtes erfolgte von Lehrer zu Schüler, und selbst wenn im späteren Mittelalter die Kalligraphen begannen, besonders geschätzte Gedichte in kunstvollen Lettern zu schreiben, nachdem der Dichter selbst oder seine Vertrauten seine Verse in einem *Dīwān* gesammelt hatten – selbst dann erhielt sich die mündliche Tradition, und wer jemals eine gute *muschāʿira*, eine Dichterlesung, in Pakistan oder Indien miterlebt hat, weiß, wie sich das Publikum an einem einzigen wohlgelungenen Verse begeistern kann, an einem treffenden Gedicht, das am nächsten Morgen in aller Munde ist. Der Einzelvers hat in der klassischen Tradition seinen eigenen Wert – Einzelverse sollen gleich kostbaren Perlen an der Schnur des Reimes aufgezogen zum Gedicht werden; aber in einem Großteil der traditionellen Dichtung wird der westliche Leser einen Mangel an Zusam-

menhang feststellen, der das Verständnis in einer Übersetzung, wo der rote Faden des alles verbindenden Reims fehlt, erschwert. Doch auch in Anthologien persischer und anderer Poesie, wie auch in Dichterbiographien, wird oftmals nur ein einziger Vers aus einem Gedicht zitiert, um des Dichters Meisterschaft zu beweisen.

Die Begegnung des islamischen Orients mit der europäischen Literatur im 19. und 20. Jahrhundert brachte dann den großen Umschwung: die süßen und sehnsüchtigen Liebeslieder, die schmelzenden Klagen, die raffinierten und manchmal frivolen Formspiele wurden als altmodisch und ungesund abgetan, und vielerorts entstand eine englischem oder französischem Vorbild nachempfundene Dichtung, die nur in seltenen Fällen poetisch reizvoll, bestenfalls soziologisch interessant ist, da sie die neuen »praktischen« Ideale und bisher literarisch nicht verarbeitete Werte wie »Vaterland«, nationale Erhebung, moderne Erziehung und ähnliches beschreibt. Neue literarische Gattungen wie Roman und Novelle wurden eingeführt; die Dichtung übernahm auch strophische Formen des Westens.

Nach dem ersten Weltkrieg beginnt sich eine Dichtung zu entwickeln, die in den dreißiger Jahren oftmals progressive Ideen, ein neues, kämpferisches Lebensgefühl ausdrückt und sich wohl zum Teil noch überkommener Bilder bedient, aber im Ganzen stilistisch mehr Europa und Amerika (Walt Whitman!) zugewandt ist als dem Orient.

Der eigentliche Durchbruch zur Moderne setzt dann im Zweiten Weltkrieg und bald danach ein, als der freie Vers nicht nur in der persischen, türkischen und Urdu-Dichtung seinen Siegeszug hält, sondern, mit der irakischen Dichterin Nazik al-Mala'ika, auch im Arabischen akzeptabel wird. Von da an ist die Poesie der islamischen Länder fast jeder Strömung offen gewesen, hat die verschiedensten literarischen Formen versucht, und in ihren besten Werken haben die Dichter eine wirkliche Synthese zwischen der überlieferten Sprache, dem mystischen »Surrealismus vor dem Surrealismus« (wie Adonis es nennt) und modernem Ausdruck, modernem Empfinden gefunden. Dieser Prozeß ist noch in vollem Gange.

Die Dichter der islamischen Welt haben oftmals über ihre Lage nachgedacht, sich zu ihrer Rolle geäußert, und man kann nicht behaupten, daß sie in der Feststellung ihrer unübertrefflichen Größe bescheiden gewesen wären. Da der Verfasser seinen Dichternamen im letzten Vers eines Ghasels oder einer Kassida nannte, konnte er mit geschickter Betonung darauf hinweisen, wie der Klang seiner Verse selbst die Venus und Jesus zum Himmelstanze lockt, oder wie er alle seine Kollegen übertrifft, wie sein Heimatort nur durch ihn berühmt ist, usw. usw. Sie fühlten sich wie »Nachtigallen an Gottes Thron« (wie J. Christoph Bürgel eine seiner relevanten Studien nennt) und glaubten, daß ihre Verse die Zeiten überdauern würden:

Sing ein Ghasel, das noch nach hundert Jahren
die Menschen singen;
Denn das Gewebe, das Gott webt, verdirbt nicht
in Ewigkeiten.

So sagt Rumi, dessen lyrische Poesie freilich das faszinierendste Beispiel inspirierter Dichtung ist und daher nicht mit den Maßstäben normaler persischer Lyrik gemessen werden sollte, so sehr er auch alle rhetorischen Feinheiten der Poesie geradezu spielend beherrscht. Für die meisten Dichter des Frühmittelalters aber – die, wie es hieß, 20 000 Verse der klassischen und 10 000 Verse der modernen Dichter auswendig können sollten – war Dichten eine Kunst, ja eher ein Kunsthandwerk, das Geduld und unendliches Geschick erforderte. Vielleicht am schönsten ist die Herstellung eines wirklich großen Gedichtes von dem persischen Dichter Farrukhi (gest. 1037 in Ghazna) dargestellt worden, der sein berühmtestes Lobgedicht so einleitet:

Mit einer Karawane zog ich von Sistan weit:
Ich trug, aus Herz gesponnen, aus Geist gewebt ein Kleid;
Ein Kleid von feiner Seide, gewirket aus dem Wort;
Ein Kleid gemustert zierlich, dem Sprache Muster leiht.
Ein jeder Zettelfaden vom Geist gezwirnt mit Schmerz;
Ein jeder Einschlagfaden vom Herz getrennt im Leid.
Nicht ist das Kleid gewoben wie andre seiner Art;
Erkenn' es nicht, vergleichend mit andern seiner Zeit!

Das Kleid der Dichtung muß in der Tat die Elemente besitzen, die Farrukhi hier aufzählt: es muß von Herz und Geist gewirkt sein, d.h. tiefes

Empfinden und raffinierte Technik vereinen; die Sprache, die kunstvolle Ausdrucksweise, färbt die zarten Fäden ein und webt sie in komplizierten Arabesk-Ranken, so daß ein schimmerndes Gewand zustandekommt –, ein Gewand, dessen Farbe wechselt, je nachdem wie das Licht darauffällt, und das, wie schwerer Brokat, würdig ist, einen Fürsten zu schmücken oder, wie spinnwebdünne Gaze, den rosenblattzarten Leib der Geliebten gerade eben zu verhüllen...

So sehr Dichter gepriesen wurden, wenn sie ihr Talent in Improvisationen zeigen konnten (und für geschickte Einfälle wurden sie ja auch meist bezahlt!), war doch Dichten für die meisten Künstler keine leichte Arbeit. Ghalib, der nur einen verhältnismäßig schmalen Diwan in Urdu (allerdings eine große Anzahl persischer Gedichte) hinterlassen hat, beschreibt sein Werk:

Was heißt denn Dichten? Ich will es dir sagen:
Das Herzblut ziehen aus der Worte Adern!

Der Dichter gleicht, wie ein vor allem in späterer Zeit häufig verwendetes Bild sagt, dem Steinmetz Farhad, der aus unglücklicher Liebe für die schöne Schirin einen Milchstrom durch Felsen leiten muß – mehr noch, er gräbt den dazu notwendigen Kanal sozusagen mit seinen Wimpern... »Rubinen aus der eig'nen Brust zu graben« nennt Iqbal die dichterische Tätigkeit; denn der Rubin ist nach orientalischem Volksglauben ein gewöhnlicher Stein, der, unter unerträglichem Druck sein Herzblut vergießend, zum Juwel geworden ist oder aber durch das Licht der ewigen Liebessonne zum Edelstein verwandelt wird: so entsteht auch ein vollkommenes Gedicht, wenn der Künstler sein Herzblut vergießt und den Strahl der göttlichen Sonne demütig empfängt.

Andererseits haben die Dichter auch immer das Problem gesehen, das Hofmannsthal im Brief des Lord Chandos anspricht: ob es überhaupt legitim, ja möglich ist, innerste Erfahrungen in Worte zu fassen. Die mystischen Dichter – allen voran wiederum Rumi – wußten, daß die letzte Erfahrung nicht in Worten ausgedrückt werden kann und darf, und deshalb enden so viele seiner Gedichte mit dem Ruf *khāmūsch*, »Still!« Zuviel zu sagen, ist gefährlich und kann tödlich sein: Liebe zwingt den Menschen zum Aufschrei, das Gesetz aber (oder die Gesellschaft) heißt ihn schweigen und bestraft seine unweisen Worte, die nicht für profane Ohren gedacht sind, denn, wie Goethe wußte,

Sagt es niemand, nur den Weisen...

Und so nimmt – nur wenige Jahre später – Ghalib in Indien das Motiv des für seinen kühnen Ausruf »Ich bin die Wahrheit« 922 in Bagdad hingerichteten Mystikers Halladschs auf, dem Goethe das Motiv des »Lebend'gen, das nach Flammentod sich sehnet« verdankt:

Das Geheimnis, das dein Herz trägt: keine Predigt wird es sein.
Auf dem Galgen kannst du's sagen. Aber auf der Kanzel? Nein!

Ist es denn überhaupt möglich, Gefühle auszusagen, sie den Mitmenschen mitzuteilen, ohne sie zu verfälschen? Schah Abdul Karim, ein Sindhi-Mystiker des ausgehenden 17. Jahrhunderts, meint:

Enthülle nicht die Geschichte,
denn sie verliert ihren Duft.
Man schließe besser die Faust, denn
geöffnet enthält sie nur Luft!

Und doch wäre es unmöglich zu schweigen. Gedichte können aufrufen, können Wahrheiten künden, die sich in trockener Prosa nicht sagen lassen, können Träume und Ideale in konzentrierter Form verständlich und genießbar machen: nicht umsonst hat Iqbal, der indo-muslimische Dichter-Philosoph und geistige Vater Pakistans, seine Aufforderung zu einem neuen, aktiven Leben, zur Selbstverwirklichung und zu dynamischer Entwicklung des Einzelnen und der Gemeinschaft in persischen und Urdu-Gedichten verkündet, weil nur so ihre Wirkung auf seine Landsleute gesichert war. Und wären die Dichter sich nicht sicher, daß ihre Worte eine Wirkung hätten (und sei es nur, um einem Leser oder Hörer zu zeigen, daß er oder sie nicht allein ist in ihrem Herzenskummer), so bestünden viele der schönsten Verse nicht. Vielleicht am besten ist das Gefühl, daß dichterische Worte durch Leiden des Dichters unsterblich werden, in Versen aus Salah 'Abdas Saburs »Tragödie Halladschs« ausgedrückt:

– Und wir werden gehen, um in den Furchen der Felder der Bauern zu finden,
was wir bewahrt haben von seinen Worten...
– Und verbergen sie dann unter den Waren der Händler –...
– Und beladen damit den Wind, der über den Wogen einherfährt...

– Wir werden sie verstecken im Munde der singenden Kameltreiber,
die über die Steppe schweifen
– Wir werden sie niederschreiben auf Blätter,
bewahrt in den Falten des Kleides
– Und werden aus ihnen Gedichte machen und Lieder ...

Es gibt zahlreiche Geschichten der arabischen, persischen, türkischen, Urdu- und Sindhi-Literatur, und mancherlei Anthologien. »Nimm eine Rose...« will als Anthologie nicht die historische Entwicklung in der einen oder anderen poetischen Tradition nachzeichnen. Sie beschränkt sich darauf, gewisse allgemein menschliche Themen auszuwählen und zu zeigen, wie Gedanken der Liebe, Hoffnung, Trauer in der islamischen Literatur widergespiegelt werden, blühende Gärten, Städte, Landschaften der Seele, wie Gebete und Lehrsprüche, Satiren und Gotteslob zu allen Zeiten, in allen Ländern zu finden sind. Es sind Gedichte, die, wie ich hoffe, auch ohne gelehrten Kommentar und ohne Fußnoten verständlich sind und als Zeugnisse einer durch alle Kulturen hindurchgehenden Menschlichkeit gelten mögen. Und wiederum muß ich Rückert zitieren, der zur Einleitung seiner anmutigen Übersetzungen von Gedichten des persischen Dichters Dschami (gest. 1492) im Jahre 1852 schrieb: »Was ich abgeschrieben und übersetzt habe, hat mir natürlich auch selbst gefallen.« Eben dies gilt für diese Auswahl, die ein kleines Bruchstück der Übersetzungen enthält, die ich seit meinem achtzehnten Lebensjahr aus den islamischen (und auch anderen) Sprachen gemacht habe. Im Berliner Kriegswinter 1940 wurden die Ghaselen Rumis – mir seit langem in Rückerts Nachbildungen vertraut – in ihrem persischen Original zum Trost; und erstmals übertrug ich damals Verse Rumis und arabische Gedichte des Märtyrermystikers Halladsch. Zu beiden bin ich immer wieder zurückgekehrt, denn sie haben bis zum heutigen Tage die islamische Literatur tief beeinflußt: Rumi ist neben Goethe der geistige Führer Iqbals; Halladsch hat durch seine kühnen Ideen progressive Dichter im arabischen, türkischen und indo-muslimischen Gebiet beeinflußt, und wie er im Mittelalter als Sänger absoluter Gottesliebe und Vertreter der Einheit des Seins gefeiert wurde, erscheint er heute als Muster des Aufstandes gegen die äußere Form, als Modell aller jener, die für ihre Ideale leiden. – In den Nachkriegsjahren gab mir die Mitarbeit an der *Lyrik des Ostens* die Möglichkeit, meinem Hobby, der dichterischen Übersetzung, nachzugehen, und in den fünf Jahren in Ankara, wo ich den Lehrstuhl für Religionsgeschichte innehatte, wurde ich mit der modernen türkischen Literatur bekannt und lernte all ihre Vertreter kennen: in Diskussionen und Gesprächen eröffnete sich eine neue Welt. Fast gleichzeitig wandte ich mich Iqbals persischer Dichtung zu, zunächst seinem *Jāvīdnāma*, dem »Buch der Ewigkeit«, in dem der Dichter seine geistige Himmelsreise in faszinierenden Szenen schildert und das ich sowohl in deutsche Verse als in türkische kommentierte Prosa übertrug. Die ersten Besuche in Pakistan (seit 1958) führten mich dann in die Welt der mystischen Sindhi-Dichtung, die mich immer aufs neue entzückte, und nach meiner Rückkehr nach Deutschland gab mir die Mitherausgabe der arabischen Kulturzeitschrift *Fikrun wa Fann* die Möglichkeit, zeitgenössische arabische Poesie kennenzulernen und zu übertragen. Und schließlich lenkte mein Lehrstuhl in Harvard seit 1967, der speziell für das Studium der großen Urdu-Dichter Ghalib und Mir bestimmt ist und die gesamte indo-muslimische Kultur umfaßt, mich zu Ghalibs Urdu-Dichtung und zu dem unendlichen Feld der indo-persischen Poesie, die von ganz besonderem Reiz ist, wenngleich immer dunklere Töne, immer tiefere Melancholie die Verse der Dichter seit dem späten 19. Jahrhundert überschattet – eine Trauer, die den Zusammenbruch der großen Moghulkultur vorauszuahnen scheint.

So ist diese Auswahl ein Widerschein meiner mehr als vierzigjährigen Beschäftigung mit der Dichtung, speziell der lyrischen Poesie, der islamischen Welt – sehr persönlich, aber vielleicht doch anregend für diejenigen, die sich Sinn für eine Kunst bewahrt haben, die im islamischen Orient bis zum heutigen Tage lebendig ist und die man gewissermaßen einatmet, wo immer man sein möge. Und wie könnte man die Vielfalt dieser poetischen Welt auch nur annähernd erfassen?

Wie könnte seine Locke man beschreiben?
Sie ist so lang – das Leben ist so kurz!

Irdische und himmlische Liebe

Ich trank die Liebe, Becher über Becher –
Der Trank versiegte nie, noch ward ich satt.

'Ainulqudat Hamadhani

Liebe – das unerschöpfliche Thema der Dichter aller Zungen! Obgleich das Thema der »freien« Liebe (ähnlich wie der Wein) im Islam in die Sphäre des religiös Verbotenen gehört, ist die islamische Welt doch reich an Liebesgedichten, die von irdischer und himmlischer Liebe sprechen und den oder die Geliebte in immer neuen Bildern umschreiben. Das Objekt kann eine verschleierte Dame, eine kokette Kurtisane, ein schöner Jüngling, ein dem sich als Bettler fühlenden Dichter unerreichbarer Prinz sein – ihm oder ihr zu nahen ist unmöglich, und so führt man poetische Dialoge mit dem geliebten Wesen, bedenkt in langer dunkler Nacht die langen dunklen Locken, verwirrt wie das Gemüt des Liebenden; man träumt von einem Kuß und wird, vielleicht, durch das Wunder unverhoffter Vereinigung über Raum und Zeit hinaus entrückt, wie es Yahya Kemal und Atisch besingen.
Doch der größere Teil der Liebeslyrik ist dem unerfüllten Sehnen gewidmet, und die Bilder von der Grausamkeit der oder des Geliebten werden immer übersteigerter, bis sich Liebe auch in Haß verwandeln kann, am Ende der Liebe nur noch enttäuschtes Hoffen steht – oder aber der Falter, von der Glut der Liebe verzehrt, zu Asche wird.
Diese Bildwelt, die vom Liebenden völlige Hingabe fordert, kann sich auf irdische oder himmlische Liebe beziehen: die irdische »metaphorische« Liebe gilt als Brücke zur wahren Liebe, der Gottesliebe. Daher sind Liebesgedicht und Gebet fast ununterscheidbar ineinandergeflossen (besonders bei Rumi). Deswegen ist die Interpretation von Liebesgedichten immer schwierig; viele sind auf beiden Ebenen zu verstehen, da die irdische Liebe ja im Metaphysischen wurzelt; sie sind wie Fächer, hinter denen man das Antlitz ewiger Schönheit ahnt. Das Ziel der vom Wein der Liebe Berauschten aber ist, am Ende ganz in Liebe verwandelt zu werden – wie Zulaikha in ihrer Liebe zu Joseph, wie die Heldinnen der Romanzen im Industal. Die Unterschiede von Liebendem und Geliebten werden aufgehoben in der höheren, umgreifenden Einheit der Liebe.

Brautgirlande.

So mag's geschehn, daß alte Weggefährten –
Auslegung ihrer Träume doch nicht kennend,
Verloren in dem Glück des Liebesbundes
Und voller Stolz des Schicksals Gunst benennend –
Jäh auf ein Lebensriff getrieben werden
Und voneinander ganz geschieden werden.

So mag's geschehn, daß zwei sich fremde Wandrer –
Für die ihr Weg, ihr Rastort nicht bekannt,
Die voneinander nie erfahren hatten
Der Freundschaft Schwur, und nicht der Treue Band –
Durch einen Zufall zueinander schwingen,
Daß Blumen lächeln, Melodien erklingen.

AHMAD FARAZ

*

Des kleinen Kindes Lallen versteht die Amme nur –
Wer als die Liebe wüßte, wie unser Herz sich fühlt?

AFRIN

*

Rose in einer Hand kommst du,
Schenke, in einer das Glas –
Welchen davon soll ich nehmen?
Die Rose, das Glas, oder dich?

NEDIM

O Mond, der du so eilend läufst –
von wessen Himmel bist du?
O Rose, zarten Leibes du –
aus wessen Garten bist du?
Bist silberner als kühler Wind,
und süßer deiner Lippen sind;
Dein Wuchs ist schlank wie Zuckerrohr –
wess' Kirschenmündchen bist du?
Dein Mandelauge voller Trug,
der rote Beerenmund voll Lug;
Mit uns sprichst du kein einz'ges Wort –
Wess' Kirschenmündchen bist du?
Bist Türke, aber plünderst nicht;
ich sehe dich alleine nicht;
Bist Falke, doch der unsre nicht –
wess' Eigentum, sag, bist du?
Ja, niemals hältst du doch dein Wort,
und du gehorchst nicht hier noch dort;
Du nimmst die Seele und gehst fort –
wess' wandelnd Palme bist du?
Wie Glocken klage ich vor Leid;
doch du sagst Ja zu keiner Zeit!
O Vogel, der im Käfig schreit –
aus wessen Hage bist du?

AMIR KHOSRAU

Mit Herz und Seele ein Gefangner bin ich.
Von wem? Von ihm.
Ein Sklave ohne Geld und Gold, das bin ich.
Von wem? Von ihm.
Beim Kauthar nicht, nein, bei des Kinnes Grübchen,
da schwöre ich:
So durstig nach dem Wein des Anblicks bin ich.
Von wem? Von ihm.
Man braucht der Lipp' und Wange Rosenzucker
als Medizin,
Denn krank vor lauter Herzenskummer bin ich.
Von wem? Von ihm.
Schon eine Weile ist die Ketten-Kammer
zerstört und leer.
Gebunden von verschlung'nen Locken bin ich.
Von wem? Von ihm.
Steinherziger, er hat mich so zerbrochen
ganz ohne Recht –
Denn jenes hohen Herrn Spiegel bin ich.
Von wem? Von ihm.
In der Vereinung Rosengarten weil' ich,
von Trennung singend:
Die Nachtigall der Wangen-Rose bin ich.
Von wem? Von ihm.
Ich sprach: Erbarme dich doch dieses Falters,
O Leuchte hold!
Er sprach: Der dunklen Nächte Kerze bin ich!
Von wem? Von ihm.

SIRADSCH AURANGABADI

Es sind Schmuck für der Lieblichkeit Mahl
jene Locke und Wange und Mal,
Und sind Weihrauch und Ambra im Saal
jene Locke und Wange und Mal.
Hyazinthen und Rosen so zart
am kristallenen Hals man gewahrt
Wie in schimmernden Spiegels Strahl:
jene Locke und Wange und Mal.
Daß das Brandmal der Liebe, der Pein
meinem Herzen entweicht, kann nicht sein,
Denn mein Herz zeigt in Freude und Qual
jene Locke und Wange und Mal.
Wie das nächte-erhellende Licht,
wie der Falter mit Flügeln verbrannt,
So verbunden sind eng, ohne Wahl
jene Locke und Wange und Mal.
Einer Raute gleich brennet mein Herz
in den Gluten von Seufzern und Schmerz,
Wenn sich neu ins Gedächnis mir stahl
jene Locke und Wange und Mal.
Der Verwirrungen Schlinge und Korn
legten fein für den Herzvogel mein
In der Lieblichkeit blühendem Tal
jene Locke und Wange und Mal.
Hat den Schlaf mir vom Auge verbannt
jener Sehnsucht verzehrender Brand.
Doch es zieren den Freund nun einmal
jene Locke und Wange und Mal.
Sami, sieh, wie die Schönheit des Freunds
gleich verdoppelt den Wert des Gedichts:
Wiederholt doch der Reim ohne Zahl
jene Wange und Locke und Mal!

SAMI

Warum ist meine Farbe dunkel?
An deine Locken denkend ward ich melancholisch!

LANDEY

*

Sechs Dinge sind es, die in dieser Locke liegen:
Gekringel, Krümmung, Band und Fessel, Kräusel, Biegen.
Zur Heimat ward für sechs – doch andere! – mein Herz:
Für Liebe, Trauer, Gram und Kummer, Leid und Schmerz.

QABUS IBN WASCHMGIR

*

Ich seh's Papier und halt' die Feder;
Ich denk' der Freundin und vergesse dann zu schreiben.

LANDEY

*

Heimlicher Hinweis sind unsere Blätter,
Sendbote uns der Pupille Licht –
Werden doch Briefe manchmal gelesen,
Und unsern Boten trauen wir nicht...

'ULAYYA BINT AL-MAHDI

*

Kleckst schwarz die Tinte aufs Papier beim Schreiben,
Ist mir's ein Bild der schwarzen Trennungsnächte.

GHALIB

Eine Liebesepistel hab ich der Liebsten geschrieben,
Hab auf das Herzens-Blatt ja den Sendbrief des Sehnens geschrieben,
Habe der Nachtigall Kummer, die Klagerufe der Armen
Mit des Morgenwinds Hand in den Rosengarten geschrieben.
Nahm zum Vorbild mir, was mein Herz mit der Locke erlebte:
Habe des Kummers Erzählung auf wirre Blätter geschrieben.
Hab' dein Traumbild so tief ins Herz gegraben, als hätt' ich
Bilder und Zeichen in den Pokal von Korallen geschrieben.
Ach, voll Sehnsucht begann ich ganz und gar zu entflammen,
Als die Glut, die dein Wangenglanz mir geschenkt, ich beschrieben!

AHMET PASCHA

*

Laß die Grammatik den Leuten –
ich studier' den Geliebten,
Und eine einzige Letter
les' ich und les' immer wieder!

QADI QADAN

*

Mein Leib schmilzt von der Glut des Herzens;
Mein Herz kann selbst nicht mehr besteh'n.
Löst oder bindet meine Fesseln–
Was ihr auch tut, mir scheint es schön.
Die Leute wissen, daß ich liebe –
Allein sie wissen doch nicht, wen!

SCHIBLI

*

So barg ich die Geheimnisse der Liebe,
daß meine Lippe selbst
Niemals erfahren hatte, wessen Namen
ich auf der Zunge trug.

KALIM

*

Ich lieb' ein Lieb, das mich berückt –
ich schweig', wer's ist!
Ob Sehnsucht auch mein Herz bedrückt –
ich schweig', wer's ist!
Erreiche ich mein Ziel auch nicht–
mein Herz ruht nicht:
Des Herzens Ruh, mein Traum beglückt –
ich schweig', wer's ist.
Brennt tulpengleich vor Schmerz mein Herz,
brandmal-erfüllt:
Mein Fürst, mit Schönheitsmal geschmückt –
ich schweig', wer's ist.
Ob man mich auch zersägen mag,
dem Kamme gleich:
In wessen Haar mein Haupt ich drückt' –
ich schweig', wer's ist.
Und schneiden sie ich Stücke mich,
wie Ohren klein –
Wer ohrberingt mich keck entzückt –
ich schweig', wer's ist!

CAFER ÇELEBI

*

Es ist, zu der Geliebten Tür zu gehen,
ganz streng verboten,
Und ging' ich doch, ist, an die Tür zu klopfen,
ganz streng verboten.
Und klopft' ich dennoch an, und fragte sie mich:
»Wer ist denn da?«
Was sollt' ich tun? Ist's, meinen Namen nennen,
ganz streng verboten!
Doch nennt' ich meinen Namen, spräch' sie grollend:
»Heb dich hinweg!
Denn dich ins Haus zu rufen, ist mir wirklich
ganz streng verboten!«
Und sollte sie mich wirklich zu sich rufen,
wie trät' ich ein?
Denn da, wo sie ist, da ist mir der Zutritt
ganz streng verboten!
Und sollte ich auch Zutritt dort erhalten –
wie säh' ich sie?
Denn meine Augen aufzuheben, ist mir
ganz streng verboten!
Doch höb' ich meine Augen auf und blickte,
dann sähe ich:
Sie ist verschleiert; sich entschleiern ist ihr
ganz streng verboten.
Doch träte sie entschleiert vor mich, wär' ihr
ein jedes Wort,
Ein Scherz, ja selbst ein kleines zartes Lächeln
ganz streng verboten.
Und lächelte sie wirklich – tief im Herzen
erknospeten
Gebete: doch sie auszusprechen ist mir
ganz streng verboten.
Bewegt' ich trotzdem meine Lippen, sagt' ich,
was ich nicht will;

Denn Liebesverse rezitieren ist mir
ganz streng verboten.
Und rezitiert' ich doch ein Liebesliedchen,
so darf ich nicht
Aufseufzen, und mir sind auch Tränen, Schluchzer
ganz streng verboten.
Und seufzte ich, vergösse ich auch Tränen,
so ist mir doch,
Die innigsten Gefühle auszudrücken
ganz streng verboten.
Und drückt' ich meine innigsten Gefühle
in Worten aus,
Ist's doch, mein Herz an diesen Ort zu hängen,
ganz streng verboten!

BAHADUR SCHAH ZAFAR

*

Das Herz ist eine Nachtigall – gebt Schlaf ihm nicht!
Es gleicht dem Salamander – gebt Wasser nicht!
Und wenn des Freundes Bote euch nach uns fragt,
So seufzet nur und gebet ihm Antwort nicht.

UNSI

*

Begrab' mich nicht in deiner Straße,
nachdem du mich getötet hast –
Warum denn sollen meiner Spur nach
die Leute finden, wo du wohnst?

GHALIB

Das Herz vermutet, es habe
das Liebesgeheimnis verborgen –
Die Lampe meint auch, sie habe
die leuchtende Kerze verhüllt!

QASIM AL-ANWAR

*

Ich würde mich nicht öffnen, wär' ich dein Kleidersaum!
Wär' ich dein Hemd – wer sähe wohl deiner Brüste Flaum?

NEDIM

*

Frag nicht, wie lieblich-zart ihr Körper ist!
Man weiß nicht: ist es Seele oder Leib?

MIR

*

Als ich über unsre Trennung klagte,
schrieb die kecke Schöne:
»Du sagst, daß ich dir im Herzen wohne –
wo ist dann die Trennung?«

DAGH

O schlanke Zier du –
Wer gleichet dir, du?
Dich preis' ich hier, du –
Du bist so schön.

Die Wangen feine
Im Rosenscheine –
Dir ähnelt keine –
Du bist so schön.

Komm, mein Entzücken,
Mich zu berücken,
Still zu beglücken –
Du bist so schön.

In deinen Schlingen
Sich Herzen zu fingen.
Dich zu besingen!
Du bist so schön.

WASIF ENDERUNI

*

Komm, daß in meinem Herzen dein Bild sich niederlasse!
Geh nicht nach China! Denn dort malt man's nur auf Seide!

DARD

*

Komm, laß uns auf dem Bette sitzen,
Des Himmels Sterne zählen, bis der Morgen dämmert.

LANDEY

Was ist verworrener? Ist es das Schicksal,
ist es dein Haar, ist meine Lage es?
Ist das Atom wohl kleiner, oder ist es
dein Mund? Ist es mein gramzerquältes Herz?
Ist schwärzer wohl die Nacht? Ist es dein Herz wohl?
Ist es mein Zustand? Ist's dein Schönheitsmal?
Ist Honig süßer oder deine Lippe,
oder vielleicht mein perlenstreuend' Wort?
Ist schöner der Plejaden Ordnung oder
die Perlen oder deiner Zähne Reih'n?
Ist grader wohl dein Wuchs, ist's die Zypresse?
Ist es die wohlgesetzte Rede mein?
Ist die Vereinigung mit dir ersehnter
oder sind's meine Verse elegant?
Ist herzverbrennender von dir die Trennung
oder ist es mein klagend Jammerschrei?
Sind Mond und Sonne leuchtender und heller?
Ist's mein Gedanke, oder dein Gesicht?
Ist unsteter des Himmels Drehen oder
dein Wesen, oder meine Angelegenheit?
Ist dein Versprechen krümmer? Ist's mein Rücken?
Oder sind es die Augenbrauen dein?
Ist deine Rede weniger gegründet
oder der Wind? Oder, was ich gedacht?
Ist mein Gedulden am geringsten? Ist es
der Schönen Treue? Oder deine Scham?
Ist deine Huld wohl größer, oder ist es,
den ich um dich ertrag', der Herzensgram?

SCHAHFUR NISCHAPURI

Du kannst für die Frommen jedes Glaubens
Den Beweis für ihre Dogmen leihn:
Sieht der Muslim dich, hält er dich sicher
Für die Huri, ewig hold und rein.
Sieht ein Christ dich, *Reh*, wie du voll Anmut
Wiegst auf schlankem *Zweig* des *Vollmonds* Schein,
Preist sein Dogma von der Trinität er:
Denn in dir ward Drei ja ganz zu Ein!
Sieht ein Jude deine Stirn erglänzen,
Weist er Ketzer ab und Heiden: »Nein,
Seht ihr nicht – das ist der Glanz des Herren,
Der dem Mose strahlt' am Wüstenstein!«
Sehn die Magier dein Gesicht so leuchtend,
Drüber nächtig schwarz die Locken dein,
Wirst du ihre Sonn' – und ob des Dunkels
Werfen sie sich hin in langen Reihn.
Die Sabäer sehen, daß du einzig
Bist an Schönheit, unvergleichlich rein,
Wie die Venus scheinst du ihnen, glückhaft,
In Merkurs und Jupiters Verein.
Alle schauen nur auf deine Hände,
Ob sie irrend oder gläubig sei'n –
Jenen halfst du – mich verwirrst, verläßt du,
Und ich wandle, glaubenslos, allein!

AS-SABI

Meine Brust durchbohrte heut ein Liebchen, spielend Kastagnetten,
Rosenwangig, rosablusig, und in Seiden, violetten.
Lichtgesichtig, silbernackig, mit zwei Schönheitsmalen, netten,
Rosenwangig, rosablusig, und in Seiden, violetten.

Einen reichgestickten Turban sie sich um ihr Köpfchen schlingt,
Ihre parfümierten Brauen hat mit Sürme sie geschminkt.
Und ich glaub, daß ihre Jahre kaum auf fünfzehn sie erst bringt –
Rosenwangig, rosablusig, und in Seiden, violetten.

Als den Schmuck für alle Häuser, jeden Hochsitz man sie kennt,
Kaum ein Jahr, daß sich die Amme von dem Kinde hat getrennt!
Meine Freude, Herz geliebtes, meines Lebens Element –
Rosenwangig, rosablusig, und in Seiden, violetten.

Unvergleichlich ihre Anmut, ihre Art, ihr Laut, ihr Sinn,
Schön ihr Auge; auf den Nacken sprühen Schönheitsflecken hin,
Silberhals und goldne Locken, Taille wie ein Fädchen dünn –
Rosenwangig, rosablusig, und in Seiden, violetten.

Spreche von des Feengesichtes mordend Aug' und Plag' ich nicht,
Und von meinen Liebesschmerzen, meinen Seufzern klag' ich nicht,
Und besing ich ihre Reize – ihren Namen sag ich nicht:
Rosenwangig, rosablusig, und in Seiden, violetten.

NEDIM

*

Manchmal weinen, manchmal lachen,
manchmal ganz verwirrt:
Wie durch Liebe manch Gesunder
doch zum Narren wird!

DARD

Ist sie vielleicht berauscht vom Schlaf erwacht,
Die Locken wirr im Nacken ohne Acht,
Die weißen Hände brennend rot gemacht?
Ich sprach: »Komm, einen Kuß!« Sie sagte: »Nein, nein!«

Ich sprach: »Die Tanne ist?« »Mein Wuchs so zart!«
Ich sprach: »Die Schönheit hier?« »Ist meine Art!«
Ich sprach: »Die Anmut süß?« »Mir stets gepaart«!
Ich sprach: »Komm an mein Herz!« Sie sagte: »Nein, nein!«

Ich sprach: »Gibt es denn Tod?« »In meinen Blicken!«
Ich sprach: »Ja, und die Schuld?« »Auf meinem Rücken!«
»Orangen sind?« »Von meiner Brust zu pflücken!«
»Dran riechen möchte ich!« Sie sagte: »Nein, nein!«

Ich sprach: »Die Wangen dein?« »Mir Rosen sind!«
Ich sprach: »Die Locken sind?« »Mir Hyazinth!«
Ich sprach: »Und Hasan ist?« »Mein Sklave blind!«
Ich sprach: »Umarme mich!« Sie sagte: »Nein, nein!«

ASCHIK HASAN

*

Sie sprach kokett zu mir: Ich nahe
dir eines Nachts im Traum!
Daran gedachte ich, und so verging mir
mein Leben als ein Traum.

MUNIR LAHORI

Wenn ich ein Sprosser wär' und käm
Und fing vor Gott zu singen an –
Wenn ich ein roter Apfel würd',
Dir, Zweig, entsproßt: was sagst du dann?

Wenn du ein roter Apfel wärst,
Aus meinem Zweig zu wachsen kämst –
Wenn ich ein Silberhaken würd',
Dich niederholt' – was sagst du dann?

Wenn du ein Silberhaken wärst
Und mich herabzuholen kämst –
Würd' eine Handvoll Hirse ich,
Weit ausgestreut – was sagst du dann?

Wenn du ein' Handvoll Hirse wärst,
Zu Boden dich zu streuen kämst –
Wenn ich ein schönes Rebhuhn würd'
Und pickt' sie auf – was sagst du dann?

Wenn du ein schönes Rebhuhn wärst,
Sie einzeln aufzupicken kämst –
Wenn ich ein junger Falke würd'
Und raubte dich – was sagst du dann?

Wenn du ein junger Falke wärst,
Zu greifen und zu rauben kämst –
Wenn ich ein Wolkenbruch dann würd',
Der dich versehrt – was sagst du dann?

Wenn du ein Wolkenbruch dann wärst,
Die Flügel mir zu brechen kämst –
Wenn ich ein toller Nordwind würd'
Und dich vertrieb, was sagst du dann?

Wenn du ein toller Nordwind wärst,
Wenn du, mich zu zerstreuen kämst –
Wenn ich ein Kranker würd' und läg'
Auf deinem Weg – was sagst du dann?

Wenn du ein sehr schwer Kranker wärst,
Auf meinem Weg zu liegen kämst –
Wenn ich der Todesengel würd',
Das Herz dir nähm' – was sagst du dann?

Wenn du der Todesengel wärst,
Das Leben mir zu nehmen kämst:
Wär ich bestimmt fürs Paradies
Und trät' dort ein – was sagst du dann?

Wenn du fürs Paradies bestimmt,
Und dorthin einzutreten kämst –
Wenn ich den Meister fänd' und wir
Zusammengehn – was sagst du dann?

PIR SULTAN ABDAL

*

Keinen Spaß versteht mein lieber Freund:
Ich schlug ihn mit losen Locken – ärgerlich ward er.

LANDEY

Eine wohl an dem Brunnen stand,
Eine wohl an dem Wegesrand –
Fünfzehn Jahr die im roten G'wand:
        Nur die in Blau, die in Blau!

Eine, die streift in Bergen umher,
Eine reicht ihre Perlen hehr.
Die in Rot quält mich so sehr!
        Nur die in Blau, die in Blau!

Eine, die sammelt Brennholz hier,
Eine, die kocht den Kaffee mir,
Die in Rot, ach, verwirrt mich schier –
        Nur die in Blau, die in Blau!

Köroğlu sagt: Was kann ich tun?
Erfülle sich mein Schicksal nun!
Die in Blau nehme ich nun –
        Nur die in Blau, die in Blau!

KÖROĞLU

*

Wenn immer du gedreht wirst wie ein Kompaß,
Mußt du dich stets zu dem Geliebten wenden!

DARD

Ich sprach: »Gib mir drei Küsse, du Mond, der mir gefällt!«
Er sprach: »Wann gäbe Küsse der Mond denn in der Welt?«
Ich sprach: »Zur Nacht strahlt heller mir deiner Wangen Glanz!«
Er sprach: »Zur Nacht erglänzet der Mond am Himmelszelt.«
Ich sprach: »Nie, daß du ruhtest an irgendeinem Ort!«
Er sprach: »An keinem Orte der Mond sich ruhig stellt!«
»Ein Rosenhag voll Wunder erblüht auf deiner Wang'!«
»Ein Wunder, wenn im Monde erblüht ein Blumenfeld!«
»Es wies mir deine Wange des Wanderderwischs Weg!«
»Der Mond den Karawanen zur Nacht den Weg erhellt!«
Ich sprach: »Von deinem Antlitz geschädigt wird mein Leib!«
»Zerreißt nicht auch das Leinen, wenn Mondlicht darauf fällt?«
Ich sprach: »Ein Wunder wär' es, zög' ich dich an die Brust!«
Er sprach: »Wär's nicht ein Wunder, wenn fest den Mond man hält?«
Ich sprach: »Das Glas voll Wein ist ein Stern in deiner Hand.«
Er sprach: »Der Mond hat immer zum Sterne sich gesellt!«

MU'IZZI

*

Ich wollte einen Kuß von ihm – er sagte:
»Man darf dem Kranken doch nichts Süßes geben!«

KHADSCHU KIRMANI

*

Ich möcht' in meinen eig'nen Versen mich verstecken,
Damit, wenn du sie sprichst, ich deine Lippen küsse!

DSCHAMI

Zeig' nicht die geschloss'ne Knospe
mir von fern: »So ist es, so!«
Einen Kuß hab' ich erbeten –
mündlich zeig': »So ist es, so!«

GHALIB

*

Ich sagte: »Liebste, komm mit mir nach Hause!«
Sie sprach: »Ich möchte erst den Grund erfahren:
Weshalb denn nur? Weswegen? Und wozu denn?
Warum? Was gibt's dort eigentlich zu tun?«

INSCHA

*

Als ihren Frühlingsglanz im Spiegel sie gesehen,
Sprach sie zu Inscha:
»Wann könnt' im Garten es solch Rosenfülle geben,
wie hier im Spiegel?«

INSCHA

*

Ihre Augen sind Narzissen, Rosen ihre Wangen rot,
Ihre Locken Hyazinthen, die Gestalt: Zypresse schlank,
Und von ihrem Widerscheine
ward der Spiegel ganz zum Garten.

NASIKH

Wär' ich am Himmelszelt ein Rauch,
Wär' ich im Erdenreich ein Strauch –
Wär' rotgetupftes Leinen auch,
daß sie um ihren Hals mich bänd'!

KARACAOĞLAN

*

Gott mach' dich zur Blume am Ufer,
Daß ich dich rieche, wenn ich sag', ich hole Wasser!

LANDEY

*

Gott mache mich zu einem Becher,
Damit ich jeden Morgen deine Lippen spüre!

LANDEY

*

Am frühen Morgen traf ich eine Schöne –
Sie ließ mich weinen nicht; sie ließ mich lachen.
Ich hatt' von ihr nicht solche Huld erwartet:
Auf weißer Brust durft' ich mein Lager machen!

KARACAOĞLAN

*

Zu mir nun zu kommen versprach sie mir gestern Nacht –
Voll Hoffnung hab ich die Zeit bis zum Morgen verbracht.
Doch dann sank der Mond, und die Sonne erhob sich – ach!
Weiß-leuchtender Tag – wie glich er der schwarzdunklen Nacht!

MU'AYYID AL-MULK

Einmal leg die Hand auf meine Hand –
Lang' noch werd' ich denken an solch ein Handauflegen!

LANDEY

*

Da der Vereinung Mantel uns umhüllte,
War wie ein Augenblick die längste Nacht.
Nun, da sie fortging, wurden meine Nächte
Die eines Blinden, da kein Morgen wacht.

ABU TAHIR AL-WASITI

*

Ich reicht' ihr, als Nacht ihre Säume schon zog,
Den Becher mit moschusduftendem Wein.
Ich drückte sie an mich, wie Krieger ein Schwert;
Mein Wehrgehenk schien ihre Locke zu sein.
Doch als die Ermattende Schlummer umfing,
Löst' ich ihren Arm, der mich zärtlich schloß ein,
Und schob sie hinweg von der pochenden Brust –
Auf pochendem Kissen, wie schliefe sie ein?

IBN BAQI

*

Mein Freund, er schlummert unter Blüten –
Mit Tau des weißen Angesichts will ich ihn netzen.

LANDEY

Die Nixe

War sie wohl eben jetzt aus dem Meer gestiegen?
Ihr Haar, ihre Lippen
Rochen bis morgens nach See,
Und wie das Meer war die Brust, die sich senkte und hob.

Ich weiß ja, sie war arm
– Bei ihrem Körper konnte man nicht grad' von Arm-Sein sprechen –
Tief in mein Ohr, ganz leis,
Sang sie mir Liebeslieder.

Was hatte sie nicht gesehn und gelernt
In ihrem Leben, das mit dem Meer engumschlungen verlief:
Netze flicken, Netze werfen, Netz einholen,
Angeln machen, Futter holen, Boote säubern.
Um mich an Stachelfisch zu erinnern,
Bohrte sie ihre Hände in meine.

Ich sah diese Nacht, ich sah es in ihren Augen,
Wie schön wohl der Tag auf offenem Meer erwacht!
Und ihre Haare lehrten die Woge mich kennen;
Ich schaukelte lange im Traume darin.

ORHAN VELI

Eine Liebesnacht war's in des Vollmondes Schein,
Und gütig war Gott: sie kam, sie ward mein.
Gesegneter noch als die »Festnacht der Macht«;
Denn Jupiter war mit dem Monde allein.
Noch lichter die Nacht als strahlender Tag,
Vom Himmel strömt' Licht zur Erde hinein.
Am Himmelszelt traf ein Mond einen Mond:
Nicht Nacht war's, nein Frühe am himmlischen Rain!
Eine Brautnacht – so süß, so süß war ihr Kuß,
Die Seele voll Glück, o Seligkeit rein!
Enthüllt, was verhüllt: Symbol ward real –
Die Liebe schien uns ganz göttlich zu sein!
Es klingt wie ein Traum, was hier ich gedichtet …
Ich hab' von der Zeit meiner Jugend berichtet!

ATISCH

*

Vereinigung

Die an der Liebsten Brust in Schlummer sinken,
Einswerdend alles Glück des Lebens trinken,
Die Zeit für Nacht endloser Freude halten,
Sehn nicht am Himmel Frührot sich entfalten;
Den ew'gen Liebeshag im Traum sie sehen,
Wo Lenz nur herrscht, die Winde anders wehen.
In Lust hört man des Sprossers Klagen nimmer,
Nie welkt die Rose, bleicht des Mondes Schimmer.
Stets, jedem Aug, ist blau das Himmelszelt,
Gleich Arm und Reich in dieser Himmelswelt;
Im Traumesteich erfrischt die Lieb sich, wie
Man lauscht, fast endlos, Springbrunns Melodie.

Lebt jemand einmal nur in diesem Hag,
Da ihr Arm ihn umschlang, sie bei ihm lag,
In ihres Haares Duft versunken auch –
Des Liebens Zauber spürt er jeden Hauch;
Ein Sein, als wären Sterne aufgegangen,
Die Augen sind von Wundern rings umfangen,
Vom längsten Kuß nicht satt, dürstend beim Küssen:
Der Lippen Salz macht, daß sie dürsten müssen!
Dies Salz ist's, das die Schöpferkraft verleiht,
Geheimnisvoll: da etwas Gott ihr seid.

Die hier im Garten weilen, rosenschwer,
Durch welchen Zufall kamen sie, woher?
In Tagen, da sie Liebe führt – vom Ort
Trägt sturmgleich eine Leidenschaft sie fort!
Ihr Weg – des Lebens lichtgeschaffne Bahn!
Welch himmlisch Rennen eines Nachts hebt an!
Verhängten Zügels, vierspann, nahn zwei Seelen
Der Sphäre hier, um weitres Ziel zu wählen;
In diesem Sieg erglänzen die Gesichter,
Der Himmel rings flammt strahlend auf, voll Lichter.

Die an der Liebsten Brust in Schlummer sanken,
In jenem Himmel alle Seinslust tranken,
In jener Zeit vergaßen sie die Welt...
– Versäumte Zeit, grausame Stunde gellt! –
Wenn sie aus süßem Schlaf einmal erwacht,
Ist überall nur Kerker, rings nur Nacht.
Unheil, in solcher Welt erwachen, Plage!
Erstickt von Trennung brennen Tag um Tage.
O Glück! Dies Dunkel ist als Tod noch schlimmer!
O Liebe! Dein sind jene Herzen immer!
Vereinung! O verzaubre liebend Paare!
Himmlische, süße Nacht! O währe Jahre!

YAHYA KEMAL

Das Paradies ist nicht geringer
an Strahlkraft als dein Haus –
In Form und Grundriß ist's das gleiche,
nur weniger besucht!

GHALIB

*

Wenn du mich freundlich zu dir rufst,
so tu's, zu welcher Zeit du willst –
Ich bin nicht die verfloss'ne Zeit,
daß ich nicht wiederkommen kann!

GHALIB

*

Eh' wir geschaffen, verband sich mein Geist mit dem ihren,
Da wir noch Samen, und da in der Wiege wir schliefen.
Mit uns erwachte die Liebe und wurde nun stärker,
Und sie erlischt nicht, ob sie uns zum Tode auch riefen.
Nein, sie besteht über alles, was je uns geschehen,
Und sie besucht uns im Dunkel der Gräber, der tiefen...

QAIS IBN DHARIH

*

Zur Nacht kam die verlorene Erinn'rung
An dich, wie Lenz verstohlen an Ruinen rührt,
Wie Morgenbrise sacht durch Wüsten wandert,
Wie ohne Grund ein Kranker Ruhe spürt!

FAIZ

Ich lasse meinen Blick am Himmel schweifen –
Seh ich, den du jetzt siehst, den Stern so licht?
Ich halt' die Wandrer an aus allen Landen,
Ob einer deinen Duft geatmet nicht.
Zu allen Winden wend' ich mich, die wehen:
Vielleicht gibt einer mir von dir Bericht.
Ich geh verstört dahin auf meinem Wege –
Ein Lied vielleicht von deinem Namen spricht.
Auf jeden, den ich treffe, blick ich – trägt er
Nicht einen Zug von deinem Angesicht?

AT-TORTUSCHI

*

Du weilst im Auge noch, lebst noch in meinem Herzen,
Obgleich viel Zeit verging, seitdem du kamst und gingst...

MIR

*

So wie der Schnee zerschmilzt im Frühling,
So ward aus Gram um meinen Freund mein Leib zu Wasser!

LANDEY

*

Der, den ich liebe, fragte (– und der Abschied
Ließ Tränen mir und Schluchzen sich vereinen –):
»Was tust du auf dem ganzen Weg?« Ich sagte:
»Den ganzen Weg werd' ich um dich nur weinen!«

AL-MUHALLABI

Ich gab dir, Lieb, das Herze mein –
gut Nacht, ich geh!
Sein Leiden kennest du allein –
gut Nacht, ich geh.
Verging nun der Vereinung Zeit –
's ist recht, 's ist recht:
Ich schließ ans Herz die Trennung dein –
gut Nacht, ich geh.
Mit Locke raubst du und Gesicht
des Tages Licht,
Vortrefflich, Lieb! Du Zaubrer fein –
gut Nacht, ich geh.
Dein Antlitz: Glaubens Licht, dein Haar
Unglaubens Nacht,
Von beider Plage leid' ich Pein –
gut Nacht, ich geh.
Nun siehst du zwischen Wasser mich
und Feuers Brand,
Das Auge feucht, der Mund dörrt ein –
gut Nacht, ich geh.
Wenn du nur einmal nach mir fragst,
bin ich schon froh;
Dann wird mein Schmerz geringer sind –
gut Nacht, ich geh!

SANA'I

*

Leg deine Hand auf meine Hand, du! –
Sprich nicht mehr von der Trennung, denn mein Herz zerbricht dran!

LANDEY

Nicht nur das Herz klagt laut ob deines Scheidens –
Der Spiegel tönt vom Fortgehn deines Bildes.

GHALIB

*

Abschied und Wiedersehen
hat jedes doch sein Glück:
Geh tausendmal – und komm dann
zehntausendmal zurück!

GHALIB

*

Sieben Knaben, die Mehlika liebten,
Zogen abends aus dem Stadttor fort.
Sieben Knaben, die Mehlika liebten,
Jeder liebte sie in Schwermut dort.

Seit wie ein Phantom die Weltenschönheit
Sie bis in die tiefsten Träume traf,
Gingen sie, um diese Rätselschönheit
Zauberhaft, zu sehn, bis zum Berg Kaf.

Gingen sie, von Trennungsschmerz Erfüllte,
Auf dem Rücken tags des Mantels Tracht.
Wenn die Nacht des Tages Rand umhüllte,
Sprachen sie: »Vielleicht die letzte Nacht!«

Dieses Hoffnungsfremdland hat kein Ende.
Wege dehnen sich, das Herz wird matt.
Lebenslang geht jeder. Im Elende
Stirbt er, eh er noch erreicht die Statt.

Die Mehlika voller Schwermut liebten,
Trafen einen Brunnen ohne Rad.
Die Mehlika voller Schwermut liebten,
Scheuen Blickes sind sie ihm genaht.

Sahn im Spiegel eine Welt verloren,
Die umkränzt von Tod-Zypressen war –
Einen Hauch schien ihnen draus geboren
Jene Fee mit langem Aug und Haar.

Der betrübten Pilger Jüngster, Blasser,
Blickte lang in den verlass'nen Quell,
Streifte ab sodann und warf ins Wasser
Von der Hand den Ring aus Silber hell.

Als das Wasser wich, welch Traum erfüllt' sich!
Endlich ihrer Fahrten letzter Nu!
Eine Welt der Phantasie enthüllt' sich –
Alle wandelten dem Zauber zu.

Sieben Knaben, die Mehlika liebten,
Kamen nicht, schon jahrelang ist's her.
Sieben Knaben, die Mehlika liebten,
Kommen, sagte man, wohl nimmermehr.

YAHYA KEMAL

*

Nur eines war dein Kommen und dein Gehen,
        ach, letzte Nacht,
Als hätte mit der Sonne dich verwechselt
        die Dämmerung.

QUDSI

Wer dem Frühwind gleich in deine Straße
Einmal kam, kehrt nie von dort zurück!

DARD

*

Meine Beziehung zum ihm gleicht der von Küste und Meer:
Immer und wieder mir nah, fliehend doch immer von mir.

KALIM

*

Der Rausch des Dürstenden entspricht
dem Maße des Pokals, o Schenk:
Bist du des Weines Meer, bin ich
der Küste immer off'ner Mund!

BEDIL

*

Wo finde ich ein Zeichen, fragt' ich,
von jenen, die umhergeirrt aus Liebe?
Der Morgenwind nahm eine Handvoll
von Staub und wirbelte sie in die Luft...

MIR

*

Ach, ich rufe, du erwiderst nicht.
Später suchst du in der Welt mich, und ich bin nicht mehr!

LANDEY

Wir wollten gern vor deinem Haus verweilen,
Das Herz, der Fußspur gleich, von dort nicht heben,
Doch wie die Fußspur in der Wasserfläche,
So flüchtig ist, so nichtig unser Leben!

DARD

*

Wenn wir von deiner Tür gegangen sind,
So wisse dies: daß wir gestorben sind!

DARD

*

Kein schön're Schloß ward je
    gebaut als dieses Herz:
Hätt'st du's nur angeblickt,
    du hätt'st es nicht zerstört!

MIR

*

Mein Herz ist wie die Rosenknopse
Voll Blut nur, Schicht um Schicht,
Und kämen hunderttausend Lenze,
Es kann sich auftun nicht.

Ist eine Tyrannei noch übrig,
Die ich nicht sah?
Ist noch dem Herz ein Schmerz geblieben,
Den es nicht sah?

BABUR PADISCHAH

Sie kam zwar spät, treulos, und fern geblieben:
Von fern sie sehen, war schon, sie zu lieben.

MIR

*

Verstand, Geduld, Vernunft und Glaube
    und Sinne, Herz und Kraft:
O frage nicht, was sie hinweggetragen,
    als einmal sie nur kam!

MIR

*

Keinen Kuß willst du mir geben –
    nun, ein Schimpfwort tut es auch:
Schließlich hast du eine Zunge,
    wenn du keinen Mund hast, gut!

GHALIB

*

Wer an den Mond denkt, denkt an dein Gesicht,
Wer Ambra denkt, denkt deiner Locken dicht,
Wer eines Rastorts denkt, denkt an dein Haus,
Wer »Hölle« sagt, von deinem Wesen spricht!

KHUSCHHAL KHAN KHATAK

Braunäugiges kokettes Lieb,
Du mögest werden, wie ich bin:
Das Haar zerzaust, der Rücken krumm –
Du mögest werden, wie ich bin!

Die Rose höre auf zu blühn,
Der Sprosser soll den Garten fliehn,
Der Wundarzt von der Tür nicht ziehn –
Du mögest werden, wie ich bin!

Statt Blumen spross' die Distel auf,
Statt Vogelsang der Eule Laut,
Die Träne fließ' in Wildbachs Lauf –
Du mögest werden, wie ich bin!

Ich rede hier mit Mannesmund,
Es flammt mein Herz zu jeder Stund' –
Ein grauer Wolf, vom Pfeile wund –
Du mögest werden, wie ich bin!

KARACAOĞLAN

*

Gott schicke dich in kahle Wüsten,
Daß du gedenkst, wie du am warmen Busen schliefest!

LANDEY

*

Ach, brich nicht die Verbindung mit mir ab –
Ist's andres nicht: auch Feindschaft ist mir recht!

GHALIB

Mein Geliebter ist im Kampf geflohen –
Nun bereue ich den Kuß, den ich ihm gestern gab.

LANDEY

*

Sag nicht zu mir: »Du sprachst zu mir ›Mein Leben‹« –
Denn satt hab' ich zur Zeit sogar das Leben.

GHALIB

*

Ihr habt die Liebe auf morgen verschoben,
Schüchtern, verhalten und ehrfurchtsvoll.
Alle Freunde, Verwandten
Haben euch falsch gekannt.

Wegen niemals endender Arbeit
(Ihr wolltet zwar nicht, daß es so kommen sollte)
Wo doch ein Blick schon genügt hätte, alles zu sagen –
Blieben Gefühle, die euer Herz
Anfüllten, doch im Herzen verschlossen.

Ihr hofftet auf ausgedehntere Zeiten –
Denn Liebe in knapper Zeit auszusagen, ist unschön.
Aber es kam euch nicht in den Sinn, daß die Jahre
So rasch im Trubel vergehen.

In euerm heimlichen Garten
Gab es erblühte Blumen
Zur Nacht, und allein.
Das schien euch zu wenig als Gabe,
Oder ihr fandet nicht Zeit...

BEHCET NECATIGIL

Mann und Frau

– Wer bist du?
– Ein Narr ohne Stätte
aus dem Stein der Steppe, aus der Sippe Satans
Wer bist du?
Wandertest du in meinem Körper?
– Mehrmals.
– Was sahst du?
– Ich sah meinen Tod.
– Eiltest du über mein Blut, setztest dich, legtest ab deine Kleider,
badetest dich, zogest dich an?
Sahst du meine Sonne gleich einem Schatten
Sahst du meinen Schatten gleich einer Sonne
Stiegest du unter mein innerstes Herz, und entdecktest du mich?
– Entdecktest du mich?
– Entdecktest du mich?
– Nein.
– Fandest du Heilung durch mich, und fürchtest noch immer?
– Ja.
– Frau, erkanntest du mich?
– Mann, erkanntest du mich?

ADONIS

*

Als der Liebe Ende sah ich enttäuschtes Hoffen –
Herz an Herz gepreßt: ein Mund scheint es voller Kummer.

GHALIB

Heimliche Liebe

Du hattest doch mal eine Liebste
Vor acht Jahren oder vor zehn.
Gestern traf ich sie unterwegs,
Sie freute sich, mich zu sehn.

Auf der Straße, eben im Stehn
Sprachen wir dies und das.
Geheiratet hat sie, Kinder gekriegt,
Ein Mädchen, einen Sohn.

Sie fragte nach dir.
Unverändert, sagte ich,
Wie du ihn kennst.
Sie verstand.

Sie sei glücklich, liebe ihren Mann,
Sie wohnten im eigenen Haus...
Gedrückt, wie schuldbeladen
Ließ sie dich grüßen.

BEHCET NECATIGIL

*

Zu ihrer Straße trug die Sehnsucht mich –
Wie hätte ich die Kraft, von dort zu gehen?

MIR

Gott lass' nie zu, daß du so tief bekümmert...
wenn selbst der ruhige Schlummer dir verwehrt ist,
wenn deine ständge Freude aufgezehrt ist,
das Leben dir zum bittren Trank verkehrt ist,
und wenn dein Herzens-Spiegel schmilzt im Gram,
wenn in Verzweiflung Kraft dir kaum geblieben,
in Schmerzensflut du zitternd Schaum geblieben
und deine Jugend nun ein Traum geblieben,
der Stolz der Schönheit Betteln ward und Gram,
wenn du nach Ruh in langer Nacht dich sehnest,
mit trübem Aug' nach Mitleid sacht dich sehnest,
im grauen Herbst nach Frühlingspracht dich sehnest,
wenn keine Stirn die Schwelle dir mehr grüßt,
wenn du erfreut von Schwäche wirst und Sorgen,
vertraust dem Trug-Versprechen auf ein Morgen –
Gott lass' nie zu, daß du dich einst erinnerst
an jenes Herz, ruh'los um deinetwillen,
an jenes Aug', das dich erharrt im Stillen!

FAIZ

*

Man kann aus Seelenfäden nicht
ein Kleid für die Geliebte weben,
Denn allzuviele Knoten hat
dies Garn vom Herzenskummer.

SCHAHIDI

Hacivats Frau

Eines Tags wird Kamer Hanım
Wieder an ihre Jugend denken –
Leise krampft sich ihr Herz zusammen –
Dann wird sie die Schritte zur Küche lenken;
Während sie Eier in einer Schüssel rührt,
Wird ihre Haare sie langsam lösen,
Zucker wird leise am Herdrand kochen,
Werden Erinn'rungen scharenweis kommen...
Wenn in der Küche sich Kuchendüfte verbreiten,
Wird auch sie ihren Körper strecken,
Wird einen Teller vom Küchenbort nehmen:
»Hacivat hat mich doch auch mal geliebt« wird sie sagen.

Eines Tags wird Kamer Hanım
Fortwährend Kuchen backen...

SALAH BIRSEL

*

Ich war ganz Feuer, als die Liebe anfing.
Jetzt bin am Ende nichts als Asche ich.

MIR

*

Wär' nicht die Leidenschaft der Liebenden, ihr Weinen,
So säh' das Volk, wie Glut und Wasser selten sind:
Denn alles Feuer flammt empor aus ihren Herzen,
Und alles Wasser nur aus ihren Augen rinnt.

IBRAHIM IBN AL-MUWALLAD

Als ich noch ungeübt, die Lieb' zu tragen,
Schlief nachts mein Nachbar nicht von meinem Klagen.
Jetzt klag' ich nicht mehr, seit die Schmerzen wuchsen –
Wo wäre Rauch, wenn rings die Flammen schlagen?

AHMAD GHAZZALI

*

Ich möchte meine Seele
hingeben gleich dem Schmetterling,
Erblickt' ich nur noch einmal
die Kerze deines Angesichts!

ZEB UN-NISA

*

Den wahrhaft Liebenden ist Liebe eingeboren –
Von andern lernt ja nicht der Falter, zu verbrennen!

MAHIR

*

Ich bin kein Falter, der
in einem Nu verbrennt –
Bin eine Kerze, die
zerschmilzt und schweigend stirbt.

ZEB UN-NISA

Mein Leib ward ganz zu Tränen, gleich der Kerze
zur Trennungsnacht.
Doch so viel, wie ich weinen wollte, hab ich
doch nicht vollbracht.

SAUDA

*

Ich hörte, Abraham verbrannte nicht im Feuer –
Sieh, wie ich ohne Glut und Flamme brennen kann!

GHALIB

*

Der Töpferofen, ganz bedeckt,
strömt ringsum Hitze aus –
Wir halten unsre Glut versteckt
und brennen innen nur.

QADI QADAN

*

Der du verbrennst der Liebenden Gesicht –
Gemach! Die Glut löscht meiner Tränen Rinnen!
Verbrenne meine Glieder, meinen Leib,
Doch möglichst nicht mein Herz – denn du wohnst drinnen!

ARABISCH

*

Wenn der Körper mir verbrennt, ist doch auch das Herz verbrannt –
In der Asche stochert sie – was soll dieses Suchen sein?

GHALIB

Ich würde sagen...

Ich würde sagen, es sei im April ein Abend,
Und die beglückendsten aller Winde wehen von dir.
In dir betrachte ich nun das blaueste aller Meere,
In dir durchwandele ich den ganz einsamen Wald,
Von dir nur pflückt' ich die unverwelklichsten Blüten,
In dir durchpflügte ich das gesegnetste Land,
Und alle Früchte kostete ich in dir.
Ich würde sagen, du seist für mich
Notwendig wie die Luft,
Gesegnet wie das Brot,
Und wie das Wasser so lieb,
Du, himmlisches Gnadengeschenk.
Ich würde sagen... glaub mir, o glaube mir, Lieb,
Du bist mir im Hause der Frohsinn,
Du bist mir im Garten der Lenz,
Auf meiner Tafel der älteste Wein.
Ich lebe in dir,
Und du, du herrschest in mir.
Laß mich, ich will deine Schönheit verkünden
Mit Winden und Vögeln und Strömen zusammen!
Und später, an einem Tag,
Wenn du vielleicht meine Stimme nicht mehr erkennst
Aus der Stimme der Winde und Ströme und Vögel,
Dann, wisse das, bin ich tot.
Aber werde nicht traurig, du, sei nur ganz ruhig:

Auch den Käfern im Grab erzähle ich deine Schönheit.
Und irgendwann später,
Wenn du am Himmelszelt wiederum meine Stimme vernimmst,
Denke daran: dann ist Auferstehung,
Und ich stehe mitten darin und suche nur dich.

CAHIT SITKI TARANCI

Du schufst den Menschen für den Schmerz der Liebe –
Für den Gehorsam hast Du Deine Engel!

DARD

*

Da ich mich als Dorn erkannte, floh ich zu der Rose Pracht,
Da als Essig ich mich fühlte, mischt ich mich dem Zucker sacht.
Ich war eine Schale Giftes; so ging ich zum Gegengift,
Ich war nur ein Glas voll Absud; floß zum Lebensquell erwacht.
Ich war nur ein schmerzvoll' Auge; so ergriff ich Jesu Saum;
Ich erkannte mich als roh noch; schloß mich an der Reifen Macht.
Fand den Staub des Dorfs der Liebe ich als Seelen-Antimon,
Und ich ward zart gleich dem Haare, stieß das Antimon voll Acht.
Sprach die Liebe: »Richtig sprachst du – doch sieh's nicht von dir aus an:
Ich bin Wind und du bist Feuer – und ICH habe dich entfacht!«

RUMI

*

Durch Liebe ward das Bittre süß und hold,
Durch Liebe ward das Kupfer reines Gold,
Durch Liebe ward die Hefe rein und klar,
Die Liebe bot der Krankheit Heilung dar,
Durch Liebe wird belebet, wer entschlafen,
Durch Liebe werden Könige zu Sklaven…
Die Liebe macht das tote Brot zur Seele,
Macht ewig die vergängliche, die Seele!

RUMI

O Stimme in der Steppe:
    als ob der Kuckuck schreit;
    ein Jammerlied und Leid –
es ist der Liebe Ach.

O Stimme in der Steppe,
    als sei's des Sittichs Sagen:
    es ist der Sehnsucht Klagen,
es ist der Liebe Ach.

O Stimme in der Steppe,
    als ob die Wildgans riefe –
    Schrei aus der Wassertiefe –
es ist der Liebe Ach.

O Stimme in der Steppe
    wie einer Geige Klang:
    das ist der Liebe Sang –
das Volk nur hielt's für eines Weibes Lied!

SCHAH ABDUL LATIF

*

Schnell der Strom, und stark die Strömung –
    Doch wo Liebe ist, da ist die Strömung schwach.
Wer die Liebe zur Tiefe hat,
    träumt von der Einheit, nichts sonst!

SCHAH ABDUL LATIF

Sollte mein Auge je Dich erschaun
Antlitz um Antlitz, dort und dort,
Künd' ich den Kummer, den ich erlitt,
Zeile um Zeile, Wort um Wort.
Um Dein Gesicht nur einmal zu sehn,
weh' ich dahin, dem Morgenwind gleich,
Winkel um Winkel, Haus um Haus,
Türe um Türe, Port um Port.
Von meinem Auge, sehnsuchterfüllt
rinnen des Herzbluts Fluten und Flut,
Ströme um Ströme, Meer um Meer,
Quelle um Quelle, fort und fort.
Für meine Seele zum Gewand
webte mein trübes Herz Deine Lieb'
Faden um Faden, Garn um Garn,
Einschlag um Einschlag, Bort um Bort.
Wandt' ich dem eigenen Herzen mich zu,
fand ich darin nichts als Dein Du –
Seite um Seite, Stück um Stück,
Schleier um Schleier, Ort um Ort.

TAHIRA QURRATUL'AIN

*

Der Liebende webt Atlas reich aus seinem Blute,
und Brokat,
Daß unter des Geliebten Fuß er Atlas breite
und Brokat.

RUMI

Farbig und bunt
ist der Geliebte, wie Seide.
Ihn, der die Seele berauscht–
wie könnte Ihn man vergessen?

Gleich wie der Bootsmann stakt
mit dem Ruder sein Boot,
So kreist's beständig in mir:
»Wie kann den Liebsten ich treffen?«

Gleich wie das Wasser, das strömt
nieder vom Mühlrad, vereint
Ist mit dem Lehm, kann auch ich
lösen mein Herz nicht vom Freund.

SCHAH ABDUL LATIF

*

Wir wünschen nicht als Engel
den Himmel zu erreichen –
Des Herzens Wunsch ist dieser:
nur Deinen Fuß erreichen!

DARD

*

Aus Sehnsucht, Dich zu schauen,
sieh in der Wüste Brust
Die Wanderdünen pochen
wie ein erschöpftes Herz!

BEDIL

Zulaikha, sieh, gab allem – von der Raute
Bis hin zur Aloe – den Namen ›Joseph‹;
In allen Namen barg sie seinen Namen –
Nur den Vertrauten tat sie dieses kund.
Und wenn sie sprach: »Das Wachs ward weich vom Feuer«,
So meinte sie: »Der Freund war lieb zu mir«.
Und wenn sie sprach: »Schaut, wie der Mond dort aufgeht!«
Und wenn sie sprach: »Grün ward der Weidenzweig!«
Und wenn sie sprach: »Wie doch die Blätter zittern!«
Und wenn sie sprach: »Wie schön die Raute brennt!«
Und wenn sie sprach: »Mit Rosen sprach der Sprosser!«
Und wenn sie sprach: »Der Fürst enthüllt Geheimes.«
Und wenn sie sprach: »Das Glück, wie herrlich strahlt es!«
Und wenn sie sprach: »Klopft mir den Teppich aus!«
Und wenn sie sprach: »Der Träger brachte Wasser.«
Und wenn sie sprach: »Die Sonne, seht, ging auf!«
Und wenn sie sprach: »Sie kochten gestern Speise.«
Und wenn sie sprach: »Gemüse ist jetzt gar!«
Und wenn sie sprach: »Es fehlt dem Brot am Salze!«
Und wenn sie sprach: »Der Himmel läuft verkehrt.«
Und wenn sie sprach: »Mir tut der Kopf so weh jetzt.«
Und wenn sie sprach: »Mein Kopfweh ist vorbei!«
Wenn sie es lobte, hieß es ›Sein Umfangen‹
Und wenn sie tadelte, hieß ›Trennung‹ es.
Und wenn sie hunderttausend Namen häufte –
Sie meinte Joseph, wollte Joseph nur.
War hungrig sie und sagte seinen Namen,
So ward sie satt, berauscht von seinem Becher;
Pelzmantel war ihr zur Zeit der Kälte:
Das tut des Freundes Name in der Liebe!

RUMI

Zulaikhas Klage

Seit am Tag des Ja die Saat des Leids gesenkt die Liebe,
Ließ mich wachsen, mit dem Wasser Schmerz getränkt, die Liebe.
Als der Schmerz dann meine Ähren ausgedroschen hatte,
Hat im Nu die Ernte an den Wind geschenkt die Liebe.
Seit mein Herz vertraut ward mit dem Kummer um den Freund,
Hat die trauten Freunde fremd von mir gedrängt die Liebe.
Auch Gesundheit bietet keinen Gruß mir mehr, seitdem
Mit des Tadels Hand zum Willkomm mich empfängt die Liebe.
Schlafes Spur ist nicht in meinen Augen, Wasser füllt sie:
Ich weiß nicht, wohin am Ende mich noch lenkt die Liebe!

HAMDI

*

Die Leute blickten auf Josephs zerrissenes Gewand –
Wer aber sah auf Zulaikhas zeriss'nes, zerstörtes Herz?

AZAD BILGRAMI

*

Die Leute fragen immerfort:
Sag, Herr, was ist das: ›Liebe‹?
Der eine sagt: »Mysterien«,
der andre: »Gott ist Liebe.«

MIR

Wir tranken einst auf das Wohl des Freunds, des Geliebten, Wein –
Eh man noch die Traube schuf, da flößte er Rausch uns ein.
Der Vollmond war sein Pokal; er selbst war die Sonn', die kreist
Durch Neumond, und mischst du ihn, erglänzet der Sterne Schein.
Und wär' nicht sein süßer Duft – wer führte zur Schenke mich?
Was täte die Phantasie, könnt' er nicht den Glanz ihr leih'n?
Und nennst du im Stamme ihn, so werden die Brüder gleich
Ganz trunken, berauscht – jedoch von Schande und Sünde rein.
Er stieg aus dem tiefsten Grund der Weinkrüge auf, entschwand,
Und nichts als der Name blieb von ihm noch zurück allein.
Doch kommt einem Manne er einmal wieder in den Sinn,
So wohnet das Glück in ihm, es fliehen ihn Not und Pein.
Und hätten die Zecher nur das Siegel des Krugs erblickt –
Das hätte sie schon berauscht, eh' sie noch geschmeckt den Wein!
Und hätt' man den Staub besprengt am Grab eines Toten nur –
Der Geist kehrte wieder ihm, belebt würde sein Gebein!
Hätt' man in den Schatten nur des Walls, wo die Rebe wächst,
Gelegt einen Kranken: leicht könnt' man ihn von Qual befrei'n.
Und brächte zur Schenke man Gelähmte – sie gingen gleich;
Es spräche der Stumme schon, hört' er von des Duftes Weih'n!
Und schwebte sein Wohlgeruch im Osten, und wär' im West
Ein Kranker, der nichts mehr riecht – Duft-Sinn könnt' er ihm verleih'n.
Und färbte sein Glas die Hand des Zechers, der's anfaßt, rot,
Der irrte nicht mehr zur Nacht – er trägt ja des Pol-Sterns Schein!
Und käm' er verschleiert nah dem Blinden, so säh' der hell;
Der Taube gewinnt Gehör, gießt man aus dem Krug nur ein...
Sie sprachen: »Beschreib ihn uns! Du kennst ihn am besten ja!«
»Wohl kenn ich ihn wahrlich gut – so nenne ich euch den Wein:
Ganz rein, doch wie Wasser nicht, ganz zart, aber nicht wie Luft,
Ein Geist, aber ohne Leib, ein Licht, doch nicht Feuerschein.«

ʿOMAR IBN AL-FARID

Ich sah den Freund, er schritt ums Haus im Kreise;
Auf seiner Laute schlug er eine Weise.
Mit feuergleichem Schlag ein süßes Lied
Spielt' er, vom Wein der Nacht berauscht, durchglüht.
Er rief mit seinem Lied den Schenken fein.
Der Schenk war Vorwand ihm: er wollte Wein.
Der holde Schenke trug auf seine Bitte
Den Weinkrug aus dem Winkel in die Mitte.
Er füllt' das erste Glas mit Wein, der glühte –
Sahst je du, daß ins Wasser Feuer sprühte?
Der Freunde wegen reicht' von Hand zu Hand
Den Wein er, kniete, küßt' des Freunds Gewand.
Der nahm das Glas und trank des Weines Licht –
Die Flammen liefen über sein Gesicht.
Er sprach, als seinen eig'nen Glanz er sah:
»Mir gleich wird keiner sein, noch war je da!
Ich Weltensonn', der Liebenden Geliebter –
Vor mir ist unruhvoll das Herz Verliebter!«

RUMI

*

Die Feder eilt im Schreiben, kaum zu halten –
Kommt sie zur Liebe, muß sie gleich zerspalten.
Wie ich die Liebe auch erklären will –
Komm ich zur Liebe, schweig' ich schamvoll still.
Erklärung mag erleuchten noch so sehr,
Doch Liebe ohne Zungen leuchtet mehr!

RUMI

Der Regen der Gnade

Du bist ein trockenes Flußbett,
der Regen bin ich dir –
Du gleichst einer Stadt voller Trümmer –
von neuem bau ich dich hier!

RUMI

Ein ganzes Kapitel für den Regen? Das scheint dem Europäer, der des allzureichlichen Regens überdrüssig ist, seltsam. Aber für den Bewohner heißer Klimazonen ist der Regen in der Tat Gnade; denn durch ihn wird das vertrocknende Land wiederbelebt, wird Fruchtbarkeit und Ernährung gesichert. Deshalb wird der Regen auch als sehnsüchtig erwartetes Erlebnis besungen, und der großmütige Fürst, der seinen Dichter beschenkt, kann der Regenwolke verglichen werden, von der man reichen Perlensegen erhofft – »Regentropfen Allahs, gereift in bescheidener Muschel« wachsen nach orientalischem Volksglauben, wenn sie im April ins Meer fallen und eine Muschel finden, so, wie das reine Herz den Regentropfen der Gnade aufnimmt und bewahrt.

Häufig ist die Verbindung zwischen dem Regen und dem Propheten Muhammad, der im Koran als »Gnade für die Welten« bezeichnet wird – und »Gnade«, *rahmat*, heißt der Regen auch bei den anatolischen Bauern. Wie in der indischen Überlieferung der Buddha einmal als segenspendende Regenwolke erscheint, so auch der Prophet in vielen Gedichten, vor allem aus dem indischen Bereich, wo die Regenzeit von alters her ein beliebtes Thema der Lyrik war: denn das ist die Zeit, da die Liebenden sich treffen möchten – die Regenwolke mit ihren roten Blitzen gleicht dem Geliebten im roten Hochzeitsgewand. Während der Regenzeit vom Freunde, vom Gatten getrennt zu sein, ist ein immer wieder in den sogenannten »Zwölfmonatsgedichten« der indischen Sprachen besungenes bitteres Schicksal, wie Amir Khosrau sagt:

Die Wolke regnet, regnet – ich bin vom Freund getrennt!
Was tun an solchem Tage, vom Herzlieb, Herz! getrennt?
Ich und der Freund, wir stehen beim Abschied... Regen, Wolken...
Ich wein' allein, die Wolke allein, der Freund getrennt!

Doch in Europa wird die Regenzeit in der Poesie der Exildichter – wie Bayati – zur Zeit der Einsamkeit, der Hoffnungslosigkeit...

Die Wolke

Sie kam gezogen, wie ein Rabe schwebend,
Mit schwarzem Haupt, und schwer die Flügel hebend;
Dann ihre Güsse – tosend, laut erbebend,
Dem durstverbrannten Staube Heilung gebend,
Mit langem Regen totes Land belebend!

IBN AL-MUʿTAZZ

*

Wieder kehren die Wolken,
gnadengefüllt bis zum Rand,
Wieder beginnen die Blitze,
ringsum aufzuckend entbrannt.
Manche steigt auf bis Istanbul,
manche bis Afrikas Sand,
Manche erglänzt über China
manche erreicht Samarkand,
Manche nach Kandahar, Kabul,
fern nach Kleinasien gewandt,
Manche erdröhnt über Delhi,
über Süd-Indiens Strand,
Donnernd kommt die von Jaisalmer,
Frucht schenkend Bikaners Land.
Manche benetzt Bhuch, und manche
hat auch Lars Hitze gebannt.
Manche, von Omarkot kommend,
hat Grün den Feldern gesandt.
Höchster, Du öffne in Gnaden
stets über Sind Deine Hand!
Freund, o Du holder Geliebter!
Laß alle Welt neu erblüh'n!

SCHAH ABDUL LATIF

Aus: Sur Sarang

Auch heut weht's von Norden,
der Kuckuck singt sein Lied;
Der Bauer spannt den Pflug an,
Der Hirte froh die Herden sieht –
Das Kleid der Wolke zieht
heut mein Geliebter an.

Auch heute weht's von Norden:
die Wolke schwarz: sein Haar;
Und rot wie er gekleidet
der Blitze blanke Schar.
Den Freund, der fern mir war,
bringt so der Regen nah!

Wolke! Um Gottes willen
gewähre dem Dürstenden Schutz,
mach billiger das Getreide,
die trockenen Tümpel hilf füllen;
Das Land laß fruchtbar schwellen,
daß sich der Landmann freut!

Es denken des Gewölkes
Mann, Hirsch und Ochs und Kuh,
Wildenten warten der Wolke,
die Kröte klagt ohne Ruh,
Die Muschel auch im Meere
blickt harrend auf sie zu –
Die Teiche fülle du,
daß sich der Landmann freut!

Die Wolken, sie ordnen sich
die Blitze beginnen zu zucken,
Die Regenschwangere rieselt,
verdorrtes Flußbett zu füllen;
In düsterer Wetterwand
entzückt die Züngelnde mich!
Der Gram-Staub vom Herzen wich
beim Rauschen und Rieseln des Regens.

Mein Fürst wird Schutz mir geben
– so trau ich fest auf Gott!
Wenn die Posaune aufdröhnt,
Wird sich das Aug' erheben
– so trau ich fest auf Gott –
Der Liebste wird sich neigen
Im Jammerruf erbeben
– so trau ich fest auf Gott –
Fürbitten wird Muhammad
für seines Volkes Leben
– so trau ich fest auf Gott –
Da sammeln sich die Frommen;
Muhammad, ruhm-umgeben
– so trau ich fest auf Gott –
Wird sich für Seel' und Seele
zum höchsten Thron begeben
– so trau ich fest auf Gott –
Der Herr wird, ihn zu ehren,
uns alle Schuld vergeben
– so trau ich fest auf Gott!

SCHAH ABDUL LATIF

Regen-Hymne

Deine Augen sind Palmenwälder im frühen Morgen
Oder Zinnen, von denen der Mond sich entfernt.
Wenn deine Augen lächeln, belaubt sich der Weinberg
Und die Lichter tanzen... wie Monde im Fluß,
Den das Ruder sachte bewegt am frühen Morgen,
Als pulste in ihren Tiefen der Sterne Leben.

Sie ertrinken in einem Nebel durchsichtiger Trauer
Wie das Meer, wenn des Abends Hände leis' drüber streicheln,
Der Winters gewärmter Platz ist darin, und der Herbstes Beben,
Der Tod, die Geburt, die Finsternisse, die Helle.
Da erwacht und erfüllt meinen Geist des Weinens Zucken
Und ein seltsamer Schwindel umarmet den Himmel
Wie der eines Kindes, das vor dem Monde sich ängstigt,
Als ob die Regenbogen die Wolken trinken
Und Tropfen... Tropfen zerschmelzen im Regen
Und die Kinder lachen und lachen in den Spalieren im Weinberg
Und es reizet das Schweigen der Vögel auf ihren Bäumen
Die Hymne vom Regen
Regen...
Regen...
Regen...

Der Abend wird langsam schläfrig, aber die Wolken
Gießen noch immer mehr aus von ihren schweren tropfenden Tränen,
Als ob ein Kind zu schwatzen anfängt vorm Schlafengehen,
Daß seine Mutter – die es seit einem Jahre beweint
Und doch nicht mehr fand – und wenn es zu eindringlich fragt
Sagt man ihm »Übermorgen, da kommt sie...«
Sie muß wiederkommen...

Und wenn die Gespielen dann flüstern, daß sie dort ist
Zu Seiten des Hügels schlafend wie alle die Särge;
Als ob ein trauriger Jäger die Netze einzieht,
Fluchend seinem Geschick und den Wassern,
Und verstreut seinen Reichtum, wenn der Mond untergeht –
Regen...
Regen...

Weißt du auch, welche Trauer erregt dieser Regen?
Wie die alternden Rinnen zu schluchzen pflegen?
Und wie verloren sich fühlt, wer allein?
Endlos... wie das vergossene Blut, wie Hungerspein,
Wie die Liebe wie Kinder wie Tote – das ist der Regen.
Und deine Augäpfel geistern vor mir hier im Regen.
Und jenseits der Wogen des Meeres salben die Blitze
Die Küste Iraks mit Sternen und auch mit Muscheln,
Als sei es zur Frühmorgen-Glut
Und die Nacht zieht darüber ein Laken von Blut.
        Und ich rufe den Golf: »O du Meer,
        das du Perlen schenkst, Muscheln, Verderben!«
        Und das Echo kommt her,
        wie ein Seufzer so schwer:
        »O Meer,
        das du Muscheln schenkst und Verderben...«

Ich höre beinah Irak diese Donner aufspeichern
Und die Blitze im Flachland und in den Bergen bewahren,
Daß, wenn es sie für den Menschen entsiegelt in späteren Jahren,
Der tödliche Wind von Thamud
Das Tal nicht berührt.

Ich höre beinah den Palmbaum trinken den Regen
Und höre die Dörfer stöhnen, die Auswanderer,
Ringend mit Rudern und Segeln,
Mit den harten Brisen des Golfs, mit Donnern, singen:
»Regen...
Regen...
Regen...
Und im Irak ist Hunger

Und die Erntezeit streut die Ähren aus
Daß sich Fremde und Heuschreck ersatten
Und es mahlt Eisen und Stein
Eine Mühle, sich drehend im Feld...
        von Menschen umringt...
Regen...
Regen...
Regen...

Wie viele Tränen vergossen zur Reisenacht wir
Und entschuldigten uns, den Tadel fürchtend, mit Regen...
Regen...
Regen...

Seit wir klein waren, pflegte der Himmel
Sich winters in Wolken zu hüllen
Und es rauschte der Regen...
Und jedes Jahr wenn die Erde ergrünte, waren wir hungrig,
Und nicht ein Jahr verging im Irak ohne Hunger...
Regen...
Regen...
Regen...

In jedem Tropfen von Regen
Ist das Gelb oder Rot von künftigen Blüten verborgen,
Und jeder Tropfen von Hungrigen und von Nackten
Und jeder Tropfen quellend vom Blut der Sklaven,
Er ist ein Lächeln, harrend auf lächelnden Lippen
Oder ein Traum, erblüht auf dem Mund eines Kindleins
In der Welt von Morgen, der jugendlichen, voll Leben.
Regen...
Regen...
Regen...
Satt wird der Irak mit Regen...«
Und ich rufe den Golf. »O du Meer,
Das du Perlen schenkst, Muscheln, Verderben!«
Und das Echo kommt her
wie ein Seufzer so schwer:
»O Meer,
das du Muscheln schenkst und Verderben!«

Und es streut der Golf seine Gaben, die reichen,
Auf den Sand: seinen brackigen Schaum, und Muscheln
Und die Überreste der Knochen elend Ertrunkner
Unter den Auswanderern, die das Verderben tranken
Vom Sturm in der See und von Flaute.
Und im Irak, da trinken wohl tausend Schlangen
Den Seim von Blüten, genährt von dem Euphrat mit Tau.

Und ich höre das Echo schwer
Widerhallen im Meer:
»Regen...
Regen...
Regen...

In jedem Tropfen von Regen
Ist das Gelb oder Rot von künftigen Blüten verborgen;
Und jeder Tropfen von Hungrigen und von Nackten,
Und jeder Tropfen quellend vom Blut der Sklaven,
Er ist ein Lächeln, harrend auf lächelnden Lippen
Oder ein Traum, erblüht auf dem Mund eines Kindleins
In der Welt von Morgen, der jugendlichen, voll Leben.«

Und es strömt der Regen...

BADR SCHAKIR AS-SAYYAB

*

Wie der Tropfen Regen
war ich ganz allein
o du meine Liebste, wie der Tropfen Regen

Doch sei nicht betrübt:
Ich kaufe dir morgen den Mond
und den Morgenstern
einen Garten voll Blütensegen
Morgen, wenn ich heimkehr' von langen Wegen
Morgen, wenn Blätter entsprossen dem Stein,
zwischen meinen Rippen gelegen

Aber ich bin heute   ganz allein
o du meine Liebste
wie der Tropfen Regen

AL-BAYATI

Gärten und Blumen

Im Garten sind tausend Entzückende fein
Und Rosen und Veilchen mit Düften so rein
Und rinnendes, plätscherndes Wasser im Fluß –
Dies alles ist Vorwand: Er ist es allein.

RUMI

Der Garten, das grünende Land war und ist in einem heißen Klima wahrhaft »ein kleines Paradies«, und das arabische Sprichwort sieht als Begehrenswertestes an »Wasser, Grün und ein schönes Gesicht«. Die Dichter der sich im 9. und 10. Jahrhundert im Irak und Syrien entwickelnden städtischen Kultur haben den Reiz des Gartens, der einzelnen Blume besungen und damit Modelle geschaffen: Morgendliche oder nächtliche Weingelage werden in Gärten gefeiert, wo Narzissen wie Augen blicken, die Rosen an die Wangen, die dunklen Hyazinthen an die krausen Locken der Geliebten erinnern, und wo der alternde Dichter bescheiden wie ein Veilchen im blauen Asketengewand den Kopf auf die Knie legt, wenn der zypressenschlanke Geliebte durch den Hag wandelt. Spanien und Iran, etwas später die Türkei und das muslimische Indien wetteifern in Beschreibungen von lieblichen Gärten, und ungezählte Lobgedichte auf Fürsten und Prinzen beginnen mit Schilderungen eines lachenden Frühlingstages.

Der *tschahārbāgh*, der durch Wasserläufe in vier gleichmäßige Teile aufgegliederte Garten, wie er in Iran entwickelt wurde, findet sich reflektiert in den persischen Gartenteppichen, und wenn die Mausoleen der östlichen islamischen Welt oft von einem solchen Garten umgeben sind, ist es gewissermaßen eine Vorwegnahme der Himmelsgärten, »unter denen Ströme fließen«. Und so sahen auch die Mystiker in jeder Blume, jedem Blatt einen Hinweis auf die göttliche Schöpfermacht und verbanden dann die traditionelle Gleichsetzung von Geliebtem und verschiedenen Gartenblumen mit der Vorstellung, daß es ja der göttliche Geliebte ist, der sich in allem Schönen offenbart und dessen Glorie am herrlichsten in der roten Rose erscheint – jener Blume, die der Legende nach aus den Schweißtropfen des Propheten entstand, die während seiner Himmelsreise zur Erde fielen…

Ganz verrückt macht einen diese Welt,
Diese Nacht, dieser Duft, diese Sterne,
Dieser Baum, der von Wurzel bis Krone erblüht ist!

ORHAN VELI

*

An ihren Horizonten stehn die Sterne –
Im Veilchenfelde weißer Lilien Schein!
Der Jupiter strahlt in des Himmels Mitte –
Quecksilber, zitternd, scheint er fast zu sein,
Ein Knopf aus gelbem Gold auch; seine Spitze
Von Silber eingefaßt ein Edelstein.
Die Venus schwankt im Dunkel wie ein Trunk'ner,
Der zu viel trank vom ungemischten Wein,
Und hüllt sich in ein leichtes weißes Wölkchen:
Bald lockt sie, bald birgt schamhaft sie sich drein.
So haucht wohl eine Schöne in den Spiegel,
Wenn sie – vollendet schön – noch ledig, rein!

AL-KHALIDI

*

Über den Neumond

Man könnt' ihn eines Ritters Bogen nennen,
Der Liebsten Brauen, feingezogen, nennen,
Hufeisen auch aus reinem Gold ihn nennen,
Ohrring, aus Himmels-Ohr geflogen, nennen!

MU'IZZI

Die Wolke weint so wie die Liebenden,
Der Garten lacht, wie der Geliebte lacht.
Der Donner klaget so, wie ich es tue,
Wenn ich am Morgen jammernd laut erwacht!

SCHAHID-I BALKHI

*

Dem blütenschweren Zweige gleichend,
So steh' ich ganz gebeugt in meines Freundes Nähe!

LANDEY

*

Ich rief den Schenken früh zum Morgentrunk,
Und er stand auf, die Lider noch voll Traum.
Dann ging er um mit Weinpokalen; sterngleich
Versprüht auf uns und fließt der lichte Schaum.
Des Südwinds Hand wirft Schleier, deren Rand
Die Erde streift, graudunkel in den Raum;
Der Regenbogen stickt mit Gold und Rot
Und Grün und Weiß den trüben Wolkenflaum,
Gleich Schleppen einer Maid in bunten Kleidern,
Da immer kürzer ist der nächste Saum.

ABU FIRAS

*

Seht der Tag: es gleicht sein Himmel
Einem Hengste schwarzgescheckt,
Gleich als ob der Gärten Blüten
Schönster Teppich bunt bedeckt:
Himmel ist tiefdunkler Atlas,
Erde: Seide grüngefleckt!

AL-MUHALLABI

Die nächt'ge Schminke entschwand
Der Dämmerung Augenrand
        zur Morgenzeit.
Des Flusses Arme und Hand
Umhüllt ein grünes Gewand
        aus Wiesen weit.

AD-DUWAINI

*

Der Frühling kam, die Blüten
        erschienen Wange an Wange –
Ach könnten du und ich doch
        auch so im Garten stehen!

MIR

*

Aus dem Frühlingsgedicht

... Luft legt die Brust auf Brust der Rose lind,
Der Rosen Ṭasche knöpfet auf der Wind,

Zum Schlaf spielt sich kokett das Knospenkind,
Die Wiege schaukelt bittend lauer Wind.

Vielleicht will auch der Park zur Schenke ziehn,
Da Saum und Schoß er füllte mit Jasmin?

ZUHURI

Frühling

Quecksilberklar ward Narzissenauge am Rain,
Lockig die Haare der Hyazinthen und fein;
Silbernes Eis ward Quecksilber-Wasser voll Schein,
Lenzwind sprang auf, Winter-Gallapfel ward Wasser rein,
Mitternachts ist er verstohlen dem Garten entflohn.

Wieder hißt Wolke auf Bergen des Lenzes Panier,
Wildbäche tragen Gestein ab vom Bergesrevier,
Wiederum regt sich am Ufer das junge Getier,
Tauben und Enten, Rebhühner und Gänse sind hier,
Nachtigall, Pfauen und Amseln mit lieblichem Ton.

Keck kneift den Arghuwan in seine Wange der Wind,
Daß auf die Haut ihm rubingleich ein Blutstropfen rinnt,
Rose, die's sieht, ist so eifersüchtig gesinnt,
Daß ihr zerspringen die Haut und die Adern geschwind,
Blutstropfen quellen granatblütenfarbig nun schon!

Tulpe sitzt schweigend – ein reizvolles Liebchen – im Saal,
Da sie im Garten zu oft sich gefüllt den Pokal,
Rötlich das Antlitz, und stammelnd die Zunge zumal,
Und auf den rosigen Wangen von Moschus ein Mal,
Wie ein Verliebter, dem Kummer das Herz läßt verlohn!...

QA'ANI

*

Welche Unterhaltung ging heute früh im Garten vor?
Alle Knospen waren Mund, und die Rose war ganz Ohr!

DARD

Den Lieb' verwirrte,
Wacht er nicht auf?
Wie ist er trunken!
Ob uns hinfort
Manch Tag am Fluß verrinnt
Und mancher Abend?

O schöner Ort!
Der sanfte Moschuswind
Mit Duft uns labend,

Die Stätte dort
Mit frischen Leben lind
Uns neu begabend –

Die grüne Myrte
Am Flusses-Lauf
Im Blätterprunken:
Manch Blatt entschwirrte:
Halb schwimmt es drauf,
Halb ist's versunken!

IBN ZUHR

*

Nicht versteh ich das Geheimnis
in des Lebens Glück und Sorgen:
Wessen denkend weint der Tau wohl?
Denn es lacht uns doch der Morgen!

DARD

*

Der Geliebte erstrahlt wie die Sonne im Glanz;
Gleich den Stäubchen umkreist ihn der Liebenden Kranz.
Wenn der Lenzwind der Liebe zu wehen beginnt,
Jeder Zweig, der nicht dürr ist, regt sogleich sich im Tanz!

RUMI

Der Seele Frohsinn hängt nicht ab
von Rosen und von Grün –
Dort, wo ein Herz sich aufgetan,
ist Garten voller Blüh'n!

DARD

*

Kein Zeichen man vom Frühlingsglanz mehr fand;
Die Blätter fallen achtlos hin im Land.
Die Bäume zogen Klausner-Kutten an,
Der Herbstwind raubt Platanen ihre Hand.
Zum Strom hinunter fließt der Bäume Gold,
Denn Gunst von ihm erhoffen sie am Strand.
Bleib nicht im Garten! Wie im Wind er schwankt!
Leer jeder Ast von Blatt und Früchten stand.
Im Garten liegen Blätter wild verwirrt,
Als klagten sie um Schicksalssturmes Brand!

BAKI

*

Langsam, ganz langsam wirst du die Treppe hinaufgehn,
An deinem Saume sonnenfarbige Blätter...
Wirst eine Weile weinend zum Himmel hinaufsehn –
Gelblich die Wasser – bleicher wird dein Gesicht.
Abend ist, Abend – schau in das rötliche Licht!

Rosen, wie sie verblutend zur Erde sich neigen,
Blutige Nachtigallen wie Flammen auf Zweigen ...
Brennen die Wasser? Was ähnelt der Marmor der Bronze?
Eine verborgene Sprache im Herzen nun spricht –
Abend ist, Abend – schau in das rötliche Licht!

AHMET HASCHIM

Fern von den Gärten

Ich wünsche nicht mehr jene Welt
von Farben, von Düften, von Licht,
Ich rieche den schönen Jasmin,
die zierliche Nelke nicht.
Mich findet kein Augenblick nun
geneigt den Verführungen mehr;
Nicht feurige Tulpe, nicht weiß
die Lilie jungfräulich hehr.
Ich suche das Morgenrot nicht
des Lenzmonds, der auftut den Flieder,
Ich sehne nach loderndem Rot
des Erguwans mich nicht wieder.
Still ward ich: zög' auch jeden Tag
ein anderer Frühling ins Land.
Ich wandle zu Gärten nicht mehr
– ich bin von der Rose verbrannt!

YAHYA KEMAL

*

Pfirsichblüte

Eine der Blüten strahlt in Schönheit,
Und sie schimmert rötlich und weiß,
So, als blickten auf uns ihre Augen,
Augen, von Rausch noch gerötet und heiß.

AS-SIRADSCH AL-MUHAR

Jasminenblüten sind am Strauch
Gleich Himmelssternen aufgegangen:
Die roten Streifen glänzen dran
Wie frischgeküßte Mädchenwangen!

AL-MU'TADID

*

Die Nelke

Ein Flammentropfen, der von der Geliebten
Lippe gebracht ward – das ist diese Nelke.
Ich merkte es aus ihrer Bitterkeit.

Da ringsumher, so wie erschlagen, fallen
Von ihrem wilden Duft die Schmetterlinge,
Ist auch mein Herz zum Falter ihr geworden.

AHMET HASCHIM

*

Ein Banyanbaum allein im Feld,
den liebe ich gar sehr –
Der Liebste sitzt im Schatten dort:
ein Baum und doch ein Wald!

QADI QADAN

*

Siehst du der frohen Lotosblüte Frische,
Den süßen Duft, den ihre Mitte trägt?
Sie gleicht an Glanz der Schale voller Perlen,
In die man schwarze Ringe eingelegt.

IBN ABDSCHAD

Den blauen Lotos sieh im Wasser ruh'n,
Ein Damaszenerschwert mit flüss'gem Stein:
An Art und Farbe ganz dem Himmel gleich,
Denn in ihm liegt ein Mond mit vollem Schein;
Auch gleich dem Mönche, goldblaß das Gesicht,
Der sich in blaue Kleider hüllte ein.

KISA'I

*

Ganz sprachlos ist hier mit zehn Zungen die Lilie,
Denn in diesem Hage, wer könnte wohl sprechen?
O Schenke, erkenn' diese Zeit als Geschenk doch:
Denn später bin ich nicht, nicht du, noch der Garten!

DARD

*

Auf die Narzisse

Nur Auge! Siehst du sie: als ob die Träne
Als Perle über ihren Lidern lag:
Ganz weiß ringsum, und gelblich die Pupille,
Der Körper grün, und Duft die Seele zag
Im Park, dess' Blumen sich mit bunter Seide
Verschleiern, wenn Frühtau besucht den Hag.

IBN AL-MU'TAZZ

*

Die Augen der frisch erblühten Narzisse:
Pupillen ohne Wimpern und Lid,
Und über Smaragden bekrönet sie Silber,
So wie man die Strahlen der Früh-Sterne sieht.

IBN AL-MU'TAZZ

Keine Narzisse ist es,
die auf dem Grab mir erblüht –
Weiß-blind wurde mein Auge,
das auf dem Weg dich erharrt!

QASIM KAHI

*

Da ich Tag und Nacht gedachte
jener Wange, jenes Haars –
Wundert's dich, daß Hyazinthen
ich und Rosen ganz vergaß?

NI'MAT KHAN ALI

*

Bist du auch nicht so wie die rote Rose,
die hier im blutigen Gewande steht,
So sei doch nicht geringer als das Veilchen,
das sich ein blaues Trauerkleid genäht!

KHAQANI

*

Das Glas in der Hand, so schreitest du über Rosen; hinter dir her
Mit blutigen Tränen im Auge trägt dir die Tulpe schwärzliches Wasser.

SA'ID

*

Die Tulpe hat einen einzigen Brandfleck im Herzen –
und alle Welt weiß es.
Ich aber habe hunderte Wunden im Herzen
und niemand, ach, weiß es!

ZIYA'UDDIN NAKHSCHABI

Die Tulpe

Flamme war ich im Schoße der Liebe am Ewigkeitsmorgen,
Die schon loht', eh' der Falter erschien und die Nachtigall.
Mehr bin ich als die Sonne und liege in jeglichem Stäubchen:
Schuf der Himmel aus meinem Glanz doch den Funkenfall! ...

IQBAL

*

Steppentulpe

Dieses blaue Himmelszelt!
Diese Welt der Einsamkeit!
Fast erschauern läßt mich hier
dieses Felds Erhabenheit.
Ein verirrter Wandrer ich,
ein verirrter Wandrer du –
Welches ist dein Rastplatz denn,
Tulpe du der Steppe weit?
Nein, kein Moses findet sich
hier in Berg und Tal – denn sonst
Wärst du Sinais Glut geweiht,
Wär' ich Sinais Glut geweiht,
Du hobst aus dem Stengel dich,
ich löst' auch vom Stengel mich –
Glück der Manifestation –
Freude an der Einzigkeit! ...

IQBAL

Der Becher

Dies ist nicht Rose, nicht der Tulpe Strahl!
Mit Glut gefüllt – rühr' ihn nicht an! – du brennst! –
Den rosenfarben leuchtenden Pokal!

Fuzuli ward von dieser Flamme trunken;
Madschnun erlitt durch dieses Elixir
Die Schmerzen, die das Lied nennt, ohne Zahl...
Es brennt, wer je von diesem Glas getrunken;
Die ganze Nacht der Liebe ist erfüllt
Von Weinen, Klagen über seine Qual...

Mit Glut gefüllt – rühr' ihn nicht an!– du brennst! –
Den rosenfarben leuchtenden Pokal!

AHMET HASCHIM

*

Manchmal blüht der Beerenstrauch,
manchmal keine einz'ge Blüte;
Bald erblüht der Freund im Herz mir.
bald ersehn' ich seinen Ruf!

QADI QADAN

*

Ich seh' nicht den Einen, den ich gesucht –
der Ungesuchten sind viele:
Die Beeren sehen wohl reizend aus –
wie könnten der Mango sie gleichen?

QADI QADAN

Ich fragt' die gelbe Blume:
Wo bleibst du über Winter?
Sie sagte: Derwisch Baba,
Will untern Staub mich legen.

Ich fragt' die gelbe Blume:
Was ißt du denn dort unten?
Sie sagte: Derwisch Baba,
Des mächtgen Gottes Segen.

Ich fragt' die gelbe Blume:
Warum ist bleich dein Antlitz?
Sie sagte: Derwisch Baba,
Gott fürcht' ich allerwegen.

Ich fragt' die gelbe Blume:
Hast Mutter du und Vater?
Sie sagte: Derwisch Baba,
Die Erde und den Regen.

Ich fragt' die gelbe Blume:
Warum ist krumm dein Nacken?
Sie sagte: Derwisch Baba,
Ich wandle Gott entgegen!

In der Geweihten Kreisen,
Mit lichtgesicht'gen Greisen,
Mit silberbärt'gen Weisen
Ist auch die Blume Derwisch.

PIR SULTAN ABDAL

Lange blieb hingewandt mein Ohr:
denn es erwartete sehnlich,
Wollte dem Ruf von Wo-kein-Ort
gerne lauschen mit Schweigen.
Längst schon gewöhnte sich das Ohr,
das süße Klänge trinkt,
Daß es aus Himmels- und Erdenreich
höre den Klang zum Reigen!
Ein Zweig vom Himmelstanze ist
nur aller Reigen auf Erden,
Und von dem Seelentanze sind
Tänze des Lebens gleich Zweigen!
Du höre auf den Donnerhall,
wie auf die Bäume er wirket –
Knospen und Früchte müssen sich
klagend zur Erde neigen.
Hallte ein Ruf im Nicht-Sein: da
sagte das Nicht-Sein: »Gewiß,
Ich setz' den Fuß in jenes Land,
froh, grün und frisch mich zu zeigen.«
Es hörte Gottes Urzeit-Ruf,
tanzend ward es und berauscht,
Nicht-Sein war es und ward zum Sein –
Herzen und Tulpen und Feigen!

RUMI

Die Bäume, mit Tanzgewändern
bekleidet, flehen in Liebe
Mevlâna

Das Bild in mir
Ist ein anderes Bild
In den Reigen in mir
Fallen wie viele Sterne!
Ich kreise und kreise
die Himmel kreisen
Rosen erblühen mir im Antlitz.

Die Bäume im sonnigen Garten
»Er schuf den Himmel, die Erde!«
Die Schlangen lauschen dem Flötenlied
In den Bäumen mit Tanzgewändern.

Die Wiesenkinder berauscht...
Herz...
sie rufen nach dir.

Ich blicke lächelnd auf Sonnen
die ihren Weg verloren
Ich, ich fliege,
die Himmel fliegen.

ASAF HALET ÇELEBI

Das große Fest ist einmal nur im Jahr –
Seit ich dich seh, ist Festzeit immerdar.
An einem Tag trägt Rosenlast der Zweig –
Dein Antlitz trägt für mich stets Rosenschar.
Einmal pflück' Veilchensträuße ich im Hag –
Nie welkt ein Veilchen mir: dein dunkles Haar.
Nur eine Woche blühn Narzissen auf –
Stets bleibt die schönste mir: dein Auge klar.
Narzisse ist nur frisch, so lang' sie wacht –
Schön ist, ob's schläft, ob's wacht, dein Augenpaar.
Im Lenz nur duftet der Jasminenstrauch –
Du, Hyazinthe, bist des Dufts nie bar.
Duft schenkt den Hyazinthen, die ihn hüten,
Die Locke dein, die Seelenspeise war.
Sie sprießt aus Silber, jene nur aus Stein,
Die krönen Felsen, sie Zypressen rar.
Stolz die Zypresse, immergrün im Hag –
Doch neben dir stellt sie sich kläglich dar!

IMAMI HERATI

*

Der Liebsten Wuchs sah die Zypresse
Und hielt sich fern – ein armer Sünder.

MIR

*

Wo einst der holde Liebste lebte, dort
Ging heute ich vorbei. An jenem Ort
Floß Blut mir aus den Augen, als ich dachte:
Hier ging die wandelnde Zypresse fort!

AMIR KHOSRAU

In eine Stadt kam ich einmal.
Ich sah: ihr Schloß aus Rosen rot,
Und ihres Fürsten Krone, Thron
Und Hag und Mauer: Rosen rot.
Mit Rosen geht Kauf und Verkauf,
Aus Rosen stellt man Waagen auf,
Wiegt Rose dort mit Rose auf –
Der ganze Markt ist Rosen rot.
Ihr Staub ist Rose, Ros' ihr Stein,
Ihr Feuchtes, Trocknes Rosenschein,
Zypressen sind in ihrem Hain
Und Tannen auch aus Rosen rot.
Aus Rosen drehn sich Mühlen dort,
Sie mahlen Rosen fort und fort,
Ihr Rad, ihr Wasser und ihr Port,
Ihr Damm, ihr Quell sind Rosen rot.
Die Rosen rot, die Rosen weiß
In einem Garten zwillingsweis –
Und blickt man auf den Dornenkreis,
Sind Dorn und Blüte Rosen rot.
Aus Rosen aufgebaut ein Zelt,
Drin alle Gnaden jener Welt.
Ilyas Hïzïr die Wache hält,
Sein Haus, sein Wein sind Rosen rot.
Ümmi Sinan, sag allerwärts
Des Sprossers und der Rose Schmerz –
Es sind ja für dein armes Herz
Auch Seufzer, Klagen Rosen rot!

ÜMMI SINAN

Von Rosen und vom Rosenhag
entschlüpft' ein Wort mir – und
Da schlug der Rosenwangige
mich gleich auf meinen Mund …

RUMI

*

Die Rose ist ein Huldgeschenk vom Himmel;
Die Rose kann den Menschen Glück verleih'n!
Verkaufst du, Rosenhändler, sie für Silber –
Was kaufst du für das Geld denn Bess'res ein?

KISA'I

*

Ich fragte: »Wie lang währt das Leben der Rose?«
Die Knospe vernahm es und lächelte nur.

MIR

*

Betrachte die zweifarb'ge Rose wohl:
Sie ist wie Perlen unter Karneol,
Vielleicht wie Liebende am Abschiedstag,
Da eine Wange auf der andern lag!

'ALI MANDSCHIK

Sieh die nicht ganz erblühte rote Rose,
Dem Püppchen gleich, das ein Idol verehrt,
Wie zarte rote Lippen der Geliebten,
Die sich dem Freund zum Kusse zugekehrt!

KAUKABI-YI MARWAZI

*

Unser Klagen nahm Gestalt an
und es ward zur Nachtigall,
Und zu einer Rose wurden
meine Herzens-Stückchen all!

SARKHOSCH

*

Tautropfen sind's nicht, die auf Rosen fallen –
Es sind die Tränen nur der Nachtigallen!

AKBAR

*

Bringt mich zum Park nicht – meinen Zustand sehend
Wird jede Rose Auge, blutverströmend!

GHALIB

*

Man hat dem Frühling zu danken.
der deinen Garten geplündert –
In deiner Hand ist die Rose
frischer noch als auf dem Zweig.

TALIB-I AMULI

O Zephir: Rosenduft und Rosenfarbe
Sind lieblich; doch – sieh! – treulos sind sie auch.

MIR

*

Daß von der Rose Angesicht
die Farbe schwinde so wie Tau,
Du Sonne aller Schönheit du –
komm in den Garten nur!

WALI DEKKANI

*

O du, der frischen Rose zu vergleichen –
Kann man Geschaff'nes denn mit dir vergleichen?

MIR

*

Mag auch die Rose verwehen,
wenn du nur glücklich bleibst!
Denn wenn dein Antlitz wir sehen,
denken der Rose wir stets.

SCHAH NIʿMATULLAH

*

Meine und deine Begegnung
ist die von Rose und Tau:
Alles Lächeln von dir, und
alles Weinen von mir.

DARD

Öffne der Einsicht Aug' und sieh die Rose
und Nachtigall;
Denn nicht umsonst durchschweift man diesen Garten
und Rosenhag.
Die Rose, Tor, gemahnt uns an die Wangen
der Liebsten hold,
Die Nachtigall – ein Sinnbild ist's des Armen,
der ganz verstummt.

MIR

*

In der Versammlung sind die Einzeldinge
der Welt nur eins,
Denn alle Blätter einer Rose bilden
zusammen eins.

DARD

*

Ein hundertfältig zerrissenes Herz,
das ist die lachende Rose –
Denn Fröhlichkeit sind und Gram in der Welt
verbunden im Zwillings-Lose.

DARD

*

Gleich sind an Form und Gestalt
Freude und Leiden: Die Rose –
Nenn' sie geöffnetes Herz,
nenn' sie gebrochenes Herz.

DARD

Im Himmelsrosenhag sprach eine Huri:
»Ich habe nie, was jenseits ist, erkannt.
Was ist das: Tag und Nacht, und Morgen, Abend?
Geburt und Tod, sie kennt nicht mein Verstand.«
Zum Dufthauch ward sie, sproßt' am Rosenzweige –
So setzte sie den Fuß in dieses Land.
Das Auge tat sie auf, ward Knospe, lächelnd,
Ward Rose – Blatt um Blatt fiel in den Sand,
Und von der Zarten, die die Fesseln löste
Blieb nur ein Ach – man hat es Duft genannt.

IQBAL

*

Nimm eine Rose, breite sie aus als Kissen.

Über ein Kleines
wird dich die Schwäche verzehren
in düsterem Schmutz,
nehmen dich Bomben, die schweren,
in ihren Besitz.

Über ein Kleines

Nimm eine Rose und nenne sie
Lieder
und singe sie für die Welt.

ADONIS

Kamele, Katzen, Nachtigallen

Alle Gazellen der Steppe legten den Kopf auf die Hand,
Hoffend, daß du eines Tages kämest und sie erlegst!

AMIR KHOSRAU

Die klassische arabische Dichtung ist berühmt für die detaillierten Beschreibungen von Kamelen und edlen Rossen, wie sie die Helden durch die Wüste trugen, und Wüstenvögel, Wölfe und tiergestaltige Geister erscheinen gleichermaßen. In der Abbasidenzeit beschreibt man anmutigere Haustiere, singt Klagelieder auf geliebte Tiere, vor allem Kätzchen, wie die Katze ohnehin einen besonderen Platz einnimmt als das Tier, »das der Prophet gestreichelt« und dessen Nähe beim Gebet nicht verunreinigt. Der Hund, unrein dem Gesetze nach, erlebt in der Dichtung eine seltsame Verwandlung: wie der Koran vom »Hündlein, das den Siebenschlaf – So treulich mitgeschlafen« spricht, kann er zum Symbol der Treue werden, und der Hund, den der liebeskranke Madschnun liebkoste, weil er einstmals durch das Dorf seiner Geliebten gelaufen war, wird zum Standardbild in der späteren persischen Dichtung. Elefanten erscheinen, zunächst als Kriegselefanten, dann fast immer mit Indien verbunden: der Elefant, der sich seiner indischen Heimat erinnert, zerreißt seine Fesseln, so wie die Seele, die sich der urewigen Heimat erinnert, die Welt verläßt. Das häufigste Motiv ist aber das des Seelenvogels, vor allem der Nachtigall, *Bulbul*, die in tausenden und abertausenden Versen in ihrer Liebesklage um die Rose, *Gul*, besungen wird: Seele, die sich nach dem ewig schönen Geliebten sehnt. Auch der Falke wird zum Seelenvogel, der sich jenseits der staubgeschaffenen Welt schwingt, und der Falter, der sich zum »Stirb und werde!« verbrennt, erscheint immer wieder seit dem Anfang des 10. Jahrhunderts. Moderne Dichter haben auch Insekten zu Trägern ihrer Botschaft gemacht, während in früherer Zeit allenfalls spöttische Verse über Fliegen, Mücken und anderes Getier vorkommen, die zwar oft recht realistisch, selten aber dichterisch hochstehend sind.

Kameltreiberlied

Du mein wanderndes Kamel,
Moschusreh du ohne Fehl,
Du mein Silber, mein Juwel,
Du mein Viel, und du mein Fehl,
Heiles Glück du meiner Seel' –
    Wandre etwas schneller noch, unser Rastplatz ist nicht fern!

Hübsche, die das Herz gewinnt,
Holdes Lieb, das ich geminnt,
Schwarzgeaugte Huri lind!
Eifersucht macht Laila blind,
Wüstentochter, Wüstenkind –
    Wandre etwas schneller noch; unser Rastplatz ist nicht fern!

Mittags, wenn die Sonne sticht,
Tauchst ins Traumeswasser licht;
Nachts, wenn Mondschein dich umflicht,
Läufst du eilend, gleich dem Licht,
Schlummer kennt dein Auge nicht.
    Wandre etwas schneller noch; unser Rastplatz ist nicht fern!

Deine Glut im Zügel frank,
Leichtes Blut im Gang so schlank,
Ohne Hunger, ohne Trank,
Früh wie spät auf Reisen rank –
Nur die Ruhe macht dich krank!
    Wandre etwas schneller noch; unser Rastplatz ist nicht fern!

Abends noch in Jemens Land,
Morgens nach Faran gewandt,
Deiner Heimat rauher Sand
Scheint dem Fuß Jasminenstrand,
Khotans Rehen gleich gewandt!
Wandre etwas schneller noch; unser Rastplatz ist nicht fern!

Mond zog aus die Reisetracht,
Hinterm Hügel schläft er sacht,
Morgen schon im Ost erwacht,
Reißt entzwei das Kleid der Nacht;
Wüstenwind hebt an, hab acht!
Wandre etwas schneller noch; unser Rastplatz ist nicht fern!

Herzbetörend ist mein Sang
Neues Leben schenkt sein Klang.
Karawanenglockenklang
Schenkt dir Stille, schenkt dir Drang,
Der nach Mekka lenkt den Gang.
Wandre etwas schneller noch; unser Rastplatz ist nicht fern!

IQBAL

*

Bin ich auch dem Kamel gleich krumm,
Führ ich, gleich ihm, zur Kaaba doch!

RUMI

*

Der Elefant, der gestern im Traume Indien sah,
Sprang aus der Fessel – wer hat, ihn festzuhalten, Macht?

RUMI

Im Lande Ghor war eine große Stadt,
Darin es nichts als blinde Leute hat.
Ein Fürst kam mit dem Heer zu diesem Ort
Und schlug sein Zelt auf in der Steppe dort.
Er hatte einen Elefanten, mächtig,
Voll Stolz und Majestät, gar groß und prächtig.
Die Leute, die das Schreckliche vernommen,
Sie wollten gerne sehn, was da gekommen,
Und ein paar Blinde aus der Blinden Mitte,
Zum Elefanten lenkten sie die Schritte;
Die Form und die Gestalt des Elefanten
Zu sehen – wie die Leute eilends rannten!
Und sie berührten ihn (sie sah'n ihn nicht,
Da ihre Augen ohne Augenlicht!)
Und jeder, der ein Glied von ihm berührte,
Erfuhr nur das, was seine Hand verspürte,
Und jeder machte sich ein falsches Bild
Und band sein Herz an Fantasiegebild.
Als sie zur Stadt zurückgekehrt im Lauf,
Da führten sie sich gar großmäulig auf,
Da alle nach der Form des Tieres fragten
Und lauschten gut auf das, was jene sagten.
Der eine griff des Elefanten Ohr
Und redete dem, der ihn fragte, vor:
»Welch eine Form das Riesen-Untier hatte –
Ganz breit und schwer und weit, wie eine Matte!«
Und der den Rüssel griff mit seiner Hand,
Sprach: »Dieses ward mir ganz genau bekannt:
Er ist so lang wie eine Regenrinnen,
Ganz fürchterlich, und auch ganz hohl von innen!«
Und wer berührte von dem Elefanten
Mit seiner Hand die Füße des Giganten,
Der sprach: »So stark und fest ist seine Form
Wie einer kegelförm'gen Säule Norm!«

Denn jeder hatte nur ein Teil berührt –
So waren in die Irre sie geführt,
Befangen in unnützer Fantasie,
Im Sack gefang'ne Idioten sie!
    Denn den Geschöpfen ist Gott nicht bekannt –
    Zu Ihm hat keine Wege der Verstand!

SANA'I

*

Madschnun sah in der Wüste einen Hund;
Er gab ihm Brot und kreiste um ihn rund.
Man sprach: »Woher kommt solche Liebe dir?«
Durch Lailas Dorf – sprach er – lief einst der Hund!

RUZBIHAN BAQLI

*

Klage über die Zeitgenossen

Es rannte ein Fuchs aus Furcht für sein Leben.
Ein andrer Fuchs sah ihn und wunderte sich.
Er fragte: »Was ist das? Kannst Kunde mir geben?«
Der sagte: »Der König jagt Wildesel jetzt!«
»Du bist doch kein Esel – warum diese Sorgen?«
Er sagte: »Schon recht, doch die Leute von heute,
Die wissen und sehen ja nicht und bemerken
Den Unterschied nicht zwischen Esel und Fuchs!«

ANVARI

Es war ein Führer auf dem Wege Gottes,
Der einst von Gott sich einen Gast erflehte.
Der Herr der Welt sprach heimlich in sein Herz:
»Ja, morgen früh wird dich ein Gast besuchen!«
Am nächsten Tag begann der Mann sein Werk,
Bereitete, was sich für Gäste ziemte;
Dann blickte er nach allen Seiten hin –
Da kam ein armer Hund des Wegs daher.
Der Mann verjagte diesen Hund voll Zorn,
Da ja sein Herz nur seinen Gast erharrte.
Ach käme doch der Gast und zeigte sich –
Die Gottesgabe, käme sie doch bald!
Doch auf dem Wege zeigte sich kein Mensch,
Und schließlich schlief der Hausherr traurig ein.
Da sprach zu ihm der Herr: » O du Verwirrter,
Ich hatte dir doch einen Hund geschickt!
Du triebst ihn fort, anstatt ihn zu bewirten,
Und hungrig ist er angstvoll fortgerannt!«
Der Mann erwachte und war ganz verzweifelt
Und war durchnäßt von Tränen und von Blut;
Er rannte überall und lief herum,
Bis er den Hund in einem Winkel fand.
Er trat vor ihn und fleht' ihn jammernd an,
Bat um Verzeihung ihn, ihn zärtlich lockend.
Der Hund tat auf sein Maul und sprach: »O Wandrer,
Du wünschtest einen Gast – doch wünsch dir Einsicht!
Denn besser wäre es, Gott gäbe dir
Die wahre Einsicht, und nicht einen Gast!«

'ATTAR

Die Hunde

Die streunend müßigen, die Gassenhunde:
Die noch ihr Bettlertum genießen mögen –
Ihr Kapital: der Schimpf der Zeitgenossen,
Und eine Weltvoll Schelte ihr Vermögen.

Keine Ruh in der Früh, keinen Frieden zur Nacht,
In der Gosse, im Dreck ihre Heimstatt gemacht,
Sie rasen und beißen im Kampf sich fast tot,
Du zeige ein Stückchen vertrocknetes Brot:
Wie schlucken sie jede Mißhandlung, erschrecken,
Die Elenden, die fast vor Hunger verrecken!

Erhöben sie, bedrückt, ihr Haupt nur frei,
Wie bald verging des Menschen Tyrannei!
Sie würden bald die Welt ganz an sich reißen,
Die frühern Herren bis ins Mark zerbeißen ...
Wer läßt sie nur ihr ganzes Elend spüren?
Wer lehrt die schlappen Schweife, sich zu rühren?

FAIZ

*

Aus Torheit macht' ich ihren Hund
bekannt mit dem Rivalen –
Die beiden sind befreundet jetzt,
ich wie ein Hund voll Reue!

RAFI'I

Immer das gleiche Märchen ...

Wir stehen am Rande des Wassers,
Ich und die Platane.
Im Wasser spiegeln wir uns,
Ich und die Platane.
Des Wassers Erregung berührt auch uns,
Mich und die Platane.

Wir stehen am Rande des Wassers,
Ich und die Platane, und eine Katze.
Im Wasser spiegeln wir uns,
Ich und die Platane, und auch die Katze.
Des Wassers Erregung berührt auch uns,
Mich und die Platane, und auch die Katze.

Wir stehen am Rande des Wassers,
Ich, die Platane, die Katze, und auch die Sonne.
Im Wasser spiegeln wir uns,
Ich, die Platane, die Katze, und auch die Sonne.
Des Wassers Erregung berührt auch uns,
Mich, die Platane, die Katze, und auch die Sonne.

Wir stehen am Rande des Wassers,
Ich, die Platane, die Katze, die Sonne – und unser Leben.
Im Wasser spiegeln wir uns,
Ich, die Platane, die Katze, die Sonne und auch unser Leben.

Des Wassers Erregung berührt auch uns,
Mich, die Platane, die Katze, die Sonne – und auch unser Leben.

Wir stehen am Rande des Wassers,
Erst wird die Katze wohl fortgehn,
Ihr Bild im Wasser verschwinden.
Dann werde auch ich wohl fortgehn,
Mein Bild im Wasser verschwinden.
Dann wird die Platane wohl fortgehn,
Ihr Bild im Wasser verschwinden.
Dann wird das Wasser verschwinden
Die Sonne wird bleiben,
Und dann wird auch sie verschwinden.

Wir stehen am Rande des Wassers,
Ich, die Platane, die Katze, die Sonne, und auch unser Leben.

Kühl das Wasser,
Hoch die Platane,
Ich schreibe Gedichte,
Die Katze schlummert,
Die Sonne ist warm –
Wir leben, gottlob.
Des Wassers Erregung berührt auch uns –
Mich, die Platane, die Katze, die Sonne – und unser Leben.

NAZIM HIKMET

Partner

Das Mondlicht schläft auf dem Bett
Wünsche erwachen im Kopfe der Katze

Sie schlägt die Krallen gegen die lüsterne Brust
Sie zieht ihren Schatten ganz eng an sich wie einen Partner der Lust
Läßt den Schwanz auf den Leib gleiten,
        verbirgt ihren Kopf in den Händen
Sie spreizt ihre Lenden
Drückt in die Falten der seidigen Wogen den Rücken
Außer sich vor Entzücken

Die Katze, allein auf dem Bett
Täuscht spielend den Mond, wie einen Schwan im Teich ihrer Augen

SIYAWUSCH KASRA'I

*

Wenn Sorgen meine Brust bedrängen, sag' ich:
Vielleicht zerstreuen sie sich eines Tages.
Ein Kätzchen mein Gefährte; mein Vertrauter
Die Bücher, und die Lampe ist mein Liebchen.

AHMAD IBN FARIS

Elegie für eine Hauskatze

...Doch wenn die Schlafenden schlummerten tief
Im Dunkel der Nacht – sie war's, die nicht schlief.
Wenn die Nacht sich senkte, da kam ihre Zeit:
Auf Dächern kletternd, hinauf und ganz weit,
Und nahte der Morgen, so schweifte sie fort,
Unsichtbar im Taglicht, bald hier und bald dort.
Wie häusliche Diener dem Herren getreu,
Bald sitzend, bald stehend, voll Anstand und Scheu,
Und nahte das Essen, so kam sie heran
Und Bröckchen vom Tisch nahm dankend sie an.
Zur Zeit des Gebets hat sie uns überwacht
Inmitten der kühlen, der ruhigen Nacht.
Dann lobten wir Gott zusammen mit ihr,
Sie pries ihn im Einklang mit uns, so wie wir.
Ein tödlicher Unfall, ach, brachte sie um –
Nun liegt sie im Grabe ganz steif und ganz stumm,
Und wieder erscheinen die Mäuse im Haus
Und kommen erfreut aus den Löchern heraus...

ABU MUHAMMAD AL-QASIM

*

In dieser Erdenhütte sei dies für dich genug:
Vorsichtig wie ein Mäuslein, und wie die Katze klug!

SANA'I

Rechtsgutachten

Der Minister:
O Bester der Weisen, o Führer für alle:
Was sagt das Gesetz in dem folgenden Falle:
Es schleicht eine Katze des Nachts, um zu rauben
Gar grausam aus ihrem Käfig die Tauben.
Wird dann das Gesetz dem Besitzer der Tauben,
Des Katzentiers Blut zu vergießen erlauben?

Der Dichter:
Subtil! Ich finde in Fragen wie diese
Den Duft deines Wesens, die geistige Brise!
Blutrache gilt nicht für die Katz'! Der Prophet
Befahl's nicht, so daß im Gesetz es nicht steht.
Gleich Weidenkätzchen ist schuldlos die Katze,
Die, Vögel erspähend, streckt aus ihre Tatze,
Und willst du die silberne Hand halten rein,
So schmiere sie ja nicht mit Katzenblut ein!
Und kommt's auf das Leben der Vöglein dir an,
Dann häng' ihren Käfig so hoch man nur kann!

IMAMI VON HERAT

Es war ein Mann, der hatt' ein Weib zu Haus,
Gar zänkisch, schmutzig, und ein wahrer Graus.
Was er auch brachte, sie hat es verzehrt
Und er, bekümmert, hat sich kaum beschwert.
So brachte einst für einen Gast der Mann
Ein mühevoll erworb'nes Fleischstück an.
Die Frau, sie aß geröstet es, mit Wein;
Der Mann erschien; sie redete hinein.
Er sprach: »Wo ist das Fleisch? Der Gast ist hier!
Dem Gaste müssen Gutes bieten wir!«
Da sprach die Frau: »Die Katze hat's gefressen!
Kauf doch noch andres Fleisch für unser Essen!«
Er rief: »O Diener, bring die Waage 'ran,
Daß ich die Katze einmal wiegen kann!«
Er wog sie, und sie wog drei Pfund genau –
Da sprach der Mann zur lügnerischen Frau:
»Das Fleisch war drei Pfund und ein halbes noch –
Die Katze, Dame, wiegt drei Pfunde doch.
Ist dies die Katz – wo ist das Fleisch denn dann?
Und ist's das Fleisch – wo ist die Katz, sag an?«

RUMI

*

Beginnen nicht, wenn Rosenknospen springen,
Die Katze und die Nachtigall zu singen?
Doch wissen wohl die klugen Herzensweisen,
Wie groß der Unterschied der beiden Weisen!

SANA'I

Bist du denn fremd hierhergezogen –
    Ach, warum weinst du, Nachtigall?
Und hast ermattet dich verflogen?
    Ach, warum weinst du, Nachtigall?

Hast hohe Berge überschritten?
Bist über Flüsse tief geglitten?
Hast Trennung du vom Freund erlitten?
    Ach, warum weinst du, Nachtigall?

Ach, wie so bitter klingt dein Flehen!
Neu läßt du meinen Schmerz erstehen!
Du möchtest deinen Freund wohl sehen?
    Ach, warum weinst du, Nachtigall?

Du kannst doch deine Flügel breiten
Und kannst sie ja zum Fluge weiten
Und alle Schleier überschreiten!
    Ach, warum weinst du, Nachtigall?

Du wohnst im Lenz im Rosenhage,
Dir duften Blüten alle Tage,
Doch immer neu klingt deine Klage:
    Ach, warum weinst du, Nachtigall?

Ihr Augen, die im Schlafe ruhten,
Erwachend hebt ihr an zu bluten –
Mein Herz entbrennt in hellen Gluten –
    Ach, warum weinst du, Nachtigall?

YUNUS EMRE

Um Gotteswillen, sprich nicht von der holden Rose!
Sprich von der Nachtigall, getrennt von ihrer Rose!

RUMI

*

Der Vogel Seele kam und fiel in den Körper,
Wie meine Sünde mißfiel ihm sein Platz doch nicht,
Und bis zuletzt öffnet' er
Meines Lebens Fenster zum Licht.

Der Vogel Seele kam und fiel in den Körper,
Es zitterte jeder, jeder Korallenzweig –
Wo wohl verbarg sich die Seele?
Ich höre in mir keiner Füße Laut,
Sie singt keine Lieder.
Wo wohl verbarg sich die Seele?

Der Vogel Seele kam und fiel in den Körper,
Und ein Nest ward gebaut aus Abfall und Kehricht,
Sesam aus Nachbargärten,
Algen aus fernen Meeren wurden gebracht
Das Trommelfell spannte sich,
Rauschend begann mir das Licht aus den Augen zu strömen.

Der Vogel Seele kam und fiel in den Körper,
Und ein Nest ward gebaut aus Abfall und Kehricht.
Doch eines Tages,
Ganz unvermutet –
Der Vogel Seele hob sich aus mir in die Lüfte,
Sein Nest blieb hängen in den Korallenzweigen.
Der Vogel Seele hob sich aus mir in die Lüfte.
Sein Nest war noch warm.

BEDRI RAHMI

Wie sollte der Fisch sich nicht stürzen
vom Trocknen ins leuchtende Meer,
Wenn lockend die Stimme der Welle
zu ihm aus dem Ozean dringt?
Wie sollte der Falke zum Sultan
nicht eilen geschwind von der Jagd,
Sobald ihm die Trommel des Herrschers
den Ruf: »Kehr zurück zu mir!« bringt?
Nun fliege, nun fliege, du Vogel,
zu deinem Urgrund und Heim,
Vom Käfig bist du befreiet,
gebreitet dein Federkleid blinkt.
So reise vom brackigen Wasser
zum Wasser des Lebens geschwind,
Sorg', daß deine Seele vom Staube
zum Hochsitze wieder sich schwingt!...

RUMI

*

Was bist du für ein Vogel, Herr?
Wie heißt du? Wozu dienst du?
Du fliegst nicht und du grasest nicht,
du Zuckerpüppchen-Vogel!
So wie der Vogel Strauß – man sagt:
»Nun fliege!« und du sagst:
»Ich bin doch ein Kamel – und wann
wär' ein Kamel geflogen?«
Und kommt der Zeitpunkt für die Last,
sagst du: »Ich bin ein Vogel!
Wann trägt ein Vogel eine Last?
Nein keinen Umstand bitte!«

RUMI

Kauft' eine Gans von einer Frau,
Lang wie ein Rohr der Hals, o schau!
Da werden vierzig Heil'ge grau –
Vierzig Tage kocht' ich sie, sie wurde doch nicht gar!
Das Holz zerhackten unser acht,
Neun haben's Feuer angemacht –
Die Gans hebt ihren Kopf und lacht.
Vierzig Tage kocht' ich sie, sie wurde doch nicht gar!
Ich kauft' für gutes Geld sie ein –
Ihr Fleisch ist härter noch als Bein,
Nicht Kessel blieb, nicht Kelle mein:
Vierzig Tage kocht' ich sie, sie wurde doch nicht gar!
Wir setzten sie nun in den Herd,
Doch flugs sie aus der Pfanne fährt.
Was soll denn das, mein Bruder wert?
Vierzig Tage kocht' ich sie, sie wurde doch nicht gar!
Der Flügel meiner Gans bebt leicht,
Ein Schaf hat einen Fuchs gesäugt.
Aus Noahs Zeit stammt sie vielleicht –
Vierzig Tage kocht' ich sie, sie wurde doch nicht gar!
Gelb ist der Flügel meiner Gans,
Kein Fleisch an Knochen oder Schwanz –
Weib, das vergeß ich dir nicht ganz!
Vierzig Tage kocht' ich sie, sie wurde doch nicht gar.
Der Flügel meiner Gans ist bunt,
Geh, lebe wohl und bleib' gesund,
Bring Unglück nicht auf unsern Grund!
Vierzig Tage kocht' ich sie, sie wurde doch nicht gar!
Wir streuten Grütze in die Brüh,
Die rief »Allah!« und fort flog sie.
Sag mir, was ist das nur allhie?
Vierzig Tage kocht' ich sie, sie wurde doch nicht gar!
O Kaygusuz, was soll geschehn?
Vertrag und Treue doch bestehn.

Nimm deine Matte, laß uns gehn,
Vierzig Tage kocht' ich sie, sie wurde doch nicht gar!

KAYGUSUZ ABDAL

*

Sperling und Adler

Der Sperling:
Bin niedrig und bescheiden, bin unterdrückt und schwach –
Wie kommt's, daß dein Platz höher ist als der Sterne Dach?

Der Adler:
Du mußt dein Futter dir vom Staub des Weges picken;
Ich würde nicht einmal auf die neun Sphären blicken!

IQBAL

*

Der Bücherwurm

Ich hört' in meiner Bücherei des Nachts
Den Bücherwurm den Schmetterling befragen:
»Ich habe mein Nest in Avicennas Blättern,
Bin in Farabis Manuskript beschlagen –
Den Sinn des Lebens hab' ich nicht verstanden,
Ganz sonnenlos leb' ich in finstern Tagen!«
Wie schön sprach drauf der halbverbrannte Falter:
»Nach diesem Punkt darfst du nicht Bücher fragen:
Nur Fieberglut kann neues Leben bringen,
Nur Fieberglut gibt deinem Leben Schwingen!«

IQBAL

Ameise aus Sivas

Der alte Kızılırmak – schäumend und brodelnd –
Floß er dahin.
Unter einem Telegrafenmast,
So wie die Zeiten, unrastlos, ganz ohne Schäumen,
Ging sie dahin,
Ameise aus Sivas.

Vom anderen Ufer, glänzend
Wieherten sie,
Die Pferde, fuchsiges Braun,
Getrennt vom Liede der Rosse
Ging sie dahin,
Wußte der Pferde Entfernungen nicht.

Stimmen, menschliche Stimmen, glücklich und froh
Wurden gehört,
Heldisch.
Ernst, wie die Füße des Hungers
Ging sie dahin
Über die Erde.

Aus ihrem ruhigen Gange ist's klar:
Gut kannte sie
Den Berg und das Wasser, die Gräser.
Losgerissen von anderen Emsen
Ging sie dahin
Zu anderen Emsen.

In Eifer, in Fleiß, ihrer Unermüdlichkeit
Ähnelte sie
Denen in Afrika, China, auch in Paris.
Auf der schwarzen Stirne des Bodens, schwarz
Ging sie dahin,
Freier als ihr Geschick.
Sie wußte nicht von Gedanken, von Anspruch
– Sonst ginge sie nicht –
Und träumte von nichts.
Auf einem Weizenkorn
Ging sie dahin,
    Ameise aus Sivas.

FAZIL HÜSNU DAĞLARCA

*

Die allgemeine Torheit ist jetzt so riesengroß,
Daß jede Fliege annimmt, sie sei ein Phönix stolz!

KALIM

*

Ich schild're eine Buntgescheckte –
    nicht überlebt, wen sie gestochen!
Und würde sie ein Schwert zerschneiden,
    dann säh' man keine Feuchte dran.
Sich häutend, auf dem Boden kriechend,
    wirft sie die Haut genau so ab,
Wie eines Kettenhemdes Ärmel,
    den abgeschnitten hat ein Held.

IBN AL-MU'TAZZ

Das Bienenwunder

In den Büchern steht geschrieben
eine solche Erzählung:
Eines Tages in der edlen Moschee
saßen versammelt die Helden.
Als Gäste Muhammads gekommen dahin,
waren sie voller Liebe,
Und sie grüßten den Leiter dort
mit gar großer Treue.
»Und mit euch sei der Friede!« sprach
nun der süße Muhammad,
Unterhielt sich mit ihnen dann:
wie sie sich da freuten!
Eier und Brot ließ er rasch
für die Gäste bereiten –
Aber da gab's keinen Brotaufstrich,
den man den Gästen gäbe!
Als man diese Lage bemerkte,
war man völlig verwirrt.
Da kam plötzlich ein Bienchen an,
kreiste ein wenig herum.
Warum sie denn gekommen sei,
fragte Muhammad sie da.
Vor dem Fürsten Muhammad nun
erklärte alles die Biene:
»Auf den Befehl des Herrn bin ich
hier dieses Mal gekommen!
Einen besonderen Diener gib mir,
der mein Gefährte werde!«
Zeigte auf Ali Schah darauf hin
der geliebte Muhammad;
Dann flog die Biene voraus, danach
folgte ihr Ali Schah.

Eilends erreichten sie jenen Baum,
der bei Medina steht:
Mit einem Stock brachte er ganz schnell
die Bienenwaben herunter,
Brachte und gab den Gästen sie,
die sich beim Essen erfreuten.
Daraufhin fragte Muhammad nun
die Biene nach der Erklärung.
»Wie widerfuhr solche Gnade dir;
Das laß uns ehrlich hören!«
Vor dem Fürsten Muhammad nun
erklärte die Biene alles:
»Was immer Honigbienen es gibt,
ich bin der Führer aller.
Wir fliegen und weiden im Wald, im Baum,
ob süß er sei oder bitter;
Wir sammeln all diesen Blütensaft
in Waben hoch in den Bäumen,
Doch süß wird der Saft auf keinen Fall,
er dient uns nur zur Nahrung –
Doch wenn wir über dich, o Prophet.
aufrichtig den Segen sprechen,
Dann wird auch unser Honig süß
durch dieses Segens Kräfte!
So sprecht auch ihr den Segen denn
für Muhammad voller Liebe,
Und werdet durch den Segen dann
so süß wie dieser Honig!«

FAQIR MOHAMMED MATSCHHI

Der Glühwurm

Ich hörte, wie sich einst ein Glühwurm rühmte:
»Bin kein Insekt, das dich zum Klagen sticht!
Ich brenne, ohne andrer zu bedürfen –
Daß ich vom Stamm der Falter sei, denk nicht!
Sind Nächte dunkler als Gazellenaugen,
Entzünd' ich mich, bin selbst mein Wegeslicht!«

IQBAL

*

Ein Stäubchen ohne Kraft gewann der eignen Seele Wert und Macht;
Die Sehnsucht hat es so verbrannt, daß es sich selbst zum Falter macht,
Erleuchtet so die Nacht …

O Glühwurm, der du nachts erglänzt: Du bist von Kopf bis Fuß nur Licht,
Aus Gegenwart und Ferne nur dein Flug die helle Kette flicht –
Du, unverhüllte Sicht!

Du bist in dunklen Nächten hier die Leuchte für der Vögel Brut,
Was ist dein Brand nur für ein Brand, daß niemals deine Hitze ruht?
Du bist des Suchens Glut!

Und sieh: wir ähneln dir – auch wir erwachsen aus dem Staube dort,
Wir sehn und beben fort und fort, wir sehen nicht und beben fort,
Erreichten keinen Ort!…

IQBAL

Reisen in der Welt und in der Seele

Den Sphären gleich, ist unser Herz
beheimatet im Reisen –
Doch weiß man nicht: wohin wird es
sein Wille endlich weisen?

DARD

Reisen ist immer ein Thema der arabischen und dann der islamischen Welt gewesen: die altarabische Kasside enthält in der Regel eine ausführliche Beschreibung der Wüstenreise des Dichters, die ihn zu seinem Patron oder seinem Stamm führt und deren Abenteuer lebhaft beschrieben werden. Reise bedeutete Abschied von der Geliebten, lange, mühsame Wanderungen, deren Ende ungewiß war. Es konnte die gefahrvolle Fahrt übers Meer sein, an deren Ende reicher Gewinn oder Tod stand, und viele Reisende legten ihre Beobachtungen in wissenschaftlichen Werken nieder, die wichtige Quellen zur mittelalterlichen Geographie sind und das weitgespannte Weltbild der Muslime erkennen lassen. Wandern wurde aber auch verinnerlicht – der Pfad der Mystiker wird in den islamischen Sprachen, wie in anderen Religionen, mit all seinen Stationen beschrieben, und für den Sufi bildete die Himmelsreise des Propheten, als er die sieben Himmel durchquerte und endlich Gott von Angesicht zu Angesicht erblickte, ein Vorbild für ihre Entrückungen. Die Pilgerfahrt nach Mekka, Ziel für jeden Frommen auch aus den entlegensten Gebieten, fügte dem Reise-Thema noch eine besondere Dimension hinzu: Pilgerfahrt in die Gegenwart des göttlichen Geliebten. Um ihm nahe zu kommen, werden auch die größten Schwierigkeiten – Dornbüsche der Wüste und glühende Felsen – gern in Kauf genommen: die Seelenreisen, wie sie die Heldinnen der volkstümlichen mystischen Lieder im Industal unternehmen, künden von der Hoffnung, durch Leiden auf dem Pfade am Ende des Weges den Anblick des Geliebten zu genießen. Aber auch der Gedanke, daß die Reise niemals endet, daß der Wanderer in immer tiefere Abgründe des göttlichen Wesens geführt wird, und daher auch Kaaba und Tempel nur als kurzen Rastort ansieht, ist oftmals in der islamischen Dichtung ausgesprochen worden. Endlose Suche – so wird das alte Reisemotiv vergeistigt und kann auch in Seelenreisen in ein dem rationalen Denken nicht mehr zugängliches Reich verwandelt werden.

Wie lang wettreisen wir mit Sternen in der Nacht,
Die ihre Nachtfahrt nicht mit Huf und Fuß vollbracht
Und deren Lider nicht des Schlummers Mangel spüren,
Wie die des Fremden, der schlaflos die Nacht verbracht?
Die Sonne schwärzte uns das Weiß der Wangen ein –
Das Weiß von Bart und Haar hat sie nicht schwarz gemacht!
Für beide sollte doch ein gleiches Recht bestehn,
Wenn *eines* Richters Spruch für unsre Welt bedacht.
Dem Wasser geben wir auch nicht die kleinste Rast –
In Wolken erst, im Schlauch es jetzt die Reise macht!

MUTANABBI

*

Am Tag der Reise wär' ich fast gestorben –
Ach, könnt' ich sterben vor dem Tag, dem langen!
Vor heft'ger Angst vermocht' ich kaum zu sprechen;
Mir fließen Tränenströme auf die Wangen.
Der Liebsten Tränen tropfen, meine rinnen,
Wir treffen reines Herzens uns mit Bangen.
Wär' sie allein gewesen – eine Gabe,
Die ich ersehnt, ich hätte sie empfangen.
Das Kleid ließ ihren Silberfußring sehen,
Der so gebogen glänzt wie tote Schlangen.
Die Liebste sprach: »Wär' nicht die Menschenmenge –
Nach einem Kusse hätt' ich wohl Verlangen!«

OMAR IBN ABI RABIʿA

Klagen werden morgen Strauch und Stein,
Da ein Freund von seiner Freundin Abschied nehmen muß!

LANDEY

*

Ich ging hinweg, ich muß die Heimat lassen;
Mein Kind zog fort, der Herd ist ausgebrannt,
Die Gläser brachen, und der Wein vergossen,
Der Schenk' hat von den Trunknen sich gewandt!

Die Rose dornig, bleich die Hyazinth',
Den Thron des Salomo ergriff der Wind,
Die Liebenden voll Seufzer, tränenblind,
Die Freudenzeit war ganz zum Kummerbrand.

Auf welchem Berge finde ich mein Lieb?
Wen frag' ich, wo die Rehgeaugte blieb?
O Laila, deren Abbild Madschnun trieb
Verlassen, heimatlos durch Berg und Sand!

So schlug das Schicksal mich, daß stets ich weine,
Der Hag weint mit dem Gärtner im Vereine,
Die Rosen weinen Blut, verwirrt im Haine,
Seitdem die Nachtigall verließ dies Land.

BAYBURTLU ZIHNI

*

Mein Freund reist ab und fordert Speise –
Ich geb' mein Herz als Braten ihm, mein Aug' als Mandeln!

LANDEY

Kaspisches Meer

Von Horizont zu Horizont
Liefen die dunkelblauen Heere schaumiger Wellen.
Das Kaspische Meer sprach mit der Zunge des Windes;
Redend erregte es sich.
Wer sagte denn: »Hol es der Teufel!«
                                Es gleicht das Meer einem toten See.
Ein endloses leeres salziges Meer ist die Kaspische See;
Der Freund zieht durch, e... y!
                                der Feind, weh!
Ein Berg ist die Woge,
        ein Reh das Boot,
Ein Brunnen die Woge,
                                ein Eimer das Boot,
Und es steigt das Boot,
                                und es sinkt das Boot,
Von dem Rist
        eines Pferds,
                das sich wendet, sinkt,
Auf ein Pferd,
        das sich aufbäumt,
                                steigt das Boot.
Und der turkmenische Schiffer
Sitzt mit gekreuzten Beinen am Steuer,
Auf dem Kopf eine riesige schwarze Mütze.
Das ist keine Mütze:
Ein zottiges Schaf, auseinandergerissen,
                                zog er über'n Kopf,
Auf die Brauen fallen die Zotteln ihm.
Und es steigt das Boot,
                                und es sinkt das Boot.

Der Schiffer, gleich
Einer turkmenischen Buddhafigur,
Sitzt mit gekreuzten Beinen am Steuer –
Doch glaub nur nicht, daß er aus Respekt
vor dem Meer so sitzt!
Er, seiner selbst gewiß,
Mit der steinernen Ruhe der Buddhafigur
Sitzt mit gekreuzten Beinen am Steuer.
Auf die Flut,
die das Boot
rings umflicht,
blickt er nicht,
Auf der Flut
Wellenschlag,
der sich bricht,
blickt er nicht,
Und es steigt das Boot,
und es sinkt das Boot,
Von dem Rist
eines Pferds,
das sich wendet, sinkt,
Auf ein Pferd
das sich aufbäumt,
steigt das Boot.
»Elend bläst der Südwest doch herein!
Vorsicht! Das ruhige Meer kann heimtückisch sein!
Daß dir der Wind nur ja keine Streiche spielt!«
– Keine Angst, Alter, was wird schon sein! –

Was wird sein –
daß der Sturm
peitscht die See
ringsumher.
Wer dort aufwuchs, dem
wird zum Grab das Meer!
Und es steigt das Boot,
und es sinkt das Boot.
Es steigt das …
es sinkt das …
Steigt …
sinkt …
steigt …

NAZIM HIKMET

Gemeiner Himmel! Was tat ich?
Nie hast du Ruhe mir gegönnt,
Ließt mich nicht lachen jetzt noch je –
o Prüfungszeit, weh Prüfungsleid!
Hast mich von Banden nicht befreit,
gabst Klagen nicht Gerechtigkeit,
Hast mich nicht einen Nu erfreut –
o Grameszeit, weh Gramesleid!
Zum Freunde reicht nicht meine Hand,
mein Weg führt nicht zu Gottes Strand,
Es zeigte sich kein Heimatland –
o Fremdlingszeit, weh Fremdlingsleid!
Nur Gram ist mein Gewinn und Tun,
der Schmerz im Haupte will nicht ruhn,
Bin Sprosser ohne Rose nun –
o Trennungszeit, weh Trennungsleid!
Wenn nicht mein Weg zum Meister führt,
nicht meine Wunde Balsam spürt,
Wenn meinem Schmerz nicht Heilung wird –
o Wirrniszeit, weh Wirrnisleid!
Niyazi ist in Schmerz entbrannt,
und niemand ist sein Gram bekannt,
Zieht klagend in ein fremdes Land –
o Reisezeit, weh Reiseleid!

NIYAZI MISRI

*

Ich war wie eine Fußspur im Weg des Freundes – ach:
Vom Tritt, vom Schritt der Füße der Andern ausgewischt …

DARD

Der Weg zu Dir ist nun ganz klar geworden,
Und wer Dich sucht, der fragt nicht nach dem Pfad.
Wenn Winter dräut, so ist in Dir doch Sommer,
Und Du bist Schatten, wenn der Sommer naht.

IBRAHIM AL-KHAWASS

*

Jeden Nu, o Herz, zum Freunde gehst du!
Vor den Blicken ganz verhüllt, so gehst du.
Wenn die Kleider du zerreißt dem Mond gleich –
Zu der leuchtenden, der Sonne, gehst du.
Sitzest mit den Freunden auf dem Boden –
Innerlich zum siebten Himmel gehst du.
Deine Form ist hier bei deinen Gästen,
Doch als Gast zum Formen-Geber gehst du.
Wie die Feder in der Hand des Malers
Mitten durch das Bild des Menschen gehst du.
So wie Wasser fließt du unterm Stroh hin,
Lebenswasser du! Zum Garten gehst du.
In der Welt blieb' kein Betrübter, wenn dich
Alle schauten – so bezaubernd gehst du.
Ach, wie sollten dich die Menschen sehen?
Denn den Menschen ja verborgen gehst du …
Sieh uns an, und bringe unsre Botschaft,
Denn zum Throne hin des Sultans gehst du!

RUMI

Wenn sich ein Baum bewegte mit Wurzeln und Blätterkleid,
Spürt' er nicht Wunde der Säge, noch brächte die Axt ihm ein Leid.
Ginge die Sonne nicht von uns nächtlich in eiligem Flug –
Sage, wie würde die Erde erleuchtet zur Morgenzeit?
Stiege das salzige Wasser nicht himmelaufwärts vom Meer –
Wie schenkten Bäche und Regen dem Garten denn Fruchtbarkeit?
Sieh, wenn zur früheren Heimat ein Tropfen wiederum kommt,
Wird er in einer Muschel zur köstlichen Perle geweiht!
Weinte nicht Joseph beim Abschied, als er den Vater verließ –
Schätze und Königtum brachte ihm doch das Reisegeleit!
Ging Mustafa nicht zur Reise nach Jathrib*, und fand er nicht dort
Herrschaft und wurde ein König von hunderten Ländern weit?
Und fehlt dir der Fuß zur Reise, so wähle den Weg in dich selbst;
Nimm auf – dem Rubinschachte gleichend – in dich alle Strahlen der Zeit!
So reise, o Freund, aus dir selber und in dein eigenes Herz:
Solch' Reise verwandelt das Staubkorn in goldene Herrlichkeit.
Vom Herben und Bitteren wandle zur süßen Reife dich nun:
So hält der salzige Boden viel tausend Früchte bereit!

RUMI

*

Wir sind kein Dorfschulz, wir sind nur Vagant,
Minister nicht, nur Diener ohne Stand,
Wir sind die Feder in des Künstlers Hand:
Wohin wir gehen, ist uns nicht bekannt!

RUMI

* alter Name von Medina. Mustafa: Muhammads Name

Die nächtliche Reise des Propheten

Zur Nacht kam freudvoll Gabriel zu ihm:
»Wach auf, wach auf, du Erster aller Welt!
Erhebe dich aus diesem Dunkel; geh
Und reise in das Königreich des Herrn!
Wend' heute nacht den Fuß zum Ortelosen,
Nimm jenen Ring und klopf' ans Heiligtum.
Um deinetwillen ist erregt der Kosmos,
Und alle Cherubim sind dir gehorsam.
Es stehen die Propheten und Gesandten,
Um deine Schönheit heute nacht zu sehen.
Das Paradies, der Himmel sind geöffnet –
Beglückt von deinem Anblick so viel' Herzen!
Erbitte heute nacht von Ihm dein Wunschziel,
Denn Gott wirst du heut nacht gewißlich schauen!
Denk an die Sorgen deines Volks – du weißt ja
Den Inhalt der verborgenen Mysterien!«
Blitzschnell ward der Buraq herangeführt,
Den Gott aus Seinem reinen Licht erschuf,
Erfüllt von Kopf bis Fuß mit Gottes Lichte –
Geschwindigkeit hatt' er vom Wind gelernt.
Und in der Zeit bestieg ihn der Prophet,
Verließ den Ort und flog zum Ohne-Ort.
Im höchsten Thron erhob sich ein Tumult:
»Der Erste und das Licht der Welten naht!«
Die Engel standen voller Liebe, hebend
Die Schalen, um die Gaben auszustreuen.
Er sah am Wege sämtliche Propheten,
Die von Geheimnissen ihm Kunde gaben...

...

Als Jesus jenen Hochgeehrten sah,
Macht's er ihn in der Armut einzigartig.
Ein jeder der Propheten voller Großmut

Gab Ehre ihm und zeigte ihm den Weg.
Als er bemerkte nun des Freundes Nähe,
Ging er hinüber in des Freunds Präsenz.
Als Ahmad hin zum Sidra-Baume eilte
Und seinen Schritt ins Ortelose lenkte,
Blieb sein Gefährte, Gabriel der Treue
(*Ein* Flügel reicht vom Himmel bis zur Erde!)
Doch hier zurück, als der Erwählte wallte
Zur Gegenwart des Wesens seines Königs.
Der Fürst befragte Gabriel verwundert:
»Was bleibst du dort? Geh mit auf diesem Wege!«
»Fürst der Mysterien«, so sprach der Engel,
»Ich darf nicht weiter als zu dieser Stelle;
Nicht einen Hauch darf ich noch weiter schreiten,
Doch du mußt gehn! Ich kann dich nicht begleiten.
Wenn ich um Haaresbreite höher ginge –
Der Gottesglanz versengte meine Schwinge!
Doch du mußt gehn zur Gegenwart des Freundes,
Dir ziemt die Nähe ja des hohen Freundes!«
So ging der Fürst und ließ den Engel dort;
Er riß sein Herz von dem, was nicht Gott, fort.
So weit ging er, daß, als er tiefer blickte,
Ihm Gabriel gleich wie ein Sperling schien.
Und weiter ging er noch, verließ auch dieses
Und blickte hinter des Verborg'nen Schleier.
Er sah nicht Ort, nicht Richtung, nicht Verstand,
Nicht Thron, nicht Staub, und nicht die Erdenkugel.
Als er verwirrt im Weiselosen schritt,
Vernahm den Ruf er der Essenz des Alls:
»Vergänglicher, komm ohne Leib und Seele!
Tritt ein, o du, der für Uns Ziel und Absicht!
Betrachte Unser Wesen in Begegnung!« …
In völliger Verwirrung schwieg die Zunge,
Muhammad wußte nichts mehr von Muhammad.

Er sah sich selbst nicht, sah der Seele Seele:
Das Antlitz dessen, der die Welten schuf.
...
»Du bist Mein Ziel in aller Meiner Schöpfung –
Nun wünsche, was du willst, o Auge du!«
Muhammad sprach: »O weiseloser Weiser,
Mysterium des Innen und des Außen –
Du kennst ja auch mein innerstes Geheimnis:
Ich flehe nur für die Gemeinde mein.
Ich hab' eine Gemeinde voller Sünden,
Doch alle wissen sie von Deiner Gnade –
Wie wär's, wenn Du Dich aller nun erbarmtest?«
Noch einmal redete der Herr ihn an:
»Ich habe ganz und gar vergeben, Reiner,
So gräm' dich nicht um die Gemeinde! – Wisse:
Größer ist als die Schuld ja Mein Erbarmen,
Wahrhaft unzählbar ist ja Mein Erbarmen!«

'ATTAR

*

Ich reiste und besuchte alle Städte –
Hab niemand doch mit deiner Huld gesehen.
Ich kam zurück von Trennung und von Fremde:
Zu diesem Glücke durft' ich wieder gehen ...
Was sag ich? Tot war ohne dich gewiß ich –
Gott ließ von neuem wieder mich entstehen ...

RUMI

Wie Brücken-Widerschein im Strom die Qual genießend, tanze!
Bewahre deinen Platz, und doch, von dir getrennt, so tanze!
Das Suchen ist in sich Genuß – sprichst du vom Wegewandern?
Gib auf den trägen Gang – tritt ein nun in den Klang und tanze!
Wir waren frisch und grün erblüht, anmutig-stolz im Garten,
O Flamme, unser trocknes Stroh zu schmelzen, komm und tanze!
Den Weg zum Derwisch-Reigentanz schlag ein beim Sang der Eule,
In Lust auch nach dem Flügelschlag des Königsvogels tanze!
In Liebe endet nimmermehr das Wachsen, das Sich-Dehnen –
So wie der Staub im Wind sich dreht, in Liebes-Luft nun tanze!
Vergiß die Spuren und das Bild, kalt und verdorrt, der Freunde,
Beim Trauermahle und beim Klang der Klage-Hörner tanze!
So wie der Heuchler Freundlichkeit, so wie der Zorn der Frommen,
Sei nicht in deinem eignen Selbst, doch vor der Menge tanze!
Vom Brennen suche keinen Schmerz, vom Aufblühn keine Freude,
Sinnlos im Arm von Wüstenwind und Morgenbrise tanze!
In jener Freude, da du fragst: »An wen bin ich gebunden?«
Wachs' über dich in dir hinaus – in Leidensfesseln tanze!

GHALIB

*

Mein Brot auf dem Knie
Die Sterne ferne, ganz ferne.
Ich esse mein Brot, die Sterne betrachtend.
Ich bin so versunken, daß ich – sieh mal an! –
Mich manchmal irre und statt meines Brots
Sterne verzehre.

OKTAY RIFAT

Sie, welche erkennen
das Dorf der Himmlischen Hügel –
Sie lassen Felder und Tennen,
suchend Gott nahe zu sein.

Sie, welche entstammen
dem Dorf der Himmlischen Hügel,
Sie rollen die Bücher zusammen,
suchend Gott nahe zu sein.

Wer nach dem Staube sich sehnt
des Dorfes der Himmlischen Hügel,
Geld und Gut er verläßt,
suchend Gott nahe zu sein.

Wer einmal den Duft empfing
des Dorfes der Himmlischen Hügel,
Er läßt das bunte Gewand,
suchend Gott nahe zu sein.

Das Dorf der Himmlischen Hügel:
wer es nur einmal gesichtet,
der hat den Körper vernichtet,
Suchend Gott nahe zu sein.

SCHAH ABDUL LATIF

Wanderung

In den Brunnen ausgeschachtet von Stimme
In der Stimme
In der Zahl zwischen Nummer und Nummer
Im Puls zwischen einem Gefühl und dem nächsten
        Zwischen der Halsschlagader und Hals
                        wandere ich.

Im Zuge von Wachen und Schlaf
In seiner Fahrt zum Tode gerichtet, von der Kindheit her kommend
In der Bewegung, die hastet zwischen seinen Rädern, erschlafft und
        sich spannt, die sinkt und die steigt, der Bewegung von Körper
        von Bollwerk und Grenzen im Reiche des Körpers, der Bewegung
        von federndem Flug, von Anziehung und Abstoßung,
        der Bewegung von Zerstörung und Schlagen und Explosionen,
        der Bewegung des Wasserbläschens und des Todes grade vorm
                                                                [Tod
        zwischen Donner und Zeichen zwischen Wort und Kehle
                        wandere ich

Außerhalb der flektierbaren Formen – der Gestalten und ihres Gegen-
        des-Uferrandes gedrängt voll von Muscheln   [satzes
außerhalb alles Zufalls
                        wandere ich

Ich steige, frei breche ich durch
kleide mich in das Gären und in das Zittern
woge dahin mit dem Donner
Ich mache mich frei von der Reue, von Ratschlag, von Rückkehr
Ich mache mich frei von Geduld
        von meinem Blut und von der Geschichte, die in ihm schläft

Ich zerstücke mich und entblöße mich, und ich flüstre zu mir gegen mich
Ich stelle mich außerhalb aller Dinge, und sagte dem schweifenden Wahnsinn
er solle meine Säume stehlen, dem Zephir gleich
Ich schneide mich ab, ich trenne mich ab, ich schneide mich ab
Ich verberge mich unter den Lippen
fern fern fern

Im Licht in der Finsternis
Im Schweigen in der Verwirrung Zeichen
In einer Sprache welche die Worte verwandelt
In einem Regen welcher die Zeiten verwandelt
In hartnäckigem Durst, in der Reise ohne Erreichen
fern fern fern

vom Schweren und von dem Hindernden
von dem was sich biegt und was bindet und bordet
von dem was verbindet, befriedet, was lehrt
von dem was bescheiden ist, schwächlich, zufrieden
fern fern

wo ich werde der Blitz, die schwimmende Wurzel die Wurzel
wandere ich

Hier
wo die Wand ist und die Wand der Stuhl und die Wand
der Tabak und immer
die Wand im Gespräch
wo die Stunde ein Rüssel ist und die Zeitung eine Möve
oder ein Täubchen
wo der Körper ein Teppich
und das Brot ein Zauberer ist mit tausenden Körben
und der Leib die Präsenz und die Bühne
wandre ich, wandre

Hier – in dem dürren Gras zwischen Ader und Ader
in dem Stuhl der mit Nacht bedeckt
in dem Buchladen dieser kränkelnden Völker die sich umarmen und
schlafen um mich herum
wandere ich
In der Leere und ihrer Geometrie – wo ich schreibe und lese:
»Hier ruht Euklid ...«
wo Mutanabbis Grab ist in seiner Stimme
und es lebt al-Maarri unter seinen Augen
wo Halladsch gehenkt ward auf einem Galgen im Atlas der Seele
Wo Razi und Dschabir und Suhrawardi und ihre Gefährten sich hüllen
in ihre Stimmen
und sie verteilen als Leichentücher und Gräber

Hier, wo die Leere ist und ihre Geometrie
der Schatten des Lichtes, und der Schatten die Stimme
der Funken
sattgrüner Lobatschewski

Sela Sela Sela...

ADONIS

*

Wie des Rosenkranzes Perle ruh ich niemals von der Reise –
Der durchmess'ne Weg liegt immer wieder vor mir, gleicher Weise!

DARD

Ich muß im Garten der Asche wandern
zwischen verborgenen Bäumen
in der Asche sind Gemmen und Diamanten, und das goldene Vließ.

Ich muß wandern in Hunger, in Rosen, der Ernte zu
Ich muß wandern, muß ruhn
unter dem Bogen der einzigartigen Lippe

In dieser einzigartigen Lippe,
in ihrem verwundeten Schatten
blüht die uralte Blume der Alchemie.

ADONIS

*

O Liebende, Freunde! jetzund
die Welt zu verlassen ist's Zeit.
Die Trommel zur Reise ertönt
der Seele vom Himmelszelt weit.
Der Treiber erhob sich schon früh
und stellt' die Kamele in Reih'n –
Entschuldigend rief er uns wach:
»Was schläfst du noch, Reisegeleit?«
Es klangen laut hinten und vorn,
Kamelsglocken, Reisegeschrei –
Zur Reise zum Ort ohne Ort
ist stets eine Seele bereit! ...

RUMI

Zu Gottes Nähe führen Weg und Stege,
Nenn kurz sie oder lang, und überlege:
Kauthar und Tuba, die als Zeichen gelten,
Sind Quell und Schatten nur auf halbem Wege!

GHALIB

*

Sprich nicht von Ziel und Absicht dieses Lebens –
Du siehst nicht seiner tausend Spiele Spur.
So trunken bin ich vom Genuß der Reise:
Der Rastplatz ist ein Stein im Weg mir nur!

IQBAL

*

Zinderud im Paradies

Wer das Mysterium der Reise kennt,
Fürchtet den Rastort mehr als Wegelag're r.
Die Liebe ruht in Trennung nicht noch Einung,
Ruht nicht, bis sie die ew'ge Schönheit fand.
Ihr Anfang ist: Vor Götzenbildern knien,
Ihr Ende ist: vor jedem Liebsten fliehen!
Die Liebe, furchtlos, ist auf steter Reise,
Im Raum und Raumlosen ein Kind des Weges!
Mein Glaube ist wie raschbewegte Wogen,
Den Ort verlassend, auf den Weg gezogen!

IQBAL

Huri und Dichter

Huri:
Bist dem Wein nicht zugeneigt, blickst mich heute gar nicht an!
Kennst du diese Wege nicht der Vertrautheit, ihren Bann?
Ew'ges Suchen bist du nur, und du bist des Wunsches Glut –
Schmilzt du einen Augenblick – und Ghaselen singst du dann.
Was für herzbetörende Welten schuf dein süßer Sang!
Eden tritt mir vor den Blick wie ein Silbertalisman!

Dichter:
Deiner spitzen Rede Zauber eines Wandrers Herz umspinnt.
Ob wohl ähnliche Genüsse in den scharfen Dornen sind?
Ach, was tun? Denn keinem Standort fügt sich doch mein Wesen ein,
Denn mein Herz ist ungeduldig wie im Tulpenbeet der Wind.
Wenn mein Blick auch Ruhe fänd' auf einem schönen Angesicht,
Würde gleich mein Herz doch beben, was es Schön'res noch gewinnt.
Von den Funken such' ich Sterne, von den Sternen Sonnen ich:
Da ich sterbe, wenn ich ruhe, keinem Ort ich mich verbind'!
Wenn ich einen Becher trinke von dem Lenzwein, steh ich auf,
Sing' ein neues Lied und preise neuen Lenz, der erst beginnt.
All mein Suchen gilt dem Ende dessen, das kein Ende hat,
Mit dem nie gestillten Auge, mit dem Herz, das hofft und minnt.
In dem ew'gen Paradiese stirbt das Herz der Liebenden –
Keine schmerzensvollen Weisen, und kein Gram, kein Tröster lind!

IQBAL

Sassuis Lied

Wer heischt, wird empfangen,
    wird schauen den Liebsten.
Wer sucht, wird gelangen
    zum Hofe der Wunder.

Du, der du suchst, geh voran –
    dies ist kein irdisches Suchen –
Ferne ist niemals der Freund
    von fahrender Sucher Herz.

Nur suchen will ich, nur suchen –
    o daß ich den Freund nie erreichte!
Daß niemals die Unrast der Seele
    durch Finden ein Ende nähme!

Nur suchen will ich, nicht finden –
    Gefährten aus früheren Tagen:
    Die Saumlast weiter getragen,
so zogen sie ferne ins Land.

Ich suche – mög' ich nie finden!
    Geliebter, ferne bist du!
    Nie finde mein Herz je Ruh'.
nie werde Trost meinem Leib!

Ich suche – o mög ich nie finden!
    Erhöre der Liebenden Meinung!
In dieser Liebe, Geliebter,
    liegt meines Lebens Verneinung.
    Am Jüngsten Tag erst zur Einung
mag ich mich voll Ruhe erheben!

SCHAH ABDUL LATIF

Städte und Landschaften – Traumbilder

Eine Freundin sprach zum Freund: »O Jüngling,
In der Fremde sahst du viele Städte –
Welche Stadt darunter war am schönsten?«
»Jene – sprach er – wo die Liebste wohnt!«

RUMI

Der Wanderer der alten Zeit war nicht allzu interessiert an der Schönheit der Landschaft, der Städte, in die sein Weg ihn führte; aber im Laufe der Jahrhunderte entstand eine Literaturgattung, die von bestimmten Orten, bestimmten Strömen spricht und deren Namen nicht nur als Formeln verwendet, wie es sonst so häufig vorkommt. Vielleicht sind die ersten solchen Gedichte aus der Sehnsucht nach einer Stadt oder Landschaft geboren, von der man getrennt war – Verse aus dem Gefängnis, aus der Verbannung sprechen von der geliebten Heimat; Dichter aus fernen Landen träumen von Medina, wo der geliebte Prophet begraben liegt; Isfahan und Schiras werden Chiffren für eine poetische Welt.
Andere beschreiben historische Stätten – wohl das beste Beispiel ist Khaqanis großes Gedicht auf Mada'in, die Ruinen von Seleukia-Ktesiphon, die für ihn zum Mahnmal werden, den Betrachter an die Vergänglichkeit der Herrschermacht erinnernd. Indische Dichter wie Amir Khosrau haben die Schönheit ihres Landes in kunstreichen Versen verewigt, haben die lieblichen Täler von Kaschmir, die Schönen von Gudscharat, das strahlende und später so schrecklich verwüstete Delhi besungen. Aber vielleicht am beredtesten haben türkische Dichter ihre Heimat gepriesen – zwar erst in jüngster Zeit die herbe Landschaft Anatoliens, die manchmal den Hintergrund der älteren Volkspoesie bildet, aber seit langer Zeit die geliebte Hauptstadt des Osmanischen Reiches, Istanbul: die beiden so gegensätzlichen türkischen Meister unseres Jahrhunderts, der Klassiker Yahya Kemal und der Modernist Orhan Veli, haben gewetteifert, den Reiz der Stadt am Bosporus einzufangen.
Ein besonderer Aspekt der Landschafts-Dichtung ist die seit dem Ende des 19. Jahrhunderts aufkommende Begeisterung für Spanien, in dem die Dichter des muslimischen Indiens wie des Osmanischen Reiches Erinnerungen an die ruhmreiche Vergangenheit der Muslime entdeckten; diese Faszination hält in der modernen arabischen Dichtung an.

Farben in der Fremde

Im Osten gelb, im West orangerot,
Gemahnt an Lager, die versengt, verloht.
Nichts in den Farben ohne unsre Spur:
Hellblau von Marmara, vom Meer Azur.

Das Grün ist eine Ecke mir von Bursa,
Das Schwarz: am Erciyas ein Abgrund jäh.
Das Gelb: der Herbst der langen Sommerweiden.
Das Weiß: so wie in Erzerum der Schnee.

KEMALETTIN KAMU

*

Für die, die sich nach dem Meer sehnen

Schiffe gleiten durch meine Träume,
Schwerbeladene Schiffe, über die Dächer.
Ich Armer
Sehne mich jahrelang nach dem Meer.
»Ich schaue und schaue und weine.«
Ich denke daran, wie ich die Welt zuerst sah
Durch einen Haufen von Muschelschalen:
Das Grün des Wassers, das Blau des Himmels,
Die stachligsten bunten Fische ...
Noch jetzt fließt salzig mein Blut,
Wo mich die Austern geschnitten.
Wie sind wir ins Weite gelaufen
Wie toll mit dem schneeweißen Wellenschaum!
Dem Schaum, der kein böses Herz hat,
Dem Schaum, der den Lippen gleicht,
Der Schaum, der mit den Menschen
Ehebruch treiben darf.

Schiffe gleiten durch meine Träume,
Schwerbeladene Schiffe, über den Dächern.
Ich Armer
Sehne mich jahrelang nach dem Meer.

ORHAN VELI

*

Es war ein Schiff, ein großes weißes stilles,
Ein gramlos trauerloses schweifendes,
In Liedern kam es an, in Liedern ging es.
        Es war ein Schiff.
Trug kühne Reisende her von Konstanza,
Aus Jaffa Apfelsinen.
Es hielt genau vor unserm Hause.
Mit seinen Farben, seiner Form, seinem Atem
Und den nach zerriebenem Leinen riechenden Liedern
Füllte es unser Haus aus.
Vor allem hatte es eine ganz frische Flagge,
Die mich an Kleewiesen denken ließ, von Mohnblumen voll,
Oder an Alphabete, mit bunten Stiften gezeichnet.
Es war ein Schiff, ein großes weißes stilles,
Ein gramlos trauerloses schweifendes,
Mit guten Menschen kam es,
Mit guten Meeren ging es
Und allem, jedem lacht' es.
Uns allen hat es Traum und Schaum versprochen.
Es war ein Schiff.
Ihm geschah etwas, als der Krieg ausbrach,
Sein Mund wurde stumm, seine Schwinge zerbrach.
Die Wege wurden alle zu Stein.
In lauen Meeren keine Reise mehr,
Von holden Küsten keine Kunde mehr,
Der Hafen Konstanza ein Traum,
Verboten die Jaffa-Orangen.

BEDRI RAHMI

Wind

Jetzt ging ein Wind hier vorüber,
Ich lief und konnt' ihn nicht fangen,
Ich konnte nicht erfahren,
Wohin er gegangen.

Er stieg aus dem klaren Meer auf
Und kam die Küsten entlang.
Der Teer- und Schweiß- und Salzruch
Ins Herz verwirrend drang.

Er begann auf die Berge zu klettern,
Trieb Wolken wie Lämmerherden,
Streichelnd ließ er das Weidegras
Größer werden.

Wenn er über Dörfer kam,
Rührte er Wiegen im feuchten und finsteren Raum.
Die sich in Sonnenglast Mühenden
Kühlte sein Saum.

Er begann zu den Ebenen niederzusteigen;
In den Feldern von Mohn das Lila und Rosa und Weiß,
In der Steppe die blauen Dornen ...
Die Augen füllten sich mit Staub.

Er kam in die Städte, an mir vorbei,
Sah Mädchen, den Mohnblüten gleichend.
Ein wenig Puder, ein Lachen, ein Haar
Nahm er entweichend.

Jetzt ging ein Wind hier vorüber,
Ich lief und konnte ihn nicht jagen.
Er hätt' es gesagt, hätte ich ihn gefragt –
Ich konnte nicht fragen.

CAHIT KÜLEBI

Sehnsucht nach Medina

Im erleuchteten Medina – wenn ich dort nur immer wäre!
Wenn zusammen mit den Pilgern
Ich den Helfer segnen könnte,
Im erleuchteten Medina – wenn ich dort nur immer wäre!
Vor der Kaaba für den Edlen
Ganz bescheiden beten könnte,
Im erleuchteten Medina – wenn ich dort nur immer wäre!
Ein paar winz'ge Herzensdinge
Anvertrau'n dem Freunde könnte!
Im erleuchteten Medina – wenn ich dort nur immer wäre!

ABDUR RA'UF BHATTI

*

So alt ich bin, zieh ich doch nach Medina,
Um glücklich, liebend dort mein Lied zu singen:
Ein Vogel, der zum Abend in der Steppe
Des Nests gedenkend, breitet seine Schwingen.

IQBAL

Am Ufer des Ravi *(Lahore)*

In des Abends Stille singt der Ravi leise –
Frag nach meines Herzens Zustand nicht noch Weise!
Diese Melodien lehren mich zu knieen,
Denn die ganze Welt ward mir zum Heiligtum.
    Steh ich so am Ufer dieses Stromes rinnend –
    Wo ich wirklich stehe, weiß ich doch nicht, sinnend.

Farbig ward des Abends Saum vom roten Wein,
Den der Himmels-Alte zitternd füllte ein.
Tages Karawane eilt zum Nichtseins-Land,
Keine Dämmrung scheint es – Sonnenblumen-Brand!
Steh'n in schauervoller weiter Einsamkeit
Grabes-Minarette aus Dschahangirs Zeit.
Allen Zeitenwandel tadelt dieser Ort,
Längstvergang'ner Tage Buch ist dieser Ort.
    Kann man Ort es nennen? Nein: ein stummer Sang,
    Und die Bäume? Scharen ohne Laut und Klang …

Auf des Flusses Busen sieh ein Boot im Hellen,
Und der Schiffer müht sich durch die flinken Wellen.
Schnell, wie Augen-Blicke, sieht das Boot man gleiten,
Und dem Aug' entschwindet's in des Flusses Weiten.
Ist des Menschenlebens Schiff nicht so? Es taucht
Aus dem ew'gen Meere, schwindet wie ein Hauch.
    Doch das Lebensboot kennt Tod, Zerschellen nicht –
    Mag's dem Blick entschwinden – doch vergeh'n wird's nicht!

IQBAL

Erinnerung an Lahore in der Gefangenschaft

Lahor, o wehe dir – wie geht es dir?
Wie wärst du hell? Die Sonne fehlt doch dir!
Mein Dichter-Garten hatte dich geziert:
Wie – ohne Tulpen, Veilchen – geht es dir?
Du warst ein Hag, ich dieses Hages Löwe –
Wie anders geht es ohne mich wohl dir?
Dein liebes Kind ward plötzlich dir entrissen –
Um mich nun klagend, sag: wie geht es dir?
Du schickst nicht Nachricht, fragst mich treulich nicht:
»Gefangner im Kastell – wie geht es dir?«
Leer ward dein Schoß von Freunden Tag um Tag –
Verborg'nen Feind am Saum – wie geht es dir?
Getrennt von milden weisen Freunden jetzt,
Widrigen Feinden nah – wie geht es dir? …

MAS'UD IBN SA'D-I SALMAN

*

Delhi 1761

Delhi – verwüstet ist's vom Schicksal jetzt,
Und Tränen fließen dort statt seines Stromes –
Einst glich dem Antlitz es der Lieblichen,
Gleich Wangenflaum die Orte der Umgebung!

DARD

Aus der Elegie auf Delhi (*1858*)

Es ist diese Stadt, die Menschen und Geistern das Herz war,
Es ist diese Stadt, die aller Mächtigen Herz war,
Es ist diese Stadt, die Indiens wirkliches Herz war,
Es ist diese Stadt, die der ganzen Menschheit ein Herz war!
Sie war nicht erbaut in Formen von Ziegeln und Stein,
Sie war wohl erbaut, ein Paradies-Gleichnis zu sein!

DAGH

*

Der Indus fließet glitzernd, glitzernd –
Sein Wasser läßt an bunte Kaschmirschals mich denken.

LANDEY

*

Führt der Indus hohe Flut,
überfließen die Kanäle –
Des Geliebten Liebe auch
ist zu groß für meine Seele.

QADI QADAN

Nie vergess' ich den Tigris: der Mond
Sank am Himmel, das Dunkel fiel ein –
Schien ein blauer Teppich gebreitet,
Der geschmückt war mit Goldstickerein …

AL-QADI AT-TANUKHI

*

Erinnerung an Bagdad

O Palmbaum in Bagdads Gefängnis –
erinnerst du dich?
Unser trauriges Lied
Eine Lerche, die mit der Sonne entflog
    nur daran erinn're ich mich
    Oh, des Gefangenen Sehnen!
Eine Lerche, die mit der Sonne entflog
Und in Bagdad
ein Seufzen von ihrem Schrei

O Palmbaum der fernen Heimat
erinnerst du dich?

AL-BAYATI

Damaskus

Karawane der Sterne auf grünem Teppich
Zwei Brüste von glühender Kohle und Apfelsinen
Damaskus

Der liebende Körper auf seinem Bett
bogengleich
und der Neumond
öffnet »im Namen des Wassers«
die Flasche der Tage – jeder Tag
        dreht sich um deine nächtliche, deine Achse
fällt in deinen liebeshungrigen Krater
als Opfer

Und schlafender Baum rings um meinen Raum
und mein Gesicht
ein Apfel
und meine Liebe
ein Kissen, ein Eiland

        wenn sie nun käme
        wenn sie nun käme

Damaskus
O Frucht der Nacht du, o Herzpunkt

ADONIS

Ein Abend

(In Heidelberg, am Ufer des Neckar)

Stille ist des Mondlichts Traum
Still ein jeder Zweig am Baum,
Stumm des Tales Sänger nun,
Stumm die grünen Hügel ruhn,
Die Natur, ganz unbewußt,
Schlummert an des Abends Brust.
Schweigens Zauber wandelt nun
Neckars Rauschen selbst in Ruhn.
Zieht der stumme Zug der Sterne
Ohne Glockenklang zur Ferne,
Berg und Strom und Feld in Stille,
In sich ruht der ew'ge Wille.
O mein Herz, sei still – auch du...
Laß den Gram – schlaf nun in Ruh.

IQBAL

*

Die Moschee von Cordoba

Kette von Tagen und Nächten
formt der Geschehnisse Band;
Kette von Tagen und Nächten,
draus Tod und Leben erstand!
Kette von Tagen und Nächten –
zweifarbig seidenes Garn;
Draus webt das Wesen sich selber
der Attribute Gewand.
Kette von Tagen und Nächten
urew'gen Saitenspiels Ton –

Spielt auf ihr Höhe und Bässe
des Möglichen Gottes Hand.
Du wirst zur Prüfung geführt,
ich werd' zur Prüfung geführt –
Kette von Tagen und Nächten –
Prüfstand des Kosmos gewandt.
Bist du von niederem Wert,
bin ich von niederem Wert –
Tod ist am Ende dein Pfand,
Tod ist am Ende mein Pfand.
Hat denn dein Tag, deine Nacht
noch einen wirklichen Sinn?
Nur eine leere Zeit, die
Tag nicht noch Nächte gekannt.
Zeitlich vergänglich, ach, sind
Wunderwerke der Kunst –
Werk dieser Welt: kein Bestand,
Werk dieser Welt: kein Bestand ...
Erstes und Letztes: Vergehn,
Innen und Außen: Vergehn.
Alt sei das Bild oder neu –
letzter Schritt immer: Vergehn!

Doch vielleicht trägt auch dies Bild
Farben der Dauer voll Strahl;
Wenn ihm Vollendung geschenkt
durch eines Gottesmanns Wahl!
Siehe, des Gottesmanns Werk
wird durch die Liebe erhellt:
Liebe nur ist Lebensquell,
hier kennt man nicht Todes Qual.
Ob auch der Ablauf der Zeit
schnell oder langsamer sei –

Liebe: ein reißender Strom,
unwiderstehlich wie Stahl.
Stehn in der Liebe Kalender
außer der heutigen Zeit
Andere Zeiten ja noch,
ganz ohne Namen und Zahl!
Liebe ist Gabriel's Hauch,
Liebe ist Mustafas Herz,
Liebe ist göttliches Wort,
Gottes Gesandter zumal!
Nur von der Liebe Rausch wird
leuchtend das tönerne Bild –
Liebe: ein gärender Most,
Liebe: der Edlen Pokal.
Liebe ist Mekkas Jurist,
Liebe, der Führer des Heers,
Liebe der Wanderer, der
rastlos durchschweift Berg und Tal.
Klingen die Saiten des Lebens
nur von dem Plektrum der Liebe,
Blüht alles Leben durch Liebe,
glüht alles Leben durch Liebe!

Cordobas heilige Statt du,
die aus der Liebe entsteht!
Liebe ist ewige Dauer,
dort ist kein »war«, kein »vergeht«.
Stein sei es, Farbe, sei's Ton:
Wort sei es, Stimme, sei's Ton –
Jegliches Wunder der Kunst
wächst nur aus Herzensblut – seht!
Ja, durch den Tropfen von Blut
wird selbst der Felsen zum Herz;

Ja, aus dem Herzblut, dem Leid,
Lied, Sang und Klang erst entsteht.
Herzensberückend dein Raum,
herzensentzückend mein Traum:
Du schenkst den Herzen die Ruh –
Unruh von mir in sie weht.
Nicht ist die menschliche Brust
minder als göttlicher Thron,
Sei auch der Staubleib begrenzt,
dort, wo die Sphäre sich dreht.
Ob sich in Anbetung auch
hinwirft ein Wesen aus Licht –
Unsres Gebets Sehnsuchtsglut,
ach, jenem Engel entgeht!
Ungläub'ger Inder bin ich –
sieh meine Sehnsucht, mein Glühn!
Stets mir im Herzen Gebet,
stets auf den Lippen Gebet!
Sehnsucht im Lied mir erklang,
Sehnsucht mir im Flötenklang,
In jeder Ader ertönt:
»Er nur ist Gott!« mein Gesang.

Kaaba der Künstler bist du,
Stärke des Glaubens du licht,
Durch dich gewann Andalus
mit Mekka gleiches Gewicht.
Wenn eine Schönheit, dir gleich,
unter dem Himmel besteht –
Nur in der Muslime Herz
ist sie, und anderswo nicht.
O Gottesmänner so kühn,
Helden arabischen Bluts,

Träger der schaffenden Kraft,
aufrichtig, treu ihrer Pflicht,
Aus deren Herrschaft erhellt
jenes Geheimnis so fremd:
Herrschaft der Liebenden ist
Armut, ist Fürstenprunk nicht!
Durch deren Blicke der Ost
wurde geformt und der West,
Die, in des Abendlands Nacht
schauten schon Wege voll Licht;
Von deren Freude und Spiel
zehren die Spanier noch heut:
Warmblütig, fröhlichen Sinns,
einfach, mit klarem Gesicht –
Immer noch blickt dieses Lands
Volks dich gazellengleich an,
So, daß der Pfeil ihres Blicks
heut' noch ins Herz tief dir sticht.
Wie noch die Düfte von Jemen
heut' seine Lüfte durchschweben!
Wie noch Arabiens Farben
heut' seine Sänge beleben! ...

IQBAL

Spanischer Tanz

Tanz in
Zimbel, Schal und Rose –
diesem Garten loht.
In der Nacht der Lust ist Andalusien dreifach rot!
Und in tausend Zungen Liebeszauberlied erwacht –
Spaniens Frohsinn lebt in diesen
Zimbeln heute nacht!
Wie ein Fächer: unvermutet das Sich-Wenden, Biegen –
Ihr kokettes Sich-Verhüllen, Sich-Entfalten, Wiegen –
Unser Auge, nichts sonst wünschend, sieht nur Rot voll Pracht!
Spanien wogt und wogt in diesem
Schal ja heute nacht!
Auf die Stirn die Ringellocken fallen lose ihr,
Auf der Brust erblüht Granadas schönste Rose ihr,
Goldpokal in jeder Hand, im Herzen Sonne lacht:
Spanien lebt und webt in dieser
Rose heute nacht!
Jetzt im Tanz ein spielend Schreiten,
jetzt ein Steh'n, Zurück –
Tötend, wenn den Kopf sie wendet,
scheint ihr rascher Blick.
Rosenleib, geschminkt, rotlippig,
schwarzer Augen Strahl –
der Verführer lockt: »Umarme,
küss' sie hundertmal!«
Für den Schal so blendend, zaubervoller Rose Lust,
Zimbel herzerfüllend: ein Olee! aus jeder Brust!

YAHYA KEMAL

Spanien ...
Brücken aus Tränen
die zwischen Himmel und Erde sich dehnen ...

*

An der Brust einer weinenden Gitarre
stirbt
Spanien ... wird es geboren ...

*

Spanien ...
Flaumleichte Fächer
kämmen die Luft ..
und schwarzer Augen Brände ...
ohn Anfang ... ohne Ende ...
Eine Kappe geworfen vor der Liebsten Balkon –
Und eine Rose voll Duft
fliegt ihm aus dem Frauenerker entgegen:
Auf ihren Blättern trägt sie Gebete und Segen
für den Ritter vom Süden ... in dem Mantel rot
der da spielt mit dem Tod ...
und dies nur besitzt:
Seinen Stolz ... und den Degen ...

*

Die Straßen Granadas im Mittagsglanz
sind Felder von schwarzen Perlen ...
Von meinem Platz
seh ich in großen Augen die Heimat ganz,
sehe die Minarets von Damaskus
geformt
über jeglichem Lockenkranz ...

NIZAR QABBANI

Auf den Wegen von Sivas

Auf den Wegen von Sivas Nacht um Nacht
Fahren Züge von Ochsenkarren.
Mit eichenen Rädern.
Tragen die Bauern, die schweigenden,
Holz oder Salz oder Kranke fort?
Langsam fahren die Ochsenkarren
Auf den Wegen von Sivas, Nacht um Nacht.

Nicht Sterne wogen am Himmelszelt,
Nicht brausen liebeserfüllte Herzen.
Es weht ein messerscharfer Wind,
Hand und Fuß schwillt.
Auf den Wegen von Sivas, Nacht um Nacht,
Fahren langsam die Ochsenkarren.

Lastwagen kommen, Lastwagen geh'n,
Alle in dickem Staub.
Scheinwerfer prallen auf den Weg,
Wagen zerstreu'n sich, die Fahrer fluchen –
Auf den Wegen von Sivas Nacht um Nacht
Fahren Züge von Ochsenkarren.

CAHIT KÜLEBI

Zeit in Bursa

In Bursa: ein Moscheehof, klein, uralt,
Drin Wasser plätschernd in dem Springbrunn wallt,
Und eine Mauer noch aus Orhans Zeiten,
Gleichaltrig die Platane ihr zu Seiten,
Die allseits heitren Tag durchscheinen läßt –
Die Trauer, die noch eines Traumes Rest;
Darinnen lächelt nur tief aus dem Innern,
Gleichsam aus einem kühlenden Erinnern
Des Himmels Blau, das Grün der eb'nen Flur
Und jene göttlichste Architektur.

Hier ist ein jeder Name Siegeskunde;
In eins verflossen, leben Zeit, Tag, Stunde
Den Zauber einer längst vergangnen Pracht
Des Traums, der noch in diesen Steinen lacht.
Das taubenäugige, das Schweigen auch
Tönt noch mit jener Zeiten fernem Hauch –
Gümüşlü: Spiegel frühster Siegeshuld;
Muradiye: bittre Frucht nur der Geduld;
Symbol des Lebens: weiße Nilüfer.
Moscheen, Türben, Gärten altersschwer,
Zahlloser Helden ruhmreiche Legenden,
Kriegsschreie auch, die sich zum Himmel wenden,
Trägt jeden zur Vergangenheit mit Macht.
In diesem Traum schläft Bursa jede Nacht,
Mit ihm erwacht es, wenn der Tag anbricht,
Zypresse, Rose lacht im Silberlicht –
Und der verhalt'nen Brunnen frischer Ton …

Inmitten eines Wunders leb ich schon
Von Flügelschlagen und der Wasser Hall –
Die Zeit hier: eine Ampel aus Kristall …

AHMED HAMDI TANPINAR

Reise

Ich hab' nicht vor, auf Reisen zu gehn;
Aber wenn ich so was unternehmen sollte,
Führ' ich gradeswegs nach Istanbul.
Wenn du mich in der Tram nach Bebek sähest,
Was würdest du dann wohl tun?
Jedoch, wie bereits gesagt,
Hab' ich nicht vor, auf Reisen zu gehn.

ORHAN VELI

*

Gäb' eine Rückkehr aus dem Jenseits es,
in einem zweiten Leben auferstehen,
Könnt' jeder Geist im Himmel einen Platz
nach seinem Wunsche sich eröffnend sehen,
Hätt' freundlich sich das Glück mir zugewandt
und gäb' mir einen neuen Stern zur Hand,
So kümmert' ich um solche Huld mich nicht –
Ich möchte wieder nach Istanbul gehen!

YAHYA KEMAL

*

Istanbul, Süleymaniye Moschee

Der Schöpfung Nachhall, weiß die Minarette,
Die Bogen demutvoll vor Gott sich neigen,
Und tief erschauern läßt das Herz des Menschen
Der Kuppeln schweigendes Zu-Gott-Aufsteigen...

YAHYA KEMAL

Laß uns dieses Herz vergnügen, laß es nicht so traurig flehn!
Komm, du wandelnde Zypresse, laß nach Saadabad uns gehn!
Sieh dort an der Landestelle drei Paar Boote wartend stehn –
Komm, du wandelnde Zypresse, laß nach Saadabad uns gehn!

Laß uns lachen, laß uns spielen, laß uns recht die Welt genießen,
Aus der neuerschloßnen Quelle Wasser trinken, von dem süßen,
Laß uns seh'n, wie Lebenswasser aus den Drachenmäulern fließen –
Komm, du wandelnde Zypresse, laß nach Saadabad uns gehn!

Manchmal wollen wir lustwandeln an des Wasserbeckens Rand,
Bald das Gartenschloß bestaunen, welch ein Wunder dort entstand,
Und dann woll'n wir Lieder singen, Verse lesen, liebentbrannt –
Komm, du wandelnde Zypresse, laß nach Saadabad uns gehn!

Nimmst du von der Mutter Urlaub – heut' sei Freitagsandacht, sag!
Vor dem grollend-bösen Himmel wolln wir stehlen einen Tag,
Wandelnd auf versteckten Pfaden langsam bis zum Bootsverschlag –
Komm, du wandelnde Zypresse, laß nach Saadabad uns gehn!

Eines du, eins ich, ein Sänger noch mit süßen Melodien,
Und, wenn gütigst du erlaubtest, noch, ganz liebestoll, Nedim –
Unsre andern Freunde, Süßes, lassen wir für heute ziehn –
Komm, du wandelnde Zypresse, laß nach Saadabad uns gehn!

NEDIM

Traumstadt

Komm, schau jetzt von Cihangir bei Sonnenuntergang!
Laß dich dem Traumbild drüben am andern Uferhang,
Denn wie ein andrer Abend ist dieser Abend nicht:
Paläste schafft aus Fenstern der Sonne Gegenlicht.
Für seiner Freuden Traumhaus, wie's jener Gott erhofft,
Macht er zu Feen-Nestern die Fenster unverhofft.
Die ganze Küste, die dort mit Glutpalästen brennt –
Wie gleicht sie dem uralten prunkvollen Orient!

Der von dem goldnen Weine berauschte Architekt
Des Lichtes, der die Hände am Horizont ausstreckt
Mit einem Purpurbecher – wie manche tausend Jahr'
Erbaute er so wieder das Märchen-Üsküdar!
Doch einen Hauch nur dauert des Gottes Schöpferkraft;
Vergänglich sind die Bauten, die er aus Feuer schafft,
Verloren, wenn nun dunkelt der West, der Glanzes bar –

Nicht lange währt die Herrschaft des armen Üsküdar!
Beklag' nicht, was die Sonne jetzt dort vernichtet hat!
In eig'nes inn'res Leuchten sinkt die Zypressenstadt.
In solch einem, urew'ger Vergebung eignen Land
Verblendet echtes Gold nicht den Blick wie falscher Tand.
Am Ufer, dessen Menschen zum Paradies den Ort
Verwandelten – von jedem dunkelnden Hügel dort:
Im echtesten der Spiegel zeigen zur Nacht ein paar
Ärmlicher Häuser Lampen das wahre Üsküdar.

YAHYA KEMAL

Galata-Brücke

Aufgestellt auf der Brücke
Seh ich euch alle gelassen an:
Manch einer rudert mühsam voran,
Manch einer holt Muscheln von den Pontons,
Manch einer steuert in Leichtern,
Manch einer ist Schauermann, vorne am Tau,
Manch einer ein Vogel, fliegend, poetisch,
Manch einer ein glitzernder blitzender Fisch,
Manch einer ein Dampfer, und manch einer Boje,
Manch einer ist Wolke in den Lüften,
Manch einer ein Dampfboot; wie zerbrochen der Schornstein
Platscht es unter der Brücke hindurch.
Manch einer ist eine Pfeife und tönt.
Manch einer ein Rauch, und dampft.
Aber ihr alle, ihr alle …
Alle in Sorge ums tägliche Brot.
Ist einer, wie ich, unter euch so gelassen?
Schaut nicht, eines Tages schreibe ich
Auch vielleicht über euch ein Gedicht;
Ein paar Pfennige kommen mir in die Hand;
Auch ich werde satt.

ORHAN VELI

Nacht

Als Kandıllı schwimmend im Schlummer lag,
Im Wasser zogen das Mondlicht wir nach.
Es war ein Weg ganz aus Silberschimmer,
Wir gingen und sprachen von Umkehr nimmer.
Phantome die Hügel, und Träume die Bäume – ..
Im Wasser still lehnende Ufersäume ...
So war das Ende des Frühlings: wie
Musik, eine heimliche Harmonie.
Wir gingen, verloren in Fernen gewandt,
Bevor dieser Traum im Frühlicht entschwand.

YAHYA KEMAL

*

Ich hör Istanbul

Ich hör Istanbul, mit geschlossenen Augen;
Eben weht sachte der Wind;
Es rühren sich leise und lind
An den Bäumen die Blätter.
Fern, ganz in der Ferne
Die niemals ruhenden Glöckchen der Wasserträger;
Ich hör Istanbul, mit geschlossenen Augen.

Ich hör Istanbul, mit geschlossenen Augen:
Es fliegen wohl Vögel vorüber,
Hoch in der Luft in Scharen und schreiend und schreiend.
In den Reusen werden die Netze gezogen,
Frauenfüße, die leicht ins Wasser tauchen –
Ich hör Istanbul, mit geschlossenen Augen.

Ich hör Istanbul, mit geschlossenen Augen;
Der kühle kühle Bazar,
Mahmutpascha zwitschernd und zirpend,
Die Höfe von Tauben erfüllt.
Und Hammerstimmen kommen von den Docks,
In dem geliebten Frühlingswind ist Schweißgeruch.
Ich hör Istanbul, mit geschlossenen Augen.

Ich hör Istanbul, mit geschlossenen Augen;
Den Rausch alter Welten noch in sich tragend
Mit dunklen Bootsschuppen ein Haus am Strand,
Im Rauschen mattgewordner Südwinde
Hör ich Istanbul, mit geschlossenen Augen.

Ich hör Istanbul, mit geschlossenen Augen;
Ein hübsches Mädel geht über das Pflaster,
Und Flüche und Sänge und Lieder, Geschwätz,
Aus seiner Hand fällt etwas zu Boden,
Gewiß eine Rose.
Ich hör Istanbul, mit geschlossenen Augen.

Ich hör Istanbul, mit geschlossenen Augen;
Ein Vogel zappelt in seinem Baum;
Ob seine Stirn heiß oder nicht, ich weiß es;
Ob seine Lippen feucht oder nicht, ich weiß es.
Hinter den Pinien hebt sich ein weißer Vollmond,
Merke ich aus dem Schlag seines Herzens –
Ich hör Istanbul.

ORHAN VELI

Dies Universum ist ein Lehrhaus wunderbar

Sitz müßig nicht! Nein, kratze das Papier,
Und schreibst du nicht, spitz eine Feder dir!

PERSISCHER SPRUCH

Die islamischen Literaturen sind reich an einprägsamen, höchst geschliffenen Weisheitssprüchen und lehrhaften Gedichten, denn der Koran weist wiederholt darauf hin, daß der Gläubige Gottes Wirken »in den Horizonten (das heißt, in der Natur) und in sich selbst« erkennen soll, und daß es nichts gibt, in dem der schau-begabte Blick nicht ein Zeichen des weisen Schöpfers sähe. So haben die Poeten immer wieder auf die Vergänglichkeit der Welt und ihrer Freuden hingewiesen, haben aber auch die Tugenden von Fleiß und Genügsamkeit gepredigt und vor allem versucht, die Grundtugend des Muslims, nämlich das absolute Gottvertrauen und die Hingabe an den – oft unverständlichen – Willen Gottes zu besingen. Die Skala der Gefühle in den lehrhaften Versen, die als Epigramme, Einzelverse, oder lange mahnende Gedichte erscheinen, reicht von Skepsis und Weltverachtung bis zu der ständig wiederholten Formel:

Preis Ihm, vor dessen Werk sich der Verstand verwirrt!
Preis Ihm, vor dessen Macht der Weise hilflos wird!

– einer Formel, die den Kehrreim in dem großen Lehrgedicht des türkischen Dichters Ziya Pascha bildet, das mit den Worten beginnt:

Dies Universum ist ein Lehrhaus wunderbar,
Vom Himmelsbuche zeugt drin selbst das kleinste Haar …

und das die dem Verstand unbegreiflichen Wunder und Paradoxe dieser Welt zu schildern sucht.

Nicht gleich lang sind die Zeiten
der Freude und des Grams:
Die Kerze weint die Nacht lang,
der Morgen lacht kurz auf.

GHANI KASCHMIRI

*

Eben war's Zeit für das Weinglas –
jetzt für das Auge voll Weinen.
Sieh, durch das Drehen der Sphären
was uns für Dinge erscheinen!

SAUDA

*

Zur Armut wird am Ende alle Herrschaft –
Der Knospe Krone wird zur Bettlerschale.

AZAD BILGRAMI

*

Manch Herbst und Frühling kommt nach deinem Tod,
Manch Tag und Nacht, manch Früh- und Abendrot.
Verlier dein Herz nicht an die schöne Welt –
Denn sie hilft keinem Freunde in der Not!
Der heut' wie Skorpione jeden sticht –
Im Grabe ihm die Schlange »Schande« droht.
Ein leidend Herz zu trösten, das ist groß –
Was ist's denn, quälst du alle Menschen bloß?
Sieh schlichte Leute nicht verachtend an –
Der Staub verhüllt manch einen Rittersmann!

AUHADI MARAGHI

Ich sah die Welt und ihr Tun allerwegen,
Nur Dorn sind ihre Rosen, Gram ihr Segen.
Häuft sie auf dich auch immer größ're Schätze,
Wird größ're Lasten sie aufs Herz dir legen!

KHUSCHHAL KHAN KHATAK

*

Ich fragte einen welterfahr'nen Alten:
»Was brauch' ich für ein Kapital an Ware
Und Geld, das Nutzen bringt fürs ganze Leben?«
»Bescheidung und Zufriedenheit!« – das riet er.

SALMAN-I SAWADSCHI

*

Such nicht den Kern der Weisheit beim Asketen,
denn tropfengleich
Hat keinen Kopf er, wenn du ihm den Turban
abnehmen willst!

BEDIL

*

Niemals erhält der Edle je Anteil
von seinem Edelmut, sieh –
Unter dem Schatten der eigenen Schwingen
ach, sitzt der Phönix ja nie!

NASIR 'ALI SIRHINDI

Die Welt kannst du dir unterwerfen
mit der Entsagung Schwert:
Der ganze Garten ist dem eigen,
der dort kein Nest begehrt.

KALIM

*

Vom Anfang und vom Ende dieser Welt –
wir wissen nichts:
Denn dieses alten Buches erstes Blatt,
sein letztes fehlt.

KALIM

*

Des Lebens Elend dauert nur zwei Tage –
Wie sie vergehn, ich will es dir jetzt nennen:
Ein Tag, das Herz an dies und das zu binden;
Ein Tag, das Herz von dem und dem zu trennen.

KALIM

*

Lachen, in unseren Tagen,
ist ein gefährlicher Rausch:
Schnüffelt der Sittenvogt – Vorsicht! –
Halte geschlossen den Mund!

KALIM

Es ist nicht gut, wenn sich ein Wunsch vollendet:
Das vollgeschrieb'ne Blatt wird umgewendet.

QUDSI

*

Stört dir der Himmel dein Werk,
rühre dich ja nicht vom Fleck:
Schneidet der Schneider doch auch,
um ihn zu nähen, den Stoff.

GHANI KASCHMIRI

*

Ich schlug der Welt die Schuhe auf den Kopf –
Nicht ohne Grund bin ich jetzt barfuß hier!

AZAD BILGRAMI

*

Ein jeder strebt auf diesem Markt nach andern Dingen;
Ein jeder wird den Turban sich auch anders schlingen!

SA'IB

*

Die Sanduhr ist der Spiegel von Welt und Religion –
Steht eins davon in Blüte, so ist das andre schwach!

NUSRAT

Mit allen Menschen Frieden halten,
ist nicht so schwer –
Doch mit sich selber stets im Krieg sein,
ist es viel mehr!

'ANDALIB

*

Vom Niederen erwarte Treue nicht,
Sah auch sein Herz sein Leben lang nur Licht.
Spatz wird nicht Falk, noch Krähe Papagei,
Gäb Avicenna ihm auch Unterricht!

KHUSCHHAL KHAN KHATAK

*

Hat Herzensbund er zerschnitten,
ist doch der Neid nicht still:
Das Mundaufsperren der Schere
vermehrt sich beim Schneiden ja noch!

BEDIL

*

Besitzt du reinen Moschus, sag es nicht –
Er gibt sich selbst durch seinen Duft ja kund!

DAULATSCHAH

*

Nahe den Großen zu sein,
macht einen Niedren nicht edel,
Wird doch nicht kostbar das Garn,
das durch die Perlen man zieht!

KALIM

Ich habe Kinder, Brüder hier gesehen,
Ich habe Freunde, Liebste auch gesehen –
Als näher ich geschaut, sah keinen Mann ich:
Ich habe Hunde, Wölfe hier gesehen!

KHUSCHHAL KHAN KHATAK

*

Die Schlinge weltlichen Strebens:
aus langem Atem geformt,
So wie die Spinne nur immer
aus Speichel ein Netz sich webt.

BEDIL

*

Gold hütet Scham und Schande dir im Reich,
Gold schafft Gesellschaft unter Menschen gleich.
Sehr schwere Werke werden leicht durch Gold:
Leg' Gold auf Stahl – dann wird der Stahl selbst weich!

KHUSCHHAL KHAN KHATAK

*

Brandmal der Brust wird jener Seufzer,
der nicht zur Lippe kam,
Des Staubes Nahrung jener Tropfen,
der nicht zum Meere ward.

GHALIB

Harzherzig wird, wer kräftig
und mächtig ward:
Steinherzig wird der Tropfen,
der Perle ward.

DARD

*

Tust du mir wohl, so ist es für dich besser;
Tust du es nicht, so ist es für mich besser.
Denn Wohltun bringt die Last der Dankbarkeit –
Der Kluge fühlt ohn' diese Last sich besser!

KHUSCHHAL KHAN KHATAK

*

Hast in den Garten dieser Welt
du deinen Fuß gesetzt,
Dann sitze, wie's die Rose tut,
auch lächelnd nah' dem Dorn!

ATISCH

*

Sagt jemand Böses, hör' es nicht,
Tut jemand Böses, sag' es nicht:
Geht jemand irr, so halt' ihn an,
Und sündigt er, vergib ihm dann!

GHALIB

O trau nicht seiner Farbe: der Himmel ist der alte –
Es ist des Himmels Sitte, daß er sein Wort nicht halte!

Magst sterben in Ruinen, in Seidenkissen weich –
Wenn sie zum Staube gehen, sind Arm' und Reiche gleich.

Vorm Zorn des milden Mannes bewahre dich der Herr;
Denn schlägt ein sanftes Pferd aus, so trifft sein Huf dich schwer.

Gibt eine Uniform wohl dem Niedern Adel hoch?
Trotz goldbroschiertem Sattel bleibt Esel Esel doch!

Im Weinhaus zeigt sich deutlich, wer schlechtes Element –
Rausch ist ein guter Prüfstein, der die Substanzen trennt.

Wo guter Zuspruch fehlgeht, da muß getadelt sein,
Wen Tadel nicht erziehn kann, wird wohl nach Prügel schrein.

Unwissende genießen der Dummen Kumpanei;
Gefährte des Verrückten nur der Verrückte sei.

Am Ehrenplatz stolziert er, der wohl Millionen stahl –
Wer ein paar Heller klaute, den trifft Galeerenqual.

Bei reichen Leuten wurde der Glaube Geld, nichts mehr.
Nur bei den Armen hielt sich das Wort von Pflicht und Ehr'.

ZIYA PASCHA

Die ewige Ruhe liegt im
Versammeln der Zügel des Wunsches:
Wenn Fittich und Flügel sich schließen,
so werden sie endlich zum Nest!

BEDIL

*

Wer die Geheimnisse der Welt erkannt hat,
geht schnell hinweg –
Wer seine Lektion gut lernte,
verläßt die Schule.

KALIM

*

Am Fluß-Ufer lebend,
sterben die Toren vor Durst –
Sie schweigen voll Qual
und ergreifen nicht den Moment.

SCHAH ABDUL KARIM

*

Der Schwan lebt von Perlen,
er taucht sehr tief.
Im seichten Gewässer
bleibt der unedle Vogel.

SCHAH ABDUL KARIM

Der Liebesschmerz wird nicht Leichtfertigen gegeben,
Des Falters Herzensglut wird Fliegen nicht gegeben.
Ein Leben dauert es, bis du den Freund umarmest –
Dies ew'ge Glück wird nicht an jedermann vergeben.

SARMAD

*

Die Welt und ihre Lockung aufzugeben – was zögerst du?
Das Schütteln eines Ärmels, einer Sohle – mehr ist es nicht!

AFRIN

*

Wenn die Frösche tief im Teiche von dem Lotos wüßten,
In der Schlammeshöhle drunten sie nicht sitzen müßten!

QADI QADAN

*

Wohin du kommst – dein Ziel liegt weiter vorne;
Nie kehrt man um, ganz wie im Schach der Bauer.

DARD

*

Kein Spiegel wird zu Eisen in der Welt,
kein Brot wird wieder Weizen auf dem Feld;
Die reife Traube wird nicht wieder grün,
die reife Frucht, sie braucht nicht mehr zu glühn!

RUMI

Niemand nahm mit sich je
 zwei Dinge zu gleicher Zeit:
Sehnsucht nach dem Geliebten,
 Verbindung mit dieser Welt.

SCHAH ABDUL KARIM

*

Ist auch dein täglich Brot ganz fern in China,
Ist des Erwerbes Roß doch schon gesattelt
Und bringt dich eilends hin zu deiner Nahrung,
Wenn es sie dir nicht bringt, wenn du noch schläfst!

SANA'I

*

Öffne dein Aug', aus dem Schlaf des Vergessens wach auf,
Wachet, erwachet, viel schlafende Augen, wacht auf!
Azrail will deine Seele, oh glaub mir's, merk auf!
 Wacht, meine Augen, vom lässigen Schlummer wacht auf!
 Wachet, erwachet, viel schlafende Augen, wacht auf!

Morgens erwachen die Vögelein alle im Haine,
Alles was Zungen hat, lobet den Herrn im Vereine,
Einheit bekennen die Berge, die Bäume, die Steine –
 Wacht, meine Augen, vom lässigen Schlummer wacht auf!
 Wachet, erwachet, viel schlafende Augen, wacht auf!

Öffnen am Morgen die Tore des Himmels sich weit,
Über die Gläubigen wird dann Erbarmen gestreut,
Und wer früh aufsteht, dem nähn sie ein himmlisches Kleid –
 Wacht, meine Augen, vom lässigen Schlummer wacht auf!
 Wachet, erwachet, viel schlafende Augen, wacht auf!

MURADI (SULTAN MURAD III)

Ubi sunt qui ante nos …

Wo sind die langen Reihen der Geschlechter,
Der Städte Herren und der Burgen Wächter,
Die in der Sitzung voller Hochmut saßen,
Die überheblich schritten durch die Straßen?
Sie waren Könige – doch wen macht nicht
Des Zeitlaufs Tücke allzu bald zunicht'?
Wer ist's, da man im Unglückshaus nicht fand,
Daß allzulang verfallen schon sein Pfand?
Und lebten sie im Glück auch manches Jahr,
Wie's ihrer Seele angemessen war,
So sind nach ihrem Tod sie nur Gerüchte –
Verschiedne Wege geht ja die Geschichte;
Und wer der Zeit vertraut, die sich so dreht,
Erlebt den Tag, der schändlich ihn verrät.

ABU'L-'ATAHIYA

*

Wo manches große Schiff und Boot
in Wasserwirbeln stranden,
Erreicht doch selbst ein kleines Boot
den Strand durch Seine Gnade!

QADI QADAN

*

Blitze, Wolken, Winde wild –
fürchte nicht die Wellen!
Findest du den Lotsen recht –
dein Boot wird nicht zerschellen.

QADI QADAN

Gott macht alles Schlechte gut,
Denk nicht, daß Er andres tut,
Des Weisen Blick auf Ihm nur ruht.
Laß uns sehen, was Gott tut:
Was Er macht, das macht Er gut!

Gottes ist das Wort des Lebens,
Gram und Sorgen sind vergebens,
Er zeigt Weisheit seines Webens:
Laß uns sehen, was Gott tut –
Was Er macht, das macht Er gut!

Hoffnungslose dunkle Zeit,
Plötzlich hebt sich Schleier weit,
Hält Er Heilung dir bereit!
Laß uns sehen, was Gott tut:
Was Er macht, das macht Er gut!

Jedes Wort gibt einen Rat,
Schmuck in allem, was ihr saht,
Ein Gewinn in jeder Tat!
Laß uns sehen, was Gott tut:
Was Er macht, das macht Er gut!

IBRAHIM HAKKI ERZERUMLU

*

Schlag mit der eignen Axt die eig'nen Pfade,
Denn Strafe ist's, zu gehn auf Andrer Wegen:
Schafft deine Hand dann selt'ne Meisterwerke,
Wär' es selbst Sünde, würd' es dir zum Segen!

IQBAL

Wissenschaft und Liebe

Wissenschaft:
Kann aller Zahl Geheimnisse durchdringen,
Und Zeit und Schicksal liegt in meinen Schlingen!
Mein Auge ist beschränkt auf diese Seite,
Mir ist es gleich, was sie vom Jenseits bringen,
Und hundert Weisen spielt mein Instrument –
Zum Markt trag' ich, was man Geheimes kennt!

Die Liebe:
Dein Zauber macht das Meer zur Flammenflut,
Die Luft wird Feuer und trägt gift'ge Brut!
Als du mein Freund warst, warst du reines Licht;
Du trenntest dich von mir – dein Licht ward Glut.
Bist in der Gottheit Kammer doch geboren –
Hast dich in Satans Stricke nun verloren!
Komm, mache diesen Staub zum Rosenfeld,
Verjünge wieder diese alte Welt!
Komm, nimm ein Körnchen meines Herzleids ab,
Zum Paradies mach wüstes Himmelszelt!
Wir sind vom Schöpfungstag verbunden – sieh:
Wir sind zwei Stimmen einer Melodie!

IQBAL

*

Nicht jeder, der sich bemüht,
kann eine Gazelle erjagen,
Doch wer die Gazelle erjagt,
der hat sich sicher bemüht!

ARABISCH

Zweifarbige Gedanken

Satiren und Parodien

Was taten wir nicht für das Vaterland!
Manch einer von uns ist gestorben;
Manch einer hat Reden gehalten.

ORHAN VELI

In allen Sprachen sind Satiren geschrieben worden, boshafte Epigramme, Parodien auf ernsthafte Verse und Texte, und die arabisch-persische Welt macht da keine Ausnahme. Ja, die Feinde des Stammes zu verspotten war Teil der Aufgabe des vorislamischen arabischen Dichters, und sein Wort war gefürchtet, da es mit magischer Kraft geladen war. Trotz koranischer Ermahnungen gegen Beleidigungen setzte sich diese Tendenz auch später fort, und es gibt kaum einen Dichter, der sich nicht poetisch an einem Gegner gerächt, eine Familie lächerlich gemacht, die Ehre einer Frau oder eines Mannes angegriffen hätte – oftmals in so grober Form, daß es sich der Übersetzung entzieht oder zumindest nicht gerade als angenehme und »poetische« Lektüre gelten kann. Bestechliche Richter, ungerechte Fürsten, schwatzhafte Weiber, »wunderverkaufende« Sufis, heuchlerische Koranleser – sie alle erscheinen in den Satiren; ja, manche Dichter lebten davon, aus ihren potentiellen Opfern Geld zu erpressen, indem sie ihnen mit einem Vers drohten.

Der Vierzeiler eignete sich besonders für epigrammatische Zuspitzung, und die Form der *qiṭʿa*, eines Ghasels ohne den reimenden ersten Doppelvers, wurde gern für Beschreibungen, Lehrverse und Spottgedichte verwendet. Hin und wieder findet man auch Parodien, wie etwa die »Eß-Gedichte« des Persers Abu Ishaq, der überall nur Eßbares erblickt, oder die paradoxen Verse des Bektaschi-Derwischs Kaygusuz, der die klassische Liebeslyrik mit ihrem stereotypen Vokabular ins Lächerliche zieht. Jahrhundertelang waren Satiren auf magere, elende Pferde ein beliebtes Thema, und nie fehlte es an Dichtern, die sich über die Quacksalber ihrer Zeit spöttisch ausließen.

»Schreibst du Ghaselen?« sprach ein Liebender zu mir.
Ich sprach: »Von Lob und Spott hab ich mich abgewandt!«
»Warum?« sprach er. Ich sprach: »Weil es ein Irrtum war:
Der Zustand ist vorbei und kommt nicht mehr zustand!
Ghasel, Satire, Lob sang ich ja deshalb nur,
Weil Leidenschaft und Gier und Zorn mich noch gebannt:
In Kummer sitzt und Leid die erste Nacht um Nacht,
Wie man den Zuckermund beschreibt, der Locken Band.
In großer Not und Qual ist jene Tag für Tag:
»Wie krieg ich wann von wem zwei Dirham in die Hand?«
Der Zorn getröstet sich so wie ein kranker Hund,
Wenn er den schwachen Punkt, draus er Gewinn schlägt, fand.
Als Gott die Hunde nun, die ewig hungrigen,
Durch seine große Huld aus meinem Haupt gebannt,
Sing' ich Ghasel und Lob und Spottlied, Herr, nur dann,
Wenn – ach! – mein niedres Ich mißhandelt den Verstand.
Zu schwatzen, Anvari, steht nicht den Männern an –
Du tatst es einst – gib acht nun auf den Mannesstand!«

ANVARI

*

O mancher lichte Gedanke, der durch der Dichter Gier
Zum Staub der Rennbahn der Pferde und Esel der Reichen ward!
Wie manche Handschrift am Schreibtisch erregter Begierde, die
Für ewig entehrt mit dem Lobe von Fürst und Minister ward!

BEDIL

Ein geschenkter Gaul …

…Ein dünnes trauriges Kamel, so scheint es,
Dess Höcker von der Schulter ihn gerutscht;
Sein Rücken fleischlos, so wie eine Bahre,
Sein Bauch so wie ein strohgefüllter Sack.
Die Nüsternhaut dem Blasebalg gleich faltig,
Das Hinterteil schwankt schlapp von hier nach dort,
Gleich einem Krebs an einem Wegrand kriechend –
Denn alle Hufe sind gleich Krebsen ihm.
Es stolpert gleich, wenn es die Sporen spürt,
Und setzt sich hin, wenn man am Zügel zieht.
Nicht folgt's wie andre Rosse Zaum und Zügel,
Wie Esel braucht Packsattel es und Strick.
Ich ging zu ihm, mit Zügel, Zaum, Kandare –
Es sprach: »O dummer, ehrfurchtsloser Alter!
Bin älter doch als du – erweis ' mir Ehre!
Nur Ehrfurchtsmangel läßt enttäuscht dich sein!
Schämst du dich nicht, bei mir so aufzusitzen,
Mit mir zu traben und zu galoppieren?
Ich war zuerst das Roß des Tahmurasp:
Er ritt es, als die Stadt von Merw er baute;
Ich war mit Noah auch in seiner Arche,
Als jene Sintflut alle Welt verwüstet.
Ich weiß noch gut, wie Faridun den Iradsch
Zum Herrscher machte, ihm die Weltmacht gab.
Ich sah, wie Salm das Reich von Rūm beherrschte,
Sah Tur auf Turans Thron als König auch.
Auch Alexanders Handpferd war ich (– sprach es –),
Auch Packpferd Nuschirwans war ich (– so sagt's –),
Und bei den Arabern Yahmum entsprechend,
Da mich Nuᶜman aus allen Rossen wählte!
Auch Pharao (– so sprach's –) kürt' mich als Reitpferd,
Und Haman, sein Wezir, hielt mich im Marstall.

Ich weiß noch gut, als Joseph einst regierte,
Wie Jakob kam von Kanaan nach Ägypten ...
(folgt eine weitere lange Liste von früheren Helden).
Und da der Sultan Ehre mir erwiesen,
Im Marstall hielt er siebzig Jahre mich.
Er gab mich dir – wenn ich dir nicht gefalle,
Erbitt ein andres Pferd aus seinem Stalle!«

ABU'L-MAHAMID MAHMUD AL-GAUHARI

*

Und noch ein geschenkter Gaul

O Meister, solch ein Pferd hast du Kalim gegeben:
So schwach, daß niemals es dem Wind entgegenläuft!
Vor Schweiß gleicht ständig es dem Schiff im tiefen Wasser,
Die Adern stehn auf ihm so wie ein Linienblatt.
Aus Trägheit hat das Tier vorm Wege solche Angst,
Als scheut' vor Schlangen sich, den einst die Schlange biß.
Ja, hätte Plato nicht einstmals mein Pferd erblickt,
Wie sagte er so kühn: »Die Welt ist ewig-alt!«?
Hebt es den Kopf vom Zaum, sitzt's auf dem Hintern schon,
Wie ein Verwundeter auf einem Zahnrad sitzt.
Sein Hals: so schmal wie nur die Jenseitsbrücke sonst,
Die Mähne zitternd wie am Jüngsten Tag das Volk!

KALIM

*

Der indischen Eule Geprahle
ist wirklich sehenswert,
Wenn sie der Brite zum Falken,
»Jagdfalke h. c.« erklärt!

AKBAR ALLAHABADI

Das Haus des Gesetzes liegt in Ruinen – die Frommen
Bauen ja nur ihrer Turbane Kuppel hoch auf!

TALIB-I AMULI

*

Der Scheich zieht sein Gebet so lange hin:
Zu Gärten, Pferden, Frauen schweift sein Sinn,
Zu bunten Teppichen und Seidenkleidern,
Und Gold- und Silberschätze sieht er drin!

KHUSCHHAL KHAN KHATAK

*

Auf einen Sultan

Hufeisen aus der Waisen Gold
gibt er dem Pferd,
Und aus der Witwe Garn macht er
Prunkzügel sich.
Doch brennt ein Mal das Eisen ihm
tief in sein Herz,
Der Faden wird um seinen Hals
zum Galgenstrick!

BABA SAUDA'I

*

Ein Jünger, halbverhungert, sprach zum Meister:
»Gott weiß von uns nichts, was du auch magst sagen!
Er ist uns »näher als die Halsschlagader«, *(Sura 50/16)*
Doch ist Er näher nicht als unser Magen!«

IQBAL

Gegen diejenigen Sufis, die versuchen, durch ihre lärmenden Sitzungen Anhänger anzulocken

Der Scheich schreit voll Getös' und Ungebärde
Am Morgen laut, und *Hay! Hay!* ruft er nachts.
Früh rezitiert er Litaneien-Gruppen
Und hält sich selbst für einen von Gott's Truppen.
Den Kopf voll Stolz, der Herz voll Eigenliebe,
Den Rücken zum Mihrab, zum Volk das Antlitz!
Und rings um ihn gibt's eine Eselsherde,
Die in der Stadt ein groß' Geschrei anheben:
»Was für ein Scheich! – Mit tränendem Gedenken
Kann er den Schmutz des Leichtsinns von euch waschen!«
Dann plötzlich rennt ein Männchen durch das Tor
Und flüstert ihm geheimnisvoll ins Ohr:
»Der Meister X, Fürst Ypsilon kam an
Als ein Verehrer für den Gottesmann!«
Der Scheich und die Gefährten außer sich:
Vom Wein des Stolzes wurden sie berauscht.
So stark hob sich der Laut des Gottgedenkens –
Den Leuten wurde es schon bald zu drückend!
Von dem Geschrei, das Dächer spalten könnte,
Ward's ihnen trocken drin vom Mund zum Nabel:
Dem einen stand der Schaum schon vor dem Munde,
Mit eig'ner Hand schlägt er sich ins Gesicht;
Der andere riß Saum sich auf und Taschen
Und stieß gar jämmerliche Klagen aus;
Ein anderer, mit künstlichem Gejammer,
Begann dann auch mit lügenhaftem Weinen,
Und jeder sagte, der dies Weinen sah:
»Ganz ohne Zweifel ist das Schwindel ja!«
So hatten ein paar Kalte sich erwärmt;
Ganz ohne Scham vor Gott und den Geschöpfen!
Als dann der Scheich mit dem »Gedenken« fertig,

Begann er, Rede und Gespräch zu führen:
Von »Eingebung«, von »Inspiration«,
Vom Unterschied von »Zustand« und von »Standort«,
Mysterien von Gottes Einheit deutend –
Doch alles war gemischt mit Nachgeplapper!
Von der »Verwirklichung« spricht er, doch macht ihn
Verwerflich diese Nachahmung, die leere!

Beispiel:
Ein Mandelkuchenbäcker, der aus Ärger
Die Mandelküchlein mal mit Knoblauch füllte:
Dann ruft des Kuchens äußre Form: »O wehe! –
Was habe *ich* mit Knoblauchdunst zu schaffen?«
Doch mit Geruch und Schmack erklärt die Füllung:
»Seht hier, das ist des Kuchens wahre Füllung!«

Als nun der Scheich zum Schluß der Weisheitsworte
Gekommen war, da ruhte er vom Sprechen.
Er gab den Musikern alsdann ein Zeichen,
Daß sie die Melodien zum Reigen spielten.
Nun rührt' im Winkel sich ein schlechter Sänger,
Ein Töne-Macher, Melodien-Zwänger,
Ein Töne-Macher, in der Hand die Trommel –
Gerät ihm bald die Weise aus der Tonart,
Und so viel Schleim steckt ihm in seiner Kehle,
Daß statt des Texts er Husten produziert.
Ihn schmerzt der Hals von seiner Stimme Kratzen,
So sägt er dem Genuß die Kehle durch!
Als nun des Sängers Lied erscholl, geriet er
»Als Sufi in Verzückung« und sprang auf.
Die andern alle folgten seinem Beispiel
Und tranken Wein vom Glas der Übereinkunft.
Der eine dreht sich rechts, und links der andre,
Und ringsherum im Kreise Alt' und Junge;
Doch keiner nahm es mit dem Herzen an,
Wohl stampfend, doch im rechten Sinne nicht!

Sie alle tanzend zu der Flöte Klang,
Doch zum Verderben führte sie der Gang! ...

Als dann zur Zeit, da sie es passend fanden,
Die Sufis sich von ihrem Reigen setzten,
Da brachten Koch und Küchendiener ihnen
Gewalt'ge Mengen Speise her und Essen.
Der ganze Tisch voll von verbot'ner Speise,
Und alles drauf war unerlaubtes Gut.
Das Brot vom Korn, das von des Dorfes Armen
Der Polizeichef mit Gewalt gestohlen;
Das Fleisch von jenem Steppenschaf, das kürzlich
Ein Türke bei dem Raubzug mitgenommen!
Was ich hier offenkundig aufgeschrieben –
Noch hundert andre Dinge gab's beim Mahle!
Der Preis des Halva und der Milchreis-Speise
Beschmutzt von solchen, deren Saum befleckt ist;
Die Frucht vom Garten einer armen Witwe –
Von dort war sie gewaltsam abgerissen!
Der Scheich und seine Freunde voll Begierde,
Sie streckten nun die Hand zum Tafeltuche,
Und derart gierig waren sie, daß alle
Vergaßen selbst das Wort »Im Namen Gottes!«
Den einen überkam solch ein Gelüste –
Er fraß viel mehr als die Gefährten alle;
Er kaute seine Bissen rasch und wenig
Und überließ der Zähne Werk dem Magen.
Der andre guckte heimlich zu dem Nachbar
Und zählte seine Bissen, seine Löffel,
Und wenn er sich beim Löffelzählen irrte,
Sagt' er ihm tausend unverschämte Worte:
»Das, was du tust, ist nicht gemäß der Sitte –
Bereue schnell, daß du zuwiderhandelst!«
Er zeigt damit nur seinen Geiz, sein Sparen

Und macht »die Sitte« zum bequemen Vorwand.
Der andre legt aus schierer Heuchelei
In Saum und Ärmel Bissen sich um Bissen:
«Als Segensgabe von der Armen Tische
Bring ich dies heim und gebe es den Meinen,
Denn diese Bissen tragen reichen Segen;
Wer davon ißt, wird ew'ges Heil erreichen!«
Das tut er zwar aus seinem niedren Triebe,
Jedoch verbrämt er's frömmelnd vor den Gästen. –
Als sie den Bauch mit Brot und Speis beladen,
Da hoben sie das Tischtuch auf vom Boden.
Der Scheich sprach für das geist'ge Wohlergehen
Der Auserlesenen die *Fatiha.*
Jedoch durch seine Heuchelei und Selbstsucht
Steigt sein Gebet nicht höher als sein Schnurrbart,
Und da durch ihre dreckig-niedre Seele
Ihr Atem keinen Weg nach oben findet,
Wird es zum Fluche, stinkend, der hernieder
Sinkt und den Bart und Schnurrbart nur befleckt.
Als nun das Wort »Wenn ihr gespeiset« kam *(Sura 35/53),*
Da taten sie gemäß »Geht auseinander!« *(Sura 35/53)*
Sie alle mit dem Magen wohlgefüllt
Und alle mit Gedanken ganz verstreut,
Den Bauch wie eine Trommel vorgetragen,
So wendeten sie sich zum Schlafplatz hin.
Kein Funke von dem Licht des Gottgedenkens,
Und keine Spur von dem verzückten Reigen!
Des Gottgedenkens Frucht: nur Kopf- und Halsweh;
Des Reigens Resultat: nur Rückenschmerzen.
Ihr Essen hatte auch nur ein Ergebnis:
Es brachte ihnen nichts als Schlaf und Gähnen,
Und ihr Gespräch, in schöner Übereinkunft,
Bestand aus tausend Heuchelein und Lügen.

DSCHAMI

O Qadi, der über die Waisen gesetzt –
Du trinkest ihr Blut! Bist du eine Laus?
Du sagst: »Des Gesetzes Sonne bin ich!«
Die Sonne bist du, die die Waisen dörrt aus!

MANSUR QARABUQA

*

Nie sah dies Doktorchen sein Leben lang ('s ist wahr!)
'nen Kranken, der nicht bald des Todes Opfer war.
Doch gestern kam zu ihm der Todesengel: »Na,
Nun kauf' mal einen Tag, was du verkauft manch Jahr!«

'UBAIDI ZAKANI

*

Mit dir verglichen ist es schön, zu seh'n ein Schwein;
Ein Affe – neben dir – wird leicht ein Herzlieb sein!
Doch dein Charakter ist noch schlimmer als dein Antlitz –
Damit verglichen ist dein Antlitz hübsch und rein!

HAMGAR

*

Uns hat der Mufti Efendi Heide genannt –
Nehmen wir an, ich nennte ihn nun »Musulman« –
Gehen wir morgen zum Jüngsten Tag, zum Gericht,
Fürchte ich, beide erscheinen als Lügner wir dann!

NEF'I

Der Herr nehme zu an Geld (würd' ich sagen),
Beschäftigt ist er allein mit dem Magen.
Gastgeber war er im Kloster, jedoch
Er brachte das Brot: für Geld muß man's nagen.
Er hob seinen Kopf – ganz unverschämt war's;
Er leerte sein Herz von gutem Betragen.
Er ist sehr begierig nach allem Verbot'nen;
Ist freigebig mit seiner Frau, ohne Fragen!
Er gab Lektionen, jedoch nur in Geiz;
Dann schloß er den Mund aus Großmut mit Klagen.
Viel Reichtum sei sein, verstreut auf dem Weg!
Sein Glück nehme ab und auch sein Behagen!
Er lebe für ewig, jedoch in der Hölle!
Er lebe noch lange mit Krankheit und Plagen!

AMID LOIKI

*

Denk ich des Jüngsten Gerichts,
schmerzt mich dies eine nur:
Daß ich der Menschen Gesicht
noch einmal sehen muß!

SA'IB

*

Die Ohren sind mir ganz gefüllt
vom steten Rat des Predigers –
Ist Gottesdienst nur meine Pflicht?
Sind denn die Engel alle tot?

DAGH

Hört gütig euch jetzt die Geschichte an –
(Vorausgesetzt, daß ihr's nicht übel nehmt!):
Zum Hof von Melikschah kam eines Tags
Ein Beduine – Pilger ohne Wegzehr.
Er bat: »Ich möcht' auf Pilgerfahrt nun gehen,
Und gibt der Fürst mir hundert Gulden wohl,
Werd' ehrlich für sein Gut und Glück ich flehen,
Wenn meine Hand den Griff der Kaaba faßt!«
Der Sultan sagte zum Finanzminister:
»Gib ihm zweimal so viel wie er verlangt!«
Er ging und bracht' das Gold aus den Tresoren.
Der König sagte freundlich: »Hier, mein Herr!
Bewahre die zweihundert guten Gulden:
Davon sind hundert für dein Reisegeld.
Die andern hundert sind Bestechungsgeld,
Damit du *nicht* für mich zum Herren betest,
Wenn du zur Kaaba kommst – denn solch ein Mittler
Verdürbe meinen Ruf und schadete!«

ANVARI

*

Mansur sprach: »Ich bin Gott!« Es sann
»Ich bin ein Affe!« Darwin dann.
Und lachend sprach ein Freund zu mir:
»Ein jeder denkt, so gut er kann!«

AKBAR ALLAHABADI

Heut kam ein feines Herrchen her:
»Pelzmützger Derwisch, du!« sprach er.
»Wenn ich dich einmal küßt?« sprach ich.
»Hü, Esel lauf!« – nicht lind sprach er.

Ich sprach: »Ich lieb dich, nimm's nicht krumm!
Laß mich nicht stehn so dumm und stumm!«
Er sagte: »Was? Ich kenn dich nicht!
Koch oder brenn nur blind!« sprach er.

Ich sagte: »Lieben tu ich dich,
Du und mein Herz sind gleich für mich!«
Er sprach: »Guck dir den Derwisch an –
Der träumt ja wohl, der spinnt!« – sprach er.

»Ich liebe deinen Honigmund,
Das pfirsichgleiche Antlitz rund ...«
Er sprach: »Derwisch, der Weg ist dort! –
Heb fort dich wie der Wind!« sprach er.

Er sprach: »Sieh diesen Frechling an,
Der nicht mal richtig reden kann!«
Ich sprach: » Ich will dein Sklave sein!«
Erfreut: »Dann lauf geschwind!« sprach er.

Ich sagte: »Bitte, einen Schmatz!
Dein Antlitz ist mein Andachtsplatz!«
Er sagte: »Bettelmann bist du! –
Hier Brei und Suppe sind!« sprach er.

Ich sprach: »Bin Kaygusuz Abdal,
Dein kleinster Diener allzumal!«
Er sagte: »Derwisch, heb dich fort,
Geh, wo man dich nicht findt!« sprach er.

KAYGUSUZ ABDAL

Es gleichet die Narzisse des Liebchens Augen hold;
Gleicht – sagt man – Silberschalen, die ganz gefüllt mit Gold.
Jedoch in meinen Augen ist's Gold und Silber nicht:
Sechs Weißbrot-Scheiben sind es um ein Safran-Gericht!

ABU ISHAQ

*

Grabschrift

Er litt von nichts auf dieser Welt
So wie von Hühneraugen;
Selbst davon, daß er häßlich war
War er nicht so beeindruckt.
Zu Zeiten, wo sein Schuh nicht drückte,
Schien er Gottes Namen nicht mal zu kennen.
Doch war er auch nicht grade sündig zu nennen. –

Schade um Süleyman Efendi!

ORHAN VELI

*

Du, der den Weg zur Kaaba zieht hinaus:
Ich spende neidisch deinem Wunsch Applaus,
Erkenn' ich doch an deinem frohen Gang:
Du läßt gewiß ein zänkisch Weib zu Haus!

GHALIB

*

Sie haben, ach, zweifarbige Gedanken:
Koran zur Hand – doch glauben sie wie Franken.
Und wie die Schachfiguren – immerwährend
Bedenken sie, sich um ihr Haupt zu zanken.

SARMAD

Von guten Freunden hörte ich es sagen,
Wie ein Besoffener sich schlecht betragen.
Mit dummem Stolz, berauscht vom nächt'gen Wein
Verlangt' er König Mahmuds Töchterlein.
Der König, klug, macht sich nicht viele Sorgen:
»Eilt euch! Die Hochzeit sei am nächsten Morgen!«
Am Morgen rief er ihn zur hohen Pforte,
Zu sehen das Ergebnis jener Worte.
Als er erbleichte, nahm der Fürst das Wort:
»Der, der die Tochter wollte, ist jetzt fort:
Es war der Wein im Kopfe dieses Irren –
Wer wünschte sonst dies? Es war nur Verwirren!
Kein Mann wär' wohl so kühn wie dieser Wein –
Ein Nüchterner wird nie so mutig sein!
Doch Gott beschützt die Trunk'nen, deren Augen
Und Zungen ihnen nur als Feinde taugen.
Denn trägst du einen Kürbis voller Wein,
So meinst du höher als der Mond zu sein!«

SANDSCHAR KASCHANI

*

Ich war dabei und konnt' den Mund nicht halten,
Als Gott befahl: »Ins Paradies der Molla!«
Bescheiden legt' ich dar: »Vergib, o Gott, mir –
Nicht werden Huris ihm und Wein gefallen …
Der Himmel ist kein Platz für Zänkereien,
Doch Streit, Disput, sie sind ihm eingeboren,
Der Völker, Sekten gegenander aufhetzt …
Dort oben gibt's ja Tempel nicht, noch Kirchen!«

IQBAL

Weltschmerz und Klage

Erwählte mich ein Maler zum Modell –
Wie würde er die Form des Seufzers zeichnen?

ZEB UN-NISA

Ist die Klage wirklich ein typischer Ausdruck islamischer Dichtung? Im Grunde wohl nicht, obgleich die frühen arabischen Asketen sich der Vergänglichkeit der Welt sehr bewußt waren und immer wieder mahnten, sich nicht auf die treulose Vettel »Welt« zu verlassen, die ihre Kinder auffrißt ... Sie mochten auch über das Schicksal, die »Zeit«, das unbarmherzige Drehen der Sphären klagen und bedauern, daß alles, was entsteht, wieder zerschlagen wird – eine skeptische Haltung, die dann wiederum zum *carpe diem*, zum Genuß eines sinnlos erscheinenden Lebens führen kann, wie sie uns etwa in den Vierzeilern Omars des Zeltmachers entgegentritt und die dem Ideal des *tawakkul*, des Gottvertrauens, widerspricht.

Doch wenn die Klage über das rasch verrinnende, manchmal sinnlos scheinende Leben nur einen Teilaspekt der klassischen Dichtung bildet, wird die negative Haltung zur Welt im Laufe der Zeit stärker: die politische Lage vor allem im Indien des späten 17. und des 18. Jahrhunderts gab den Menschen wenig Grund zur Hoffnung, und hier sind die herzzerreißendsten Klagen entstanden, in denen fast ununterbrochen vom »Zerbrechen« die Rede ist. »Zerbrechen« kann zwar nach sufischer Anschauung dazu führen, den unter Ruinen verborgenen Schatz zu entdecken, aber die Dichter der Spätzeit scheinen selten bis zu diesem Schatz vorzudringen und bleiben oft in der Negation (was ihnen die Reformdichter des späten 19. und frühen 20. Jahrhunderts vorwarfen). Dazu kommt eine zunehmende Freude an grausamen Bildern, die fast masochistisch zu nennen ist: Blut, Rosen, Wein und blutige Tränen werden – in einer Orgie des Rot – unlösbar miteinander verknüpft; »Grabtuch«, »Blase am Fuß«, flüchtige Wasserspiegelungen dienen alle dazu, die Unbeständigkeit des menschlichen Lebens zu betonen; doch nur in seltenen Fällen findet der Dichter einen Ausdruck, der auch den heutigen Leser unmittelbar ins Herz trifft.

Ich bin durch die Welt gezogen – O Kummer! In keiner Stadt
Fand ich, daß man das Glück dort am Markt verkaufet hat!

'URFI

*

Der Welten Gram ist überreich –
ich hab' nur eine Herzensknospe:
Wie könnte ich in die Sanduhr ich
den ganzen Sand der Wüste füllen?

AURANGZEB

*

Andern seine Qual zu geben, ist nicht freundlich; sonst
Sagte ich: »O Gott, mein Leben – gib es meinem Feind!«

GHALIB

*

Ein fremder Phönix ist die Freude
in uns'rer Zeit.
Den Menschen stehen Schmerz und Plagen,
sonst nichts, bereit.
So viel ich auch auf dieser Erde
gewandelt bin –
Da kam ein kummervoller Mensch her,
ein Mensch voll Leid.
Ein jeder ist nach eignem Maß gefangen
in Plagen hier,
Und keinem ward der Freibrief je gegeben
der Fröhlichkeit.

ABU'L-FARADSCH AS-SIDSCHZI

Die trockne Lippe der vor Durst Gestorb'nen,
Der Wallfahrtsort der Herzgekränkten bin ich;
Ganz Hoffnungslosigkeit und ganz Verdächte –
Das Herz der von der Treu' Getäuschten bin ich.

GHALIB

*

Allein im Winkel unsres eignen Kummerhauses sind wir;
Der Gram-Schatz in Ruinen unsres eignen Herzens sind wir.
Vom Glas und Kruge andrer nicht befeuchtet ist uns der Mund,
Doch ewig trunken von dem Schluck des eignen Bechers sind wir.
Den eigenen Verstand zu ordnen saßen wir hier mit Gram;
Wir sind vertraut mit unserm Feinde; doch uns selbst fremd sind wir.
Wir öffneten die Tür, es möge kommen der Freund und der Feind –
Das Schloß, das nicht zu öffnen ist, im eignen Hause sind wir.
Mit dem Geschwätz von andern haben wir versüßt nicht den Mund –
Mit Gift gewasch'ne Lippe unsrer eignen Sage sind wir.
Manchmal berückt von Reue und vom Heucheln manchmal zerstört,
Das Spielzeug unsrer eignen kindischen Natur, ach, sind wir.
Die Eifersucht läßt uns den Schleier heben nie vom Gesicht,
Daß alle sehen könnten: unsre eigne Liebste sind wir.
O Urfi, geh, bereite keinen Zauber – du weißt ja doch:
Der leicht gefangne Vogel unsrer eignen Schlinge sind wir!

'URFI

*

Dem gleicht mein Streben: ein gefang'ner Vogel,
Der Stroh im Käfig trägt, sein Nest zu bauen!

GHALIB

Ein Haus baut sich die schwache Spinne, drinnen
Sie wohnen kann – ich hab' kein Heim gleich ihr!
Der Käfer findet Schutz in seiner Sippe –
Ich finde niemals Schutz und Liebe hier!

AL-AHNAF AL-'UKBARI

*

Dem, der ein anvertrautes Kleid getragen,
    Glich ich, seit ich in diese Welt geboren.
Nun kam sein Herr und nahm's mir aus den Händen –
    Ward wie ein Schaf, am dürren Ort verloren.

Der Freund, er ging vorbei, kehrt' mir den Rücken.
Grub Gräben ich – kein Wasser zu erblicken;
Bewacht' manch Nest, doch schlüpften keine Küken –
    Ward, leeres Nest bewachend, gleich dem Toren.

Vergänglich ist ja dieser Welten Ort.
Der Zeiten Lauf, wer treibt ihn fort und fort?
Es ließ mich frösteln meines Freundes Wort –
    Ich ward wie einer, hoch am Berg erfroren.

PIR SULTAN ABDAL

*

Innere Gluten haben mein Herz   ganz verbrannt,
Einem verborgenen Feuer gleich   ganz verbrannt.
Keine Erinnerung an den Freund,   kein Begehr –
Feuer fiel in des Herzens Haus...   ausgebrannt.
Jenseits bin ich vom Nichtsein, sonst   hätte schon
Mein glühend' Ach des Phönix Flaum   oft verbrannt.
Siehe, meines Gedankens Glut   reicht so weit:
Wüsten hat meiner Einsamkeit Traum   schon verbrannt!

GHALIB

Ob ich eine feuchte Wimper,
abgeschnitt'ner Rebstock bin –
Stets bin ich ein solches Etwas,
daß ich Ziel des Unglücks bin.
Jeden Abend gleich dem Abend
bin ich finsteren Gesichts,
Jeden Morgen gleich dem Morgen
aufgeriss'nen Hemds ich bin.
Wohl hat sich der Duft der Rose
meinem Wesen ganz vermählt –
Ach, daß die verwehte Welle
auch des Morgenwinds ich bin!

DARD

*

Bereits im Nichtsein betrachtet
die Knospe das Ende der Rosen:
Den Kopf auf dem Knie der Betrachtung –
und dann ein einziges Lächeln.
Mein inneres Brausen verkennen
die Freunde; sonst wüßten sie's besser:
Das Herz ein Meer voller Tränen –
der Mund nur getaucht in ein Lächeln.

GHALIB

*

Das Etwas, das nie Nutzen bringt. sind wir:
Die Palme, die nie Früchte bringt, sind wir.
Wir rechneten und wägten alles ab –
Staubkorn, das nicht berechnet wird, sind wir.

SARMAD

Nebel

Die Welt ist von Nebel erfüllt
Verderblichem Nebel
In einer Handschrift las ich
Eine alte Geschichte:

Einst hatten die Kupferschmiede
Einen großen Kessel gebaut
Zur Nacht sind die Kupferschmiede nach Hause gegangen
Der Kessel blieb in der Werkstatt
Am Morgen da wollten sie kochen
Am Morgen da wollten sie kommen
Die Kupferschmiede gingen
Der Kessel blieb in der Werkstatt.

Der Kessel wartet
Die Nacht verstreicht
Ein Zauberer kommt, geht hinein
Stiehlt heimlich den Kessel von drinnen
Auf einem verlassenen Gipfel
Entzündet der Zauberer Feuer
        Brennt es nicht widerwillig?
Ach brenne nicht du mein Feuer
Ach koche nicht du mein Kessel
Drin Zauberwasser ist
        Kocht er nicht widerwillig?

Der Teufel kommt und fragt:
In jenen Kessel, den du braust
Gabst Hunger du und Tod hinein?
Ich tat's.
Warfst Aufstand du und Not hinein?
Ich tat's.

Der Kessel kocht
Ein schwarzer schwarzer Nebel
Steigt daraus auf
Der Nebel zieht in die Berge.

Ihr Berge drüben: daß geschwind
Der Nebel sich zu euch doch schwingt!
Rein sind die Berge, wie ein Kind
Wie wüßten sie, was Böses ist?
Der von den Bergen weht, der Wind
Wie er den Nebel näher bringt
Der Wind ist rein, rein wie ein Kind
Wie wüßte er, was Böses ist?

Langsam über die Berge
Schreitet der Nebel
In die Städte, die Dörfer
Gleitet der Nebel
In die Zimmer, die Häuser
Breitet sich Nebel
Sehende Augen werden vorm Nebel blind
Kreisend und kreisend der Nebel rinnt
Bis in die Herzen der Menschen
Kein Auge sieht das andre Auge mehr

Wie man den Nebel zerstreue
Schreibt das Buch nicht

BEHCET NECATIGIL

Gleich einer Kerze im Winde
verging das Leben für mich –
Nur Weinen, Brennen und Schmelzen,
Verflackern nur ohne dich …

MIR

*

Ein schmerzerfülltes Herz: mein einzig Gut.
Mein Schicksal: unerfüllten Klagens Glut.
Im Staube meines Grabs sind Tulpen besser,
Die schweigen, doch ihr Sang ist voller Blut.

IQBAL

*

Ich und die Kerze, die Nachtigall und der Falter,
wir alle sind gleich:
Gingen gemeinsam zum Friedhof und sind dort zusammen
zur Nacht ganz verbrannt.
Ja, wir verbrannten, und unser Verbrennen im Dunkel
war keinem bekannt,
Gleich einem Feuerwerk, nutzlos im Scheine des Vollmonds,
so sind wir verbrannt.

ZEB UN-NISA

Vom Tore des Freundes – was sag' ich,
wie ich von dort gegangen?
Mit wieviel Sehnsucht gekommen
und wie verbittert gegangen!
Wie schlug ich den Kopf an die Mauer
in dieser Gasse eng. .!
Verzückt war im Rausch ich gekommen,
verstörten Schweigens gegangen.
Gib Glaube, Herz und Verstand mir,
die Zunge mir doch zurück,
Damit ich sage: »Mit *etwas*
bin ich vom Freunde gegangen!«
Ein Lied auf geöffneter Lippe
der Hoffnung, so kam ich … Verzagt,
Die Zähne zusammengebissen
im Herzen – so bin ich gegangen.
Am Morgen kam ich, wie Sprosser
am Lenzfest zum Rosenhag …
Am Abend: wie Trauerchöre
vom Märtyrerstaube gegangen …
Voll Mißgeschick bin ich ein Joseph,
der nicht nach Ägypten kam:
Noch kaum aus der Grube gerettet,
bin ich in den Kerker gegangen!
Die Winternacht meines Lebens,
sie spricht zur Dämmerung: »Weh,
In nutzlos plattem Gerede
bin ich zu Ende gegangen!«
Ich bin eine welke Knospe –
ich bin im herbstlichen Wind –
Auf den Lippen das Lächeln verknotet,
das Haupt verborgen – gegangen …

'URFI

Mein Torheit-ergriffenes Herz
wird nicht ohne Schmerz mehr geöffnet:
Denn für ein verrostetes Schloß
ist nur das Zerbrechen der Schlüssel.

NASIR 'ALI SIRHINDI

*

Hoffnungslosigkeit ist Webstuhl dieses Lebens –
Seufzerfäden weben das Gewand des Morgens!

BEDIL

*

Ich fand den Sinn von »Hoffnung« in keinem Manuskript,
Obwohl ich das Register der Wunsches-Briefe schrieb.
Vergangenes und Künft'ges, nur Sehnsucht, und nur Wunsch –
Ein »Wär' es doch« – das ist es, was hundertfach ich schrieb!

GHALIB

*

Auf diesem Acker, was sehen, Bedil, die Augen am Ende?
Hoffnung das Korn – Mühlensteine sind die gerungenen Hände!

BEDIL

*

Liedes Blüte bin ich nicht, kein Sang –
Bin des eigenen Zerbrechens Klang!

GHALIB

Die Amme singt an der Wiege des Kindes »Liebe«

Schlafe, schlafe, Holdes – heute Nacht
Deinem Ruf »O Gott« kein Echo wacht.
Ist das Ziel auch noch nicht kundgemacht,
Doch es weist sich deines Sternes Macht:
        Einst wirst du verbrannt am Spieß der Pein.

Schlaf, du Knospe, diese kurze Zeit,
Böses hält der Himmel dir bereit,
Unbarmherzig und voll Grausamkeit –
Wähne nicht, daß er dir Huld verleiht:
        Ganz zerstört seh ich das Leben dein.

O Narziß der Liebe, schlummre du.
Flehend faß des Schicksals Saum im Nu,
Seelenauge angstvoll auf nun tu;
Hüte dich, gehst du dem Ende zu:
        Für den Aufruhr wirst du Spielzeug klein.

Schlafe sanft in reiner Wiege Hut,
Wen'ge Nächte nur so still sich's ruht!
Was das Ende ist, bedenk es gut:
Einstmals gibt man statt der Milch dir Blut,
        Leerst den Kelch mit bittern Tadels Wein.

Schlaf, Jasminbrust, in der Wiege sacht,
Auf des Himmels andern Lauf gib Acht,
Wechselkreis hat jeder Stern vollbracht –
Sieh, was gar so bald mit dir man macht:
        Wirst im Fluß des Grams der Mühlenstein!

Halt das Wachen fern vom Auge dein:
Gibt es Hilfe, dann im Schlaf allein.
Henker Schicksal flößet Gift dir ein –
Klagen, Weinen wird dein Werk dann sein –
Wirst beim Mahl des Schmerzes Laute sein!

GHALIB DEDE

*

Dort, wo im Hag die Nachtigallen einstmals
ihr Nest gebaut,
Dort nisten jetzt – o tausendfaches Wehe! –
die Winter-Krähen!

BAHADUR SCHAH ZAFAR

*

Was Herbst? Und das, was Rosenzeit sie nennen?
Sie kamen, gingen –
Wir hier, der Käfig hier, und Totenklage
für uns're Schwingen ...

GHALIB

*

Ich hab' den Mund vom Sprechen so geschlossen:
Er ward – meint man – zu einer Wunde Narbe.

TALIB-I AMULI

Nicht bin ich jemandes Augenlicht,
nicht jemandes Herzensruh,
Ich bin, die andern nie Nutzen bringt,
die Handvoll Staubes nur.

Ich habe nicht Form noch Farbe mehr,
entrissen mir der Freund,
Die Frühlingszeit eines Hags bin ich
vom Herbst zerstöret, nur.

Ich bin für dich kein Geliebter mehr,
und bin ein Rivale nicht,
Vernichtetes Lebensglück bin ich,
verödete Landschaft nur.

Ich bin kein herzerquickender Sang,
dem du voll Freude lauschst,
Nur eines zutiefst Gequälten Laut,
der Leidenden Seufzer nur.

Wer spricht für mich noch ein Bittgebet;
wer brächt' ein paar Blumen mir?
Wer zündete eine Kerze für mich?
Der Ohnmacht Grab bin ich nur.

BAHADUR SCHAH ZAFAR

Verzweiflung

Zerrissen die Saiten der Herzensleier,
Im Staub liegt das Schloß meiner Ruhe nun,
Zu Ende die Sagen von Denken und Tun.
Zerbrochen die Gläser der Lebens-Feier,
vertropft ist der himmlischen Bronnen Rausch.

Die Plage des Weinens und Schrei'ns ohne Nutzen,
Die Klage des Unerfülltseins ohne Nutzen,
Der Regen der Gnade kommt nicht mehr geflossen,
Das Tor der Erhörung seit langem verschlossen,
der gnädige Gott braucht Gebete nicht mehr.

Verloschen der lieblichen Wünsche Kerzen,
Erinnerung bleibt als der Einsamkeit Schmerzen.

Laß doch dein vergebliches Warten dauern,
der du das Geheimnis der Liebe noch hegst,
der du alle Lasten des Grames noch trägst,
laß doch jenes nutzlose Graben dauern ...

FAIZ

*

Wie würde nicht das Herz des ew'gen Kreisens satt?
Ein Mensch bin ich – ein Glas, ein Becher bin ich nicht!
O Herr, warum wischt mich die Zeit aus? Ich bin doch
Ein wiederholbar Wort auf Daseins Tafel nicht!
Einmal muß doch genug der Pein und Strafe sein –
Wohl bin ein Sünder ich – ein Heide bin ich nicht!

GHALIB

Grenzen der Verzweiflung

An der Verzweiflung Grenzen steht mein Haus
Seine Mauern wie gelblicher Schaum
schwankend und hohl, gleich den Wolken

Mein Haus hat Fenster aus Teig
Mein Haus ist: Löcher im Turm
Der Wind durchfegt es, und wenn er erschreckt,
Fegt es statt seiner der Wirbelsturm.
Die Sonne meidet's, so nahe sie ist,
Und die Vögelchen meiden's, der Wurm.

Mein Haus – seine leeren Stunden haben's erbaut
Unsichtbar jenseits des Unsichtbaren erstreckt,
Ich schlafe dort, und das Morgenlicht
Umgibt mich; seine Stimme gebrochen, erstickt.

ADONIS

*

Sich zu verlassen auf der Menschen Worte, oh!
ist ganz verkehrt:
Ihr »Ja« verkehrt; ihr »Wohl« verkehrt; ihr »Heut'« verkehrt,
ihr »bald« verkehrt.
Und frag nicht, wie das Buch von meinem Leben
aussehen mag:
Die Schrift verkehrt, der Sinn verkehrt, der Stil verkehrt,
die Form verkehrt!

SARMAD

Ich kam, weiß nicht woher – kam in die Welt,
Ich sah den Weg und ward darauf gestellt,
Und werd' ihn gehn, ob mir's auch nicht gefällt –
Wie kam ich, sah den Weg?
Ich weiß es nicht.

Bin ich seit langem hier, seit kurzen Tagen?
Bin frei ich, bin in Fesseln ich geschlagen?
Trag' ich mein Leben, werde ich getragen?
Ich möcht' es wissen, doch
ich weiß es nicht.

Wird nach dem Tod man auferstehn, gerichtet?
Gibt's ew'ges Leben? Werden wir vernichtet?
Ist's Lüge, Wahrheit, was das Volk berichtet?
Ist's wahr, daß mancher weiß?
Ich weiß es nicht.

Wo ist mein Lachen, Weinen, wie als Kind?
Wo meine Torheit, da ich jugendblind?
Wo meine Träume, die verloren sind?
Doch wie verlor ich sie?
Ich weiß es nicht.

ILYA ABU MADI

*

Frag, wie unendlich groß das Haus des Wahnsinns ist!
Des Himmels Schale ist ein Abfalleimer dort …

GHALIB

Aus: Gesänge aus Wien

Ich träumte, ich sei flüchtig, gejagt
in einem Wald, in meiner fernen Heimat
Wölfe verfolgten mich
durch schwarze Wüsten und Felsgestein
Ich träumte, und die Trennung, o Liebste, war Qual –
denn ich bin heimatlos
Sterbe in einer Stadt, einer fremden
Sterbe, o Liebste, allein, ohne ein Vaterland

*

Es wird waschen des Regens Schlag
mein Fenster
Es wird uns öffnen der neue Tag
einen einzigen Weg
in Europas Nacht
Wir werden erwachen
aus tiefem Schlaf
Und es bringt uns der Zug
Geschenke vom Lande der Blumen, des Schnees

Aber der Zug
Fuhr vorbei als ich schlief
O Geliebte – der Zug …

AL-BAYATI

*

Des Kummers Melodien, halt sie auch wert, mein Herz!
Das Instrument des Lebens wird stumm sein eines Tages …

GHALIB

Aus: Fünf Gesänge an den Schmerz

Er ist der Spender zur Nacht von brennender Qual und von Leid,
Schenke, die Augen uns tränkend mit Bechern von Schlaflosigkeit.
Wir fanden ihn an unserm Wege
An einem Regenmorgen
Und gaben ihm von unsrer Liebe
Ein Streicheln, kleines Lächeln, das verborgen
In unserm Herzen pulste. Und nicht verließ er uns, und nicht verschwand
Von unserm Pfade er,
Uns folgend durch des Daseins weites Land.
Ach, hätten wir ihn lieber nicht getränkt
An jenem Morgen, kummervoll gebannt!

> Er ist der Spender zur Nacht von brennender Qual und von Leid,
> Schenke, die Augen uns tränkend mit Bechern von Schlaflosigkeit.

*

Wo ist der Schmerz hergekommen?
Woher kam er zu uns?
Verschwistert seit alters unserem Traum,
Hütet er unsere Verse.

Wir nahmen ihn gestern mit in die Tiefen der Wasser,
Zerbrachen ihn dort, zerstreuten ihn zwischen die Wogen,
Wir ließen kein Ach von ihm und keine Klage bestehen
Und glaubten nun sicher zu sein vor all seinen Plagen –
Traurigkeit würde nicht mehr unser Lächeln verwunden,
Hinter den Liedern bitterer Gram sich nicht bergen …
Doch dann erhielten wir glühenden Dufts eine Rose:
Freunde sandten sie uns von jenseits der Meere.
Was erwarteten wir? Ruhiges Glück und Gefallen?
Aber erbebend vergoß sie feurige Tränen,
Tränkte die Finger uns mit den traurigsten Weisen.

O Schmerz, wie lieben dich!
Wo ist der Schmerz hergekommen?
Woher kam er zu uns?
Verschwistert seit alters unserm Traum,
Hütet er unsre Verse.
Wir sind ihm Lippe und Durst,
Er belebt und er tränkt uns.

NAZIK AL-MALA'IKA

*

Gewöhnt sich der Mensch an den Schmerz,
so enden die Schmerzen –
So vieles ward auf mich gehäuft,
das Schweres leicht mir nun ward.

GHALIB

Ein Traum war, was wir sahen

Dein Traumbild war in unsrer Brust –
Aus Frührot ahnten Sonne wir!

RUMI

Ein Wort des Propheten Muhammad sagt: »Die Menschen schlafen, und wenn sie sterben, erwachen sie.« Das Thema der Welt als Traum ist daher oft in der islamischen Welt verwendet worden, vor allem von den Mystikern. Aber nicht nur dieses Bild ist häufig, sondern auch der Gedanke an das Traumbild des oder der Geliebten, auf das der Liebende harrt: wenn er das geliebte Wesen schon nicht am Tage sehen kann, möchte er zumindest durch eine nächtliche Traumerscheinung getröstet werden, und so ist das Motiv des Traumes vom Geliebten in der gesamten Liebeslyrik des Orients verbreitet. Einmal, in jüngster Zeit, hat es auch seine Verwandlung in ein Märchengedicht erfahren, nämlich Nazik al-Mala'ikas anmutiger »Sommernachtstraum« vom Mondbaum – »Traum« und »Märchen« gehören in der persischen Dichtung ohnehin unlösbar zusammen.

Der Gedanke, daß diese Welt nur ein vergänglicher Traum sei, gab früheren Generationen eine gewisse Hoffnung: am Auferstehungsmorgen würde man die Auslegung der Träume finden, die man in dieser Welt gehabt hat, d. h., den Sinn seines Lebens erkennen. Und selbst wenn man weiß, daß unser Handeln nur ein Traum ist, soll man sich bemühen, diesen Traum so schön wie möglich zu gestalten, indem man Gutes tut, positiv handelt, damit auch die Auslegung im Jenseits, im Morgenglanz der Ewigkeit, erfreulich wird.

Doch in Zeiten des Niedergangs, vor allem im indischen Bereich, wird der Traum zum einzigen Trost, den die geplagten Einwohner immer wieder geplünderter Städte fanden: warum sollte man verzweifeln? Bald würde man erwachen und dieses Leben gleich einem Alptraum vergessen, wie Mir Dard und seine Zeitgenossen immer betonen. Und so erfährt der Dichter auch, daß all seine Worte nichts sind als ungeeignete Bezeichnungen für die Erscheinungen dieser wirren Traumwelt, aus der er in seligen Augenblicken in die göttliche Wirklichkeit tauchen kann.

Ob meine Leila käme, wollt ich schauen;
Sie kam nicht, doch vorm Auge stand ihr Traumbild.
Will mein Geheimnis andern nicht vertrauen –
Zur Liebe hat mein Herz gewandt ihr Traumbild.

Daß ich so einsam, hat mein Lieb bedacht:
Mit Schönheitsfleckchen sah ich sie heut nacht,
Mit weißem Nacken, weißgekleidet – sacht
Sich wiegend, zu mir lächelnd fand ihr Traumbild.

Nur ihre Liebe habe ich im Sinn,
Im Schlaf, im Wachen tritt sie vor mich hin,
Sie steht vor mir, wo ich auch immer bin –
Mein Weggefährte ward im Land ihr Traumbild.

So kann ich wohlgemuten Herzens gehen:
Unwandelbar seh ich sie vor mir stehen,
Und kann ihr Trostwort »Ich bin dein!« verstehen –
Mein schweifend Herz nahm in die Hand ihr Traumbild.

HAYALI*

*

Hab' die ganze Nacht geträumt,
daß am Tag du zu mir kämst,
Und den ganzen Tag gehofft,
daß du nachts im Traum erschienst!

HAIDAR KALICHA

* Das Gedicht ist ein Wortspiel mit dem Namen des Dichters, der auch als »ihr Traumbild« übersetzt werden kann.

Ich bin nicht so töricht, zu suchen
die Einung mit einem wie dir –
Für einen wie mich reicht im Traum die
Erscheinung von einem wie dir!

'ABDUR RAHIM KHANKHANAN

*

Als ich des Herzens Auge aufschlug,
fand ich den Freund an meiner Brust,
Und keiner Deutung mehr bedurfte,
O Liebende, nun unser Traum!

AFRIN

*

Gestern im Traum einen Mond sah ich klar,
Meerartig, silbern und ganz wunderbar.
Heute nun gehe von Tür ich zu Tür,
Ob eine Kunde vom Freund da wohl war.

RUMI

*

Was sah im Traum ich? Heut' bin ich berauscht,
Sprang wie besessen aus Verstandes Bann:
Vielleicht sah diesen Traum im Wachen ich,
– Da ich seitdem nicht Schlaf mehr finden kann?
Vielleicht sah ich der wahren Liebe Form
Im Traume – und wen bete ich nun an?

RUMI

Gestern, o Bruder, sah ich den Geliebten im Traum,
Schlummernd am Quellrand unter dem Wildrosenbaum;
Rings standen Huris, die Hände gefaltet, im Kreis,
Blühten die Tulpen hier, dort die Jasminen im Raum.
Leise, ganz zärtlich strich ihm der Wind übers Haar,
Moschus und Ambraduft weht' aus dem lockigen Flaum;
Wind wurde trunken und raubte die Locke dem Freund,
So wie den Docht man entfernt aus des Öllichtes Saum,
Und ich sprach alsbald im Schlaf: Sei du nun auch still!
Schweige, gedulde dich, bis ich erwache vom Traum!

RUMI

*

Sei nicht wegen des »Morgen« geizig heut' mit dem Wein,
Denn der himmlische Schenke wird nicht so kleinlich sein.
Warum bin ich heut' elend? Konnte bis gestern ich doch
Selbst die Kühnheit der Engel nahe mir nicht verzeihn!
Warum weicht meine Seele, lauschend dem Sang, meinem Leib,
Klingen aus Harfe und Laute himmlische Melodein?
Hier rennt das Roß meines Lebens – warte, wo es einst hält!
Nicht hab' die Hand ich am Zügel und nicht im Bügel das Bein.
Von meinem eigenen Wesen bin ich je ferner, je mehr
Ich mich verlier' in der Unrast dessen, was außer dem Sein.
Schauende und Geschauter sind mit dem Schauen doch eins –
Ich bin verwirrt – denn ach, wo ist Raum für die Schau allein?
Alle erscheinenden Formen, sie faßt der See Existenz –
Was anders sonst wär' in Tropfen, Welle und Blase als Schein?
Ist des Verborg'nen Verborg'nes, was wir als Schauen erfaßt –
Noch sind im Traum, die im Traume wach sind; doch seh'n sie's nicht ein.

GHALIB

Wenn wir von Glauben und Unglauben sprechen –
zu einem Ende führt der Weg zuletzt.
Es ist ein einz'ger Traum nur – was sich ändert,
ist nur die Auslegung im Hier und Jetzt.

SA'IB

*

Ach Tor du! – wenn wir sterben,
wird dies bestätigt werden:
Ein Traum war, was wir sahen,
was wir gehört, ein Märchen!

DARD

*

Auch wir, wir haben Krug und Glas gesehen,
Das, was nicht ist, von Angesicht gesehen.
Wenn du die Dinge tiefer nun betrachtest:
Nur traumgleich war, was immer wir gesehen.

DARD

*

Aus Torheit hielt das Weltvolk ich für lebend:
Der Schläfer sieht im Traum die Toten lebend.

NASIR 'ALI SIRHINDI

Der Rauch der Leidenschaft wob Schleier,
ich habe »Himmel« sie genannt,
Mein Aug' fiel auf ein wirres Traumbild –
ich habe es »die Welt« genannt.
Wahn warf ein Staubkorn mir ins Auge,
das sah ich als »die Wüste« an,
Ein Tropfen löste sich – ich hab' ihn
»endloser Ozean« genannt.
Der Wind gab seinen Saum dem Feuer,
das nannte »Frühling« ich und »Lenz«,
Die Flamme ward zum Brandmal dunkel,
berauscht hab' ich es »Herbst« genannt.
Ein Tropfen Blut hat sich verknotet –
ich habe ihn als »Herz« erkannt;
Der Galle Welle strömte über –
die Flut hab' »Zunge« ich genannt.
Die Fremde war mir elend, nutzlos,
und ich begriff als »Heimat« sie;
Die Enge schlang die Vogelschlinge –
da hab' ich sie »mein Nest« genannt.
Was sich, berauscht, von meiner Seele
getrennt, erkannt' ich als »Gewinn«,
Was bei mir blieb an Sein und Dasein,
das habe »Schaden« ich genannt.
Auf meinem Weg, was mir begegnet,
zu überschreiten, lernte ich,
Ich sah die Kaaba, und »die Fußspur
der Wandrer« hab' ich sie genannt.
Sieh, aus dem Rosengarten Irans
war Ghalib eine Nachtigall –
Ich habe mich geirrt und habe
ihn »Indiens Papagei« genannt.

GHALIB

Der Mond-Baum

I.

Auf einem Gipfel der Berge im Norden, den Pinien bedecken,
den Ambradüfte umlüften und Samthorizonte umstrecken,
bei dessen Hügel die Falter vor Anker gehen am Abend,
in dessen Quellen die Sterne am Himmel sich baden, sich labend,
dort lebte einmal ein Jüngling voll Träumen und Sinnen ganz:
wenn ihn hungerte, aß er die Farbe der Berge, der Sterne Glanz,
und er trank der Pinien Wohlruch und den des feuchten Jasmin,
und zitternder Lilien Düfte erfüllten ihm Denken und Sinn.
Es war ein Jüngling, versunken in Träume, Erinnerung fern,
er jagte die Düfte der Hügel, das Echo der Liebe gern,
und all seine Träume, sie hofften, er werde erjagen den Mond,
damit er in einem Käfig von Düften und Blütentau thront.
Und jeglichen Abend verbracht' er, ein Netz zu knüpfen so schnell,
und träumte auf Graskissen, frischen, am zärtlich murmelnden Quell;
dann starrte er schlaflos zum Tale des Abends, in Mondes Gesicht,
gespiegelt im Wasser des kühlen und duftreichen Teiches voll Licht.
Nicht schlummerte er, wenn das Licht nicht, mit seinem lieblichen Schein
die Lippen ihm leise berührte und ihn berauschte wie Wein.
Und nicht trank er von der Quelle, wenn nicht des Neumondes Hand
geworfen drüber des Rausches, des duftenden, Schleiergewand.

II.

Und dann, eines Sommerabends, schlich sich dieser Jüngling fort,
mit leisen Schritten und barfuß, mit pochendem Blute … nur fort …
Und er ging ganz langsam, ganz langsam zu einem ragenden Gipfel,
und barg seinen Körper unter eines riesigen Baumes Wipfel.
Wie zählte er da Sekunden! Es pochte und pochte sein Herz,
in Erwartung des lieblichen Mondes – und die Nacht war berauscht, süßer
[Scherz …
In einem Moment erhob dann der Osten die dunkelnden Sterne,
und es glänzte die silberne Stirne und verführender Reiz von ferne,

und er war schon nahe und sah nicht unsern Jäger lächelnd am Baum
auf dem Berg, und begann zu durchlaufen des Dunkels Länder im Traum.
Und der Liebende, er umschloß ihn, berührte die Stirn, ihn zu grüßen,
Und küßte ihm zärtlich die Wimpern, die schmolzen von Sanftheit, und
[Süße...
Und er gab ihm zurück die Meere von Licht und der Milde Pokal,
und jene Lippen, erfüllend seine Träume seit dazumal ...
Er verbarg ihn in seiner Hütte und starrte in Stunden, langen:
War dies nur ein Traum? Oder hatte er wirklich den Mond hier gefangen?
Und er bettete ihn auf ein Lager mit ambraduftendem Glanz,
ihn krönend mit seinen Augen, mit Lieder- und Lilien-Kranz ...

III.

Und in dem Dorfe am Berge, da rief ein jeder, der wohnt,
In Abendversammlung, in Feldern – da rief man: »Wo ist der Mond?«
Wo sind seine samtenen Strahlen auf unserem Wiesengrund?
Wo sind seine wolkigen Schleier in unserer Felder Rund?«
Und es riefen die Knaben, die Berge, sie alle: »Wir wollen den Mond!«
Und es tönten wider die Gipfel, die steilen: »Wir wollen den Mond!
Unser goldener Abendgespiele, der Schenke der Blüten so klar,
der Düfte von Rosen und Nelken ausgießet in unserem Haar,
der alle Wunden sanft küsset, der Rosenlippen beschenkt,
und der die Sehnsucht der Falter zu kühlenden Brunnen lenkt,
der alle Wege erleuchtet zu ruh'losen Träumen hold,
durch den unsre Locken wachsen, und der sie begießt mit Gold!
Wer soll unsre Wimpern kühlen, wenn wir den Mond nicht mehr haben?
Wer soll unsre Sänge erweichen? Wer unsre Gespräche erlaben?«
Und der Hirten Lied hallte wider in erschöpfender Einsamkeit,
und es bebten von seinem Echo die Hütten und Täler weit,
und sie standen auf und sie liefen dorthin, zu des Jünglings Haus,
und sie klopften an seine Türe, voll Wut und voll Glut und voll Braus.
Sie tobten: da war auch kein Stein mehr der Treppe, wo jener wohnt,
Da war kein Felsen, der nicht auch mit riefe: »Wir wollen den Mond!«
Und das Echo hob seine Flügel, umkreiste die Berge und flog

zu den Wagen der Sterne und dorthin, wo der Tag noch schlummernd
und tränkte mit seinem Feuer jede Blüte Jasmin in der Au, [verzog,
und erweckte seltsame Düfte und erweckte den Tropfen Tau,
und aus der erregten Natur nun vereinte sich laut der Protest
an der Hecke des Jünglings tönend, und hallend in seinem Nest.
Das Schweigen erbebte, da schrie es: »Warum, sag', stahlst du den
[Mond?«
Der Abend ertobte und brüllte: »Und wo versteckst du den Mond?«

IV.

Und in der Hütte der Jüngling hat ihn in den Arm genommen,
mit Tränen benetzend den Holden: »Sie werden dich nicht bekommen!«
Jedoch das Schreien der Hirten riß grausam entzwei sein Schweigen,
in seiner Seele Verwirrung und hilflose Trauer zu zeigen,
Sänge leidenschaftlicher Liebe für den Freund ohne Ende erklungen ...
Er vermischte mit salzigen Tränen die Hymnen, der Schönheit gesungen.
Doch der Ton der Stimme der Menge füllt' ihn an mit Erregung und
[Leide,
Und der Traum dieses Jünglings erreichte verzweifelt des Messers
[Schneide.
Wohin, ach, sollte er fliehen? Und wo diese Stirn verbergen,
und wo vor dem Ansturm der Sehnsucht der Augen der Jäger ihn bergen?
O Himmel, wie sollte sein Strahlen einwickeln er, in welcher Ecke?
Die Glorie, ach, seines Leuchtens durchdringt ja alle Verstecke!
Erregte Minuten vergingen, und das Messer des Zweifels zerschnitt
das Herz dieses liebenden Jünglings, der dunkel verwirrt nun hier litt.
Voll Gram nahm er eine Axt, zu zerspalten die Erde, daß er
den schönen Gefangnen begrabe – sonst gab's keinen Ausweg mehr.
Und er preßte ihn tot im Abschied und wusch seine Farbe ab
mit seinen Tränen und fluchte dem Schicksal an diesem Grab ...

V.

Und als die streitbaren Hirten die Mauer zerstört voller Glut
und die Tür der Hütte verwüstet in ihrer verblendeten Wut,
und sich ihr Strom nun ergossen voll Ärger am Rache-Tag –
was sahen sie in der Hütte? O Jammer, o tragischer Schlag:
Da war nichts andres als Stille und Dunkelheit in dem Raum …
Der Jüngling schlummerte friedlich, ganz eingesunken im Traum,
und seine rötlichen Locken auf seine Schultern gebreitet;
ein geisterhaftes, ein Lächeln, das um seine Lippen gleitet …
Ein Antlitz, als ob Apollo ihn selber mit Reinheit beglückt,
ein Schlummer, den das Geheimnis von Reinheit und Unschuld entzückt.
Es staunten die Hirten: »Der Reine – wie hätt' er gestohlen den Mond?«
Ob sie sich in ihrem Verdachte nicht irrten? Und … weiter … wo ist denn [der Mond?
Und so gingen sie heim in die Hütten und fragten die Dunkelheit,
Ob der kluge Mond sich verirrte hinter Nebel und Wolken weit?
Oder ob die Dämonin ihn packte, ihn hinter dem Nebel zu scheren,
und ihn in Stückchen zerbrochen, um damit die Sterne zu nähren?
Oder hat das Meer seine zarte, seine Lilien-Stirne verschlungen?
Und hält ihn in einer Festung von weißen Perlen umschlungen?
Oder hat der Wind, dessen Schuhe vom langen Schweifen voll Sorgen
so dünn und verschlissen geworden, ihn in seiner Höhle verborgen,
um sich ein Paar Schuhe zu machen aus seiner Haut milchigweiß
und Tressen aus seinem Glanze für seinen quecksilbernen Leib?

VI.

Und es kam der Morgen mit Schritten, noch feucht, und mondlicher [Kühle,
es krönte die Dämmerungsstirn ihm ein Kranz von Rosen so kühle,
durchquerend die weiten Felder, einen Schönheitsschild in der Hand,
so stäubte er Tau und die Frische und Licht über Berge und Land,
und ging an der Hütte vorüber des Jünglings, schlafend hinieden,
und streute über ihn Lichter und Tropfen von Tau und von Frieden,
und vollendete seine Werke dort unten am Bergeshang,

die Farben verteilend, verschenkend Zufriedenheit, Klarheit im Gang.
Da erwachte der Jüngling vom Schlafe, zu neuem Leben bereit ...
Was sah er dort? Himmel! O Düfte! O Tau! O du Traumeszeit!
Dort auf der moorigen Fläche, wo früher das Morgenlicht
sah anderes als vom Winde gerüttelte Gräser nicht,
dort stand, seine Zweige nun breitend, ein herrlicher Lotosbaum,
so grün und satt-feucht seine Flechten, so hoch seine Äste im Raum:
Der Abend war's, der ihn weidet, der Mond ernährt ihn mit Duft,
und sein in der Erde verborgener Lichtglanz schenkt Düfte der Luft;
er läßt seine zarten Zweige den Wein seines Wohlgeruchs trinken,
und läßt auf die Äste von Silber von seinem Schimmer auch sinken ...
Und seine Früchte? So seltsam, so ungewöhnlicher Art,
daß Sternenlicht sie nicht kannte, der Tag drum verwundert ward.
Die üblichen starren Bäume, sie wurden völlig verwirrt,
da für Jahrhunderte keine solch Frucht man mehr sehen wird!
Von welchem phantastischen Boden ernährte er sich? Welche Erden
Tränkt ihn mit silberner Schönheit? Welch Brunnen läßt süß ihn werden?
Und welches Wunder, das niemals im Traum eines Baumes gewohnt:
Von jedem frischgrünen Aste hängt lieblich herab ein Mond ...

VII.

Jahrhunderte gingen – die Leute im Dorfe wußten nichts mehr
vom Leben des träumenden Jünglings, von seiner Besessenheit schwer,
und selbst die Berge verschlossen's, vergaßen den Schritt seiner Füße.
seine Monde und seine Hymnen, die leidenschaftliche Süße,
und wie er den Dörflern voll Sehnsucht den Mond zurückgegeben,
und ihn in den Himmel gelassen, wo wieder er frei war zum Leben,
die weite Welt nun durchwandernd, mit Kühle und Tau sie labend,
und nebelähnlichen Schleiern, die sinken vom fernen, vom Abend ...
Und ein Murmeln wie das einer Quelle in tiefstem Höhlen-Raum
sagt uns, daß des Jünglings Geschichte nichts war als
ein Sommernachtstraum ...

NAZIK AL-MALA'IKA

O Herz, des Alters Morgen graute

Vorm Tode brauchst du nicht zu fliehen an zwei Tagen:
Wenn er dir nicht bestimmt, und wenn die Stund' geschlagen.
Am Tag, da er bestimmt, nützt es dir nichts, zu fliehen,
Und ist er nicht bestimmt, kann er dich nicht erjagen.

PINDAR-I RAZI

Der Koran lehrt, daß alles, was auf Erden ist, vergänglich ist, und so haben die Dichter des islamischen Orients, vor allem solche, die unter asketischem oder mystischem Einfluß standen, Alter und Tod als unausweichlich besungen. Freilich, wie in aller Welt jammern die meisten auch über das Alter, wenn ihnen die Lebenskraft, die Lebensfreude entschwindet und das Haar ergraut: für viele, vor allem nachklassische, Dichter wird das Alter zum Morgen, in dem die Kerze des Lebens verlöscht und der Mensch aus dem Traum zur Wirklichkeit erwacht: das dunkle Haar wird weiß, so wie die dunkle, von wirren Träumen erfüllte Nacht sich zum Tage erhellt. Und ist nicht das weiße Haar ein treffender Hinweis auf das weiße Leichentuch? Der Gedanke an den Tod überschattet zahlreiche Verse; man weiß, das »schweigende Schiff« wird seine Passagiere nie wieder zurückbringen, und so klagt man über Vergänglichkeit und Verlust. Daneben aber steht die positive Haltung zum Tod, ja, eine leidenschaftliche Todessehnsucht, wie sie den Mystikern eigen ist: der Tod ist die ersehnte Befreiung vom Staub-Leib, ist eine »Brücke, die den Liebenden zum Geliebten führt«, ist ein Heilmittel für alle Leiden der kreatürlichen Welt. Und steht nicht am Ende jene Auferstehung, die man zwar fürchtet, in der man aber endlich den ersehnten göttlichen Geliebten erschauen wird? Wer so empfindet, für den ist der Tod kein Grund zur Trauer – der wahrhaft Gläubige lächelt im Sterben.

Denkst du noch an die Lieb', die Treu, das Lachen
Und deine Tröstungen für mich, den Schwachen?
Gedenk' ich jetzt an solche Freundschaftstage,
Bin ich allein in Nacht und langem Wachen ...

AMIR KHOSRAU

*

Mein Bart und meine Zähne sagen hier:
Die Jugend schwand und kommt nicht mehr zu dir.
Auf wen ich blicke und mit wem ich lache,
Sagt »Onkel« oder »Väterchen« zu mir!

KHUSCHHAL KHAN KHATAK

*

Mit schwerbelad'nem Pferd kam von der Mühle ich –
Ach, wer dies Mädel sieht, dem dreht sich der Verstand:
Wohl fünfzehn Jahre alt, mit fünfundvierzig Zöpfen ...
Was tun? Ein Mädel hat mich »Onkelchen« genannt ...!

KARACAOĞLAN

*

Entheb' dein Herz der Hoffnung – es muß gegangen sein,
Weiß ward das schwarze Haar dir – es muß gegangen sein.
O Wanderer du, töricht – ist jetzt die Zeit für Schlaf?
Die Nacht schwand; nun ist Morgen: es muß gegangen sein!

WADIH

Der Morgen des Alters bewirkt
den Abbruch der Hoffnungen dir:
Des Leichentuchs Kette und Einschlag:
das weiße Haar ist es hier.

BEDIL

*

Ich kann als Wandrer durch die Welt nur treiben,
Ich fand ja keinen Freund, es ward schon Abend.
Nach meinem Sinn nur lesen oder schreiben –
Ich fand ja keinen Freund, es ward schon Abend.

Die Hände hab' ich vors Gesicht geschlagen,
Die Tränen fließen stets bei meinen Klagen,
Die Fehler sehe ich, die in mir lagen,
Ich fand ja keinen Freund, es ward schon Abend.

Das Fundament der Welt ist wüst, o Not!
Das Korn ist aufgebraucht, es gibt kein Brot,
Weh diesem Leben, das hingeht zum Tod!
Ich fand ja keinen Freund, es ward schon Abend.

KUL HIMMET

*

O Herz, des Alters Morgen graute –
Steh auf! Dies Schloß ist Heimat nicht!

DARD

Der Körper ist wie eine Honigwabe;
Die Jugend ist darin des Honigs Gabe.
Doch floß der Honig aus, bleibt Wachs nur übrig –
Ist Wachs denn ohne Honig eine Labe?

KHUSCHHAL KHAN KHATAK

*

Wer soll was von wem wohl wann erzählen?
Jeder wird sein Eig'nes nur erwählen.
So verging das eig'ne mir, das Leben:
Weinen, einsam sein, sich schweigend quälen.

DARD

*

So rasch enteil' ich auf dem Weg des Nichtseins:
Des Frühwinds Hand reicht nicht zum meinem Staube!

DARD

*

Der eine wird nur süße Speise essen,
Der andre wird nur Gerstenfladen essen.
Im Tode werden beide doch das Gleiche:
Der Wurm wird gern ihr Fleisch im Grabe essen.

KHUSCHHAL KHAN KHATAK

Am Ende des Lebens

Der Herbstwind hat geweht und hat den Lenz verstreut,
Das teure Leben ging; wir haben nichts getan.
Das Alter kam, doch ist die Jugend nicht vergangen,
Nicht wich Nachlässigkeit von den befleckten Herzen.
Des Stolzes Krone trägst du auf dem Haupt und schreitest
Dich brüstend, und dein Saum schleift hin zum Aas der Welt.
Des Hoffens Last am Hals, kein Werk doch in der Hand,
Du Armer, der verstrickt in tausenderlei Werke!
Zeit ist's, zu gehen – wo, ach wo sind die Gefährten?
Entschließen wollten wir uns dann, zu welchem Land!
Wir sah'n der Bürger Tod und sahen den der Freunde –
Doch was das Auge sah, das Fleisch hat' s nicht beachtet.
Betagte Greise, ja, und mondgesicht'ge Junge:
Sie hinterließen nur die Sehnsucht aller Welt.
Steh auf, laß uns zum Staub der teuren Freunde wandeln,
Eh unser Auge noch zum Staub des Weges ward!
Es kamen viele hier wie ich und du und gehen
Auf vieler andrer Staub, die sie vor Staub nicht sehen.
Noch grünt der Hoffnung Hag – so pflücke doch die Rose!
Brich nicht des Lebens Baum – sein Ast trägt Früchte noch!

MIR MA'SUM NAMI

*

Wann gäb' der Traum vom Tod dem müden Herzen Ruhe?
In meines Wunsches Netz ist er geringe Beute!

GHALIB

Am Horizont des umkehrlosen Abends
sind wir. Es ist schon spät.
Der letzte Abschnitt ist es, o mein Leben –
vergeh es, wie's vergeht.
Selbst wenn wir davon träumten, einmal wieder
zur Welt zu kommen,
Mit einer solchen Hoffnung wollen wir uns
doch nicht vertrösten.
Wenn wir das Tor, das seine weiten Flügel
ganz schwarz ins Leere
Auftut und hinter dem die Sonne niemals
mehr aufgehen wird,
Durchschreiten, wird die stille Nacht beginnen,
die niemals endet …

YAHYA KEMAL

*

Komm, o Schmerz, der Ruhe zu entgehen   ist mein Wunsch!
Gram zu finden, Freuden nicht mehr sehen   ist mein Wunsch.
Komm, o Liebe, mach mich ganz verworfen   vor der Welt!
Guter Rat, der Schmerzenlosen Flehen   ist mein Wunsch.
Komm, o Sehnsucht, bring die Hand des Wunsches   mir zum Saum:
Ohne Kraft, mein Hemd zerreißend, flehen   ist mein Wunsch.
Komm, o Glück, und richte, mich zu töten,   nun ein Fest:
Seinem Blick als Opfer zu vergehen   ist mein Wunsch.
Komm, o Tod, sei gnädig; denn ich wälzte   mich im Blut
Ohne ihn – ach, nun zur Ruhe gehen   ist mein Wunsch.

'URFI

Lang braucht ein Seufzer, bis er Wirkung fände –
Wer lebte bis an deiner Locken Ende?
Entwerden lernt im Sonnenstrahl der Tau –
Ich lebe nur, bis ich den Huld-Blick schau.
Ein Blick, nicht mehr, ist, Tor, des Lebens Glanz –
Das Fest währt nur für einen Funkentanz.
Was heilt den Daseinsgram? Nicht als der Tod!
Die Kerze brennt nur bis zum Morgenrot.

GHALIB

*

Ich möchte dort hingehn, wo niemand mich kennt,
Kein Mensch meine Sprache spricht, keiner mich nennt.
Ich wünsche ein Haus ohne Wand, ohne Tor,
Kein Nachbar ihm nah und kein Wächter davor,
Und wenn ich erkranke, kein Mensch, der mich pflegt,
Und wo, wenn ich sterbe, kein Klaglaut sich regt.

GHALIB

*

Zu sterben ist, Staub zu werden,
und Staub wird aufgewirbelt –
Ach, selbst noch auf diesem Wege
gibt's immer neue Ziele!

MIR

Das schweigende Schiff

Kommt der Tag des Ankerlichtens einst von Zeit und Ort,
Bricht ein Schiff ins Unbekannte auf aus diesem Port.
Schweigend nimmt's den Weg, als sei auf ihm kein Passagier,
Keine Hand, kein Tuch winkt freudig dann beim Abschied hier.
Über diese Reise trauern, die am Kai verharren,
Feucht die Augen, die zum schwarzen Himmel tag'lang starren.
Arme Herzen! Nicht das letzte ist, das fährt, das Boot,
Und des trennungsschweren Lebens nicht der letzte Tod.
Liebende, Geliebte warten nutzlos hier im Licht –
Daß die Liebsten nie mehr kommen – ach, sie wissen's nicht.
Jeder derer, die da gingen, denkt in Dank und Glück,
Daß er manches Jahr hier weilte! ... Keiner kehrt zurück.

YAHYA KEMAL

*

Nach dem Tod

Wir starben und hofften auf etwas noch –
In großer Leere verging dieser Traum.
Wie dächte man nicht an das Lied mehr, den Saum
Des Himmels, die Zweige, den Vogelflaum –
Etwas Gewohntes war dieses Leben doch.

Von der lieben Welt keine Kunde mehr spricht,
Unser Fenster wird nicht gestreichelt von Winden.
In Nächte unsere Tage entschwinden,
Wir können nicht unsere Schatten mehr finden,
Wir spiegeln im strömenden Wasser uns nicht.

CAHIT SITKI TARANCI

Wenn sie am Tage des Todes
tief in die Erde mich senken,
Daß dann mein Herz noch auf Erden
weile, darfst du nicht denken!
Siehst meine Bahre du ziehen,
laß das Wort »Trennung« nicht hören:
Weil mir dann ewig ersehntes
Treffen und Finden gehören!
Klage nicht »Abschied, ach, Abschied!«,
wenn man ins Grab mich geleitet:
Ist mir doch selige Ankunft
hinter dem Vorhang bereitet!
Hast du das Sinken gesehen,
sieh auch das Auferstehen!
Schadet es denn, wenn die Sonne,
Sterne und Mond untergehen?
Scheinen sie dir auch zu sinken,
ist es doch wahrhaft ein Aufgang;
Scheint dir ein Kerker das Grab auch,
ist's doch zur Freiheit ein Ausgang.
Fiel je ein Korn in die Erde,
das sich nicht köstlich entfaltet?
Glaubst du denn, daß sich das Korn, das
die Menschen sind, anders gestaltet?
Jeglichen Eimer, der sinket,
hebst du gefüllt aus der Quelle:
Sieh, auch dem Joseph der Seele
strahlt in der Grube die Helle!
Schließe den Mund jetzt im Diesseits,
öffne im Jenseits ihn wieder,
Daß in der Welt, da kein Ort ist,
ewig ertönen die Lieder!

RUMI

Tötet mich, o meine Freunde,
Denn im Tod nur ist mein Leben!
Ja, im Leben ist mir Tod nur,
Und im Sterben liegt mein Leben!
Wahrlich, höchste Gnade ist es,
Selbst verlöschend zu entschweben,
Und als Schlechtestes erkenn ich,
Fest an diesem Leib zu kleben.
Überdrüssig ist die Seele,
Hier noch im Verfall zu leben.
Tötet mich, ja, und verbrennt mich,
Dessen Glieder elend beben!
Geht dann an dem Rest vorüber,
An den Grüften, leer von Leben:
Meines Freunds Geheimnis sollt ihr
Aus der Erben Innerm heben.
Seht, ich, einer von den Alten
Die nach höchsten Rängen streben,
Bin jetzund ein Kind geworden,
Nur der Mutterbrust ergeben,
Ruhend in der salzgen Erde
Und in tiefen dunklen Gräben.
Wunderbar, daß meine Mutter
Ihrem Vater gab das Leben
Und daß meine jungen Töchter
Mich gleich Schwestern jetzt umgeben.
Eh'bruch nicht, noch Zeitenwandel
Haben dies Geschehn ergeben!
Sammelt meine Teile alle
Aus erstrahlenden Geweben,
Aus der Luft und aus dem Feuer,
Aus dem frischen Quell daneben!
Sät sie sorglich in die Erde,
Die noch staubig ist und eben,

Und befeuchtet sie, o Freunde,
Laßt die Becher kreisend schweben!
Laßt die Dienerinnen gießen,
Brunnen drehend Wasser heben!
Seht, nach sieben Tagen wird sich
Draus ein edler Strauch erheben!

HALLADSCH

*

Ist der Tod ein Mann, so soll er kommen:
ich will eng an meine Brust ihn ziehen!
Er bekommt von mir ein Kleid, ein buntes,
ich bekomm von ihm farblose Seele!

RUMI

*

Der Gläubige

Im Saume seiner Nacht ist Morgenrot,
Aus seinem Stern der Glanz der Welten loht.
Wie soll ich sonst den Gläubigen beschreiben?
Er lächelt, wenn ihm nahe kommt der Tod!

IQBAL

Totenklagen

Ich ging zum Friedhof hin, um bitterlich zu weinen
Um jene Freunde, die jetzt vom Vergehn umfangen.
Ich fragt': »Wohin sind sie gegangen?«
Und der Friedhof
Gab Echos Antwort mir: »Wohin sind sie gegangen?«

AMIR KHOSRAU

Totenklagen, Elegien, gehören zum ältesten Bestandteil arabischer und dann islamischer Poesie. In frühesten Zeiten pflegte die Schwester die Totenklage für ihren gefallenen oder verstorbenen Bruder zu singen, und auch in der zeitgenössischen arabischen Literatur sind einige der ergreifendsten Klagen von Frauen gedichtet. Es versteht sich von selbst, daß verstorbene Familienmitglieder – Kinder, Enkel, und vor allem die Mutter – von ihren Angehörigen in Versen betrauert wurden – manchmal in Versen, die fast zu kunstvoll sind, um Mitleid im modernen Leser zu erwecken, die aber doch dem Zeitgeschmack ganz entsprachen. Elegien auf verstorbene Fürsten sind zahlreich, doch kaum zu übersetzen, da hier die Dichter ihrer Fantasie freien Lauf lassen und die ganze Welt als Teilnehmer ihrer Trauer beschwören, wie es etwa der osmanische Dichter Baki in seinem gewaltigen Gedicht auf den Tod Sultan Süleymans des Prächtigen tut. Aber die islamische Welt hat noch andere Klagelieder hervorgebracht: vor allem unter den Schiiten ist seit früher Zeit der Tod des Prophetenenkels Husain in der Schlacht von Kerbela am 10. Oktober (10. Muharram) 680 ein zentrales Thema der Dichtung gewesen, und die Ereignisse dieses Tages sind von Jahrhundert zu Jahrhundert immer detaillierter ausgemalt, dramatisiert, zu langen epischen Gedichten ausgesponnen worden, die bis heute in der persischen Welt Millionen mit Trauer erfüllen. Im Urdu ist die *marthiya*, wie solche Gedichte heißen, zu einer eigenen Kunstgattung entwickelt, die vor allem im 19. Jahrhundert in Lucknow blühte. Daß man in ähnlicher Weise auch der Gefallenen von entscheidenden Schlachten, aber auch der Opfer von Tyrannei, gedachte, versteht sich von selbst.

Elegie auf den Tod Husains in Kerbela

Was regnet? – Blut! – Wer? – Augen! – Wann? – Bei Tag und Nacht! –
Warum? – Aus Gram! – Um wen? – Kerbelas Herrn voll Macht. –
Wie hieß er denn? – Husain. – Aus welchem Haus? – Ali's. –
Die Mutter? – Fatima. – Der Ahn? – Muhammad hieß. –
Wie starb er? – Märtyrer. – Wo? – Marjas Steppenhänge. –
Wann? – Zehnten Muharram. – Allein? – Nein, in der Menge. –
Bei Nacht getötet? – Nein, bei Tag. – Wann? – Mittagsstund'. –
Die Kehle abgetrennt? – Nein, nein, der Nacken rund. –
Vor Durst getötet?. – Nein. – Gab man ihm Wasser?. – Ja. –
Wer? – Schimr – Aus welchem Quell? – Dem Quell des Nichtseins, ah! –
Starb er als Märt'rer? – Ja. – Verbrach er etwas? – Nein. –
Sein Amt? – Rechtleitung nur. – Sein Freund? – War Gott allein.
Wer tat den Frevel denn? – Jazid. – Wer ist denn der? –
Ein Sohn der Hind. – Von wem? – Ein Bastardsproß war er. –
Tat er es selbst? – Gesandt hat einen Brief er schon. –
An wen? – An Mardschanas verräterischen Sohn. –
Mardschanas Sohn, war das Zijad? – Ja, er allein. –
Und widersprach er nicht Jazids Befehlen? – Nein. –
Hat dieser Schuft erwürgt Husain mit eig'ner Hand? –
O nein, er hat ein Heer nach Kerbela gesandt. –
Heerführer war? – Der Omar ibn Saad. – Und er
Schlug Fatmas edles Volks? – Nein, Schimr ohne Ehr'! –
Schämt' sich denn nicht der Dolch, den Hals ihm abzuschneiden? –
Doch. – Warum tat er's? – Nicht wollt's Schicksal andres leiden. –
Warum? – Fürsprecher sollt' er für die Menschheit sein. –
Was muß man dafür tun? – O klage viel und wein'!
Und fielen Söhne auch von ihm dabei? – Ja, zwei. –
Noch mehr? – Neun Brüder. – Mehr? – Verwandte allerlei. –
Hatt' er mehr Söhne noch? – Ja, einen. – Wer war das? –
Sadschad. – Wie ging es dem? – Von Leid gebeugt und blaß. –
Blieb er in Kerbela? – Nach Syrien ging er weit. –
In Ruhm und Glanz? – O nein, in Schmerz und Niedrigkeit. –

Allein? – Mit seinen Frau'n. – Wie hießen sie voll Harm? –
Sakina, Fatima, Zainab, Kulthum so arm. –
Hatt' er ein Kleid am Leib? – Der Wegstaub war sein Rock. –
Hatt' einen Turban er? – Ja, der Verbrecher Stock. –
War krank er? – Ja. – Hatt' er ein Mittel? – Tränen heiß. –
Und was für Nahrung sonst? – Herzblut war seine Speis'. –
Und wer begleitet' ihn? – Die Kinder vaterlos. –
Noch mehr? – Das Fieber, ja, das niemals ihn ließ los. –
Was blieb vom Schmuck der Frau'n denn übrig? – Nur zwei Dinge:
Des Unrechts Kett' am Hals, am Fuß des Grames Ringe. –
Tät' dies ein Heide? – Nein! – Ein Jude, Parse je?
Ein Hindu? – Nein! – Wer dient Idolen? – Nein! – O weh!
Ist denn zu solchem Vers Qa'ani fähig? – Ja. –
Was wünscht er? – Huld. – Von? – Gott. –
Wann? – Wenn Vergeltung nah!

QA'ANI

Klage um das Kind Asghar, das in Kerbela getötet wurde

Oh, dein blutiges Leichentuch, Asghar!
Oh, dein vertrocknetes Mündchen, Asghar!
Blutrot dein rosiger Körper, Asghar!
    Wehe um deine Kindheit, Asghar!

Warum ist heute dein Haar so verwirrt, oh?
Warum strömt Blut aus dem Munde dir, oh?
Niemals fiel dir doch das Schlafen schwer, oh!
    Wehe um deine Kindheit, Asghar!

Steh auf! Ich wasche das Blut dir ab jetzt,
Und bist du müde, leg' ich dich schlafen,
Ich will dich wieder wiegen in Schlaf jetzt –
    Wehe um deine Kindheit, Asghar!

Warum denn rissen sie dich von mir, oh?
Wen soll ich halten in meinem Schoße?
Warum hat mich nicht getroffen das Los, oh?
    Wehe um deine Kindheit, Asghar!

Gott, o mein Gott, ich wollte dich pflegen,
Bis du dann einmal zu lesen lerntest –
Wo sind die Hoffnungen? Wo die Träume?
    Wehe um deine Kindheit, Asghar!

Ach, wessen Wiege soll ich nun schaukeln?
Wem soll ich singen ein Wiegenliedchen?
Wen soll ich nun in die Arme nehmen?
    Wehe um deine Kindheit, Asghar!

HASCHIM ALI

Die Helden von Mohácz

Wir waren's, von heißer Liebe von diesem Angriff beflügelt –
Wir waren's, die früh hundert Rosse zur ersten Schlachtreih' gezügelt!

Wir flogen – begierig, daß man uns erblicke auf Mohácz' Erde,
Belebt ward die Ebene wieder vom Wiehern unserer Pferde.

Es war ein Tag, da Erob'rung ließ leuchten wieder das Land,
Da, wo wir um seinetwillen das Leben gaben entbrannt.

Gleich rosenwangiger Schönheit, da Tulpe ist jeglicher Kuß:
Im Schoße des Sieges – wir tranken ersattend der Einung Genuß.

Wir sagten der Welt Lebewohl – dann, verhängten Zügels, ein Rennen:
Das was unser letzter Triumph noch – Jahrhunderte sollen ihn kennen!

Ein letztes Mal noch ein Wettlauf zum Himmel, der auftut sein Tor,
Und auf dem Wege zu Gott hin vereint mit den Engeln im Chor!

Wir galoppierten, wir alle, durch paradiesische Pforte;
Wir sahen in einem Hauch schon der ewigen Ahnen Orte.

Wir leben in einem Garten nun mit den Märtyrern allen,
Mit jenen Jünglingen-Helden, die einst so wie wir gefallen.

Doch wo wir geboren, wird bleiben von uns, dieses Landes Söhnen,
Erinnerung wie ein Gewitter von unserer Hufe Dröhnen!

YAHYA KEMAL

Der Gefallene von den Dardanellen

Soldat, o, der um dieses Staubs du in den Staub gesunken bist! [küßt!
Wert wärst du's, daß die Ahnenschar vom Himmel steigt, die Stirn dir

Wie groß bist du! Es rettete dein Blut des wahren Glaubens Kraft –
Die Löwen nur der Badr-Schlacht sind solchen heilgen Ruhms teilhaft.

Wer dir das Grab auch immer grub – wird es dir nicht zu eng, zu klein?
Sagt' ich: »In der Geschichte weit begrabt ihn!« – du paßt nicht hinein.

Es reicht auch jenes Buch nicht aus für die von dir erregten Zeiten –
Es können deine Größe nur in sich erfassen Ewigkeiten.

Und setzte ich die Kaaba auch an deinem Haupt als Grabstein dir,
Und spürt' ich, was mein Geist eingibt, und meißelte in Stein es hier,

Und nähme ich das Himmelszelt mit seiner Sternenfülle ganz,
Daß ich damit – dem Mantel gleich – den blut'gen Sarg verhülle ganz,

Und wenn mit Wolken dunkelblau dein offnes Grabmal ich bedeckt',
Von dort der sieben strahlenden Plejaden Leuchter ausgestreckt,

Wenn ich dir, der in Blut gehüllt, nun unter dieses Leuchters Pracht
Sich hingestreckt – wenn ich dir auch den Mondschein brächte in der
[Nacht,
Wenn ich als Grabeswächter auch dort wachte, bis der Tag anbricht,
Und jenen Leuchter wiederum am Tag erfüllt' mit Morgenlicht,

Umwänd' ich deine Wunden auch mit Abenddämmrungsschleierbahn –
Ich könnte doch nicht sagen, ach, für dich hätt' ich etwas getan!

MEHMET AKIF

Morgen in Khartum

Im Morgengrauen wurden fünf Häupter besudelt mit Blut,
wurden fünf Sonnen gelöscht.
Sie waren am Horizont meines Landes
– Landes mit felsharter Trauer –
aufgeleuchtet in einer Nacht voller Alptraum
in deinem Namen, o Freiheit.

Im Morgengrauen
fielen sie tropfengleich
fielen vom Halse von Männern bleich
deren Hände Befreiung suchten für dieses Reich
suchten sie für kommende Geschlechter.
        Weh … welch ein Preis für die Freiheit!
Müssen wir nun nicht überschreiten des Grames Flut
und unsere Angesichter waschen mit Blut
dem Blut der fünf menschlichen Sonnen …?
        Weh … welch ein Preis für die Freiheit!

Im grünen Schimmer des Morgenlichts
schleppte die Nacht ihre Schritte
glotzenden Auges über das Blut …

AL-FAITURI

Bedrettins Hinrichtung

Der Regen rieselt.
Furchtsam
Wie ein Verschwörergespräch.

Der Regen rieselt.
Wie das Huschen der weißen und bloßen Füße
Eines Verräters auf feuchtem und finsterem Boden.

Der Regen rieselt.
Auf dem Markte von Serez
Einem Kupferschmiede genau gegenüber
Hängt mein Bedrettin an einem Baum.

Der Regen rieselt.
Eine späte und sternlose Stunde der Nacht ist's.
Und was da naß wird im Regen,
Ist meines an einem blattlosen Aste schwankenden Meisters
Ganz nacktes Fleisch.

Der Regen rieselt.
Der Markt von Serez ist stumm.
Der Markt von Serez ist blind.
Und in der Luft der verfluchte Gram, nicht sprechen zu können
und nicht zu sehn.

Der Markt von Serez bedeckt sein Gesicht mit den Händen.
Der Regen rieselt.

NAZIM HIKMET

Es lebt, sprach man, Meister Sana'i nicht mehr!
Der Tod eines solchen Meisters wiegt schwer!
Er war keine Spreu, die der Wind leicht entführt,
Ein Wasser nicht, das in der Kälte gefriert,
Er war kein Kamm, der im Haare zerbricht,
Ein Korn, das die Erde zerdrückt, war er nicht.
Ein Goldschatz war er, verborgen im Sand,
Weil er die zwei Welten als Körnchen erkannt.
Er warf alle irdische Form erdenwärts,
Zum Himmel empor trug er Seele und Herz.
Vermischt mit der Hefe stieg aufwärts der Wein –
Dann trennten sich beide: der Trank wurde rein.
Ich schwöre: »Er gab, die das Volk nicht erkannt,
Die innere Seele, dem Freund in die Hand!«
Die Reise vereint alle Menschen der Welt,
Aus Merw und aus Rayy, aus Arabiens Zelt;
Ins eigene Haus kehrt ein jeder zurück,
Gesellt sich doch Taft nie zum härenen Stück.
Weil Er deinen Namen jetzt auslöschen will
Im Buche des Sprechens, mein Freund, sei fein still!

RUMI

*

Der Tod der Berauschten

Im Hag, wo das Grab des Hafis liegt, dort erblühen
Noch jeden Tag Rosen mit blutroten Säumen;
Dort weint noch die Nachtigall süß in Morgenfrühen –
Die Weise läßt von dem alten Schiras uns träumen ...

Ein Land voll Frühling nur ist der Tod für den Trunk'nen;
Sein Herz gleicht dem Rauchfaß, das jahrelang Düfte noch bringt.
Am Grab, dem unter frischen Zypressen versunk'nen,
Springt früh eine Rose auf, eine Nachtigall singt ...

YAHYA KEMAL

Totenklage für Halladsch

Deine Feder, vergiftet und grünend,
Deine Feder, mit Adern, geschwellt von Flammen
Und von dem Gestirn, das von Bagdad steigend loht –
Unsre Geschichte und nahe Erweckung zusammen
In unserem Land, in unserm vielfachen Tod.

Auf deine Hände legt sich die Zeit,
In deinen Augen die Glut
Flackert zum Himmel auflodernd.

O Sternbild, das da von Bagdad aufbricht,
Beladen mit Geburt du und Gedicht,
O Feder vergiftet und grünend!

Nichts blieb mehr für die, so von ferne kommen
– Trotz Tod und trotz Eis und Echo beklommen –
Auf dieser Erde, auferstehungsträchtig …
Nichts blieb mehr: nur noch du, und die Präsenz.
O Sprache galiläisch-mächt'gen Donners,
Auf dieser Erde, rindenoberflächlich,
O Dichter der Mysterien und der Wurzeln!

ADONIS

*

Auf Prinz Baisonghurs Tod

Um dich zu klagen, eint sich heute die Natur:
Die Tulpe füllt den Saum mit blut'ger Tränen Spur;
Die Rose reißt entzwei die rote Hemdbrust sich;
Die Ringeltaube trägt am Hals die schwarze Schnur!

SCHAHI

An Fikrets Grab

Man sagt, daß an deinem verlassenen Grab
Wildrosen erblüh'n – drauf zu blicken, kam ich,
Und in dieses Gartens gesegneten Staub
    Voll Sehnsucht mein Antlitz zu drücken, kam ich.

Sie sagen, wer innig vertraue auf dich
Und kniete dort nieder und weinte für sich,
Der finde Erhörung! ... Voll Hoffnung kam ich,
    Mit Tränen mich niederzubücken, kam ich.

Im Jahre der Trennung, am herbstlichen Tag,
Da zitternd der Tau auf den Wiesen noch lag –
Vor Tagesbeginn in der Gräber Hag
    Die Blumen der Trauer zu pflücken, kam ich.

Dein denk' ich mit allen, die kummervoll sind,
Von brennender Liebe zu Gott tränenblind –
Gelb blühende Zweige zum Kranze ich wind' –
    Mit ihm deinen Grabstein zu schmücken, kam ich.

RIZA TEVFIK

García Lorca

In seinem Herzen ein Herd,
dess Glut die Hungrigen nährt;
Das Wasser in seiner Hölle kocht,
Dess Flut die Erde vom Bösen reinigt.
Und seine Pupillen weben aus Feuer ein Segel –
Sammeln die Fäden aus Regenspindeln
und aus funkenschlagenden Quellen
und aus dem Busen der stillenden Mütter
und aus den Messern, tropfend von Süße der Früchte,
und aus den Messern der Ammen, die Nabelschnur schneidend,
und aus den Messern der Krieger, die Lichtstrahlen kauen –
Ein mondzartes Segel,
ein felsstarkes Segel,
ein Augen-Blicks-flinkes Segel,
ein Segel, grün wie der Lenz
und rot, gefärbt vom schwärzlichem Blut;
als wär es das Boot einer Kinds, das ein Buch zerriß,
um die Boote des Stromes mit seinem Inhalt zu füllen,
als wär es das Segel Kolumbus' im wogenden Meer,
als wär es das Schicksal.

BADR SCHAKIR AS-SAYYAB

Auf den Tod seines Sohnes

Der du der Glanz warst in dem Auge mein –
wie geht es dir?
Mein Tag ward finster ohne dich; allein –
wie geht es dir?
Seitdem du mich verlassen, ist mein Haus
ein Totenhaus,
Doch du wohnst tief nun unter Staub und Stein –
wie geht es dir?
Auf Dorn und Lehm, die nun dein Schlummerkissen,
dein Lager sind,
Jasminenwange, Silberkörper klein –
wie geht es dir?

Im Blute wird das Herz mir und das Auge
nun untergehn,
O Kummer, den ich früher nie gefühlt:
jetzt fühl ich ihn,
O Klage, die ich früher nie geklagt!
Jetzt muß ich flehn!
Die Toren sagen mir: »Sieh der Geduld Pfad,
erwähle ihn!«
Ich bin nicht frei, mir meinen Weg zu wählen –
wie könnt's geschehn?

FAIZI

Auf den Tod seiner kleinen Tochter

O Tochter dess, der keine Tochter
Gewünscht: erst fünf, erst sechs warst du,
Als du vom Atemholen ruhtest
Und brachst mein Herz und meine Ruh.
Wärst besser als ein Sohn –: dem Weine
Eilt früh er, nachts den Dirnen zu!

BASCHSCHAR IBN BURD

*

Erinnerung an die Mutter

Man sagt, als ich geboren, hat die Mutter
Die Brust zu nehmen zärtlich mich gelehrt,
Und jede Nacht an meiner Wiege sitzend
Hat wachend sie das Schlafen mich gelehrt.
Sie legte lächelnd ihren Mund auf meinen,
Die Knospe hat zu öffnen sie gelehrt,
Nahm meine Hand und setzte Fuß vor Fuß mir,
Bis sie die Kunst des Gehens mich gelehrt.
Ein Ton, zwei Töne, legt sie die Worte
Mir in den Mund, hat sprechen mich gelehrt.
Drum ist mein Dasein Teil von ihrem Dasein –
So lang' ich leb', ist sie mir lieb und wert.

IRADSCH MIRZA

Grab in Palästina

O meines Großvaters Antlitz! O Prophet, niemals lächelnd!
Aus welchem Grabe kamst du
in einer Weste, gefärbt wie uraltes Blut am Felsen,
einem Mantel, wie ein Grube gefärbt?

Traurigkeit eines Feldes, das da trägt dürre Knochen,
Olivenbäume
und uralten müden Wind

Aus welchem Grabe kamst du zu mir, der du versteinern lässest
dein Kind?
Gott ist groß! Nein! Niemals verkaufte ich eine Spanne
vom Land,
nie beugte ich mich einem Druck!

Ja, jene tanzten und sangen auf deinem Grabe ...
Doch schlafe du, schlafe doch:
Wach bin ich – ich bin wach – wach –
bis zum Tode noch!

MAHMUD DARWISCH

Auf den Tod seiner Enkelin

Mein süßes Kindchen, nie vergeß ich dich,
Ob Tage, Monde, Jahre auch vergehn.
Wie bitter ist dein Fortgehn doch für mich!
Kann aus dem Sinn dein süßes Plaudern gehn?

Zu herzen wagt' ich kaum den Leib, den zarten –
Wie mag's ihm geh'n in seinem Bett, dem harten?
Denk ich der Knospe deines Munds im Garten,
Verbrenn' die Rose durch mein heißes Flehn!

Dein Silberleib verwandelt ganz und gar –
Ziert schwarz die Braue noch die Stirne klar?
Löst sich zu Erde nun dein goldnes Haar,
Verwirrt, die ich gekost, die Locken schön?

Fand nun des Himmels Zorn und Grimm ein Ende,
Daß welk die Rosenwange uns entschwände?
Ach, werden auch zu Staub die weichen Hände,
Mit denen küssend ich gespielt, vergehn?

AKIF PASCHA

*

Auf den Tod seines Neffen Arif

Du hättest etwas auf mich warten sollen –
noch ein paar Tage;
Du gingst allein und wartest drüben einsam
noch ein paar Tage.

Mein Haupt zerreibe ich, ob auch die Steine
nicht bröckeln mögen –
An deines Grabes Tür reib' ich die Stirne
noch ein paar Tage.
Du kamst erst gestern, und du sagtest heute:
»Nun will ich gehen.«
Gewiß, du konntest nicht für immer bleiben –
doch ein paar Tage.
Du sagtest, als du gingst: »Wir sehn uns wieder
am Jüngsten Tage!«
Ach ja – des Jüngsten Tages Schrecken glichen
doch ein paar Tage.
Sieh, alter Himmel, Arif war ein Jüngling –
wär's denn dein Schaden
Wenn dieser Jüngling nicht zu sterben brauchte
noch ein paar Tage?
Du warst der volle Mond in meinem Hause –
warum, warum denn
Blieb meinem Haus nicht dieses Licht erhalten
noch ein paar Tage?
Wie ehrlich warst du doch in deinem Handel!
Der Todesengel
Gewährt hätt' er vielleicht dir Zahlungs-Aufschub
noch ein paar Tage.
Du gingst durch dieses Leben eine Weile,
bald froh, bald trübe;
Du jung Verstorbner, gingest du doch weiter
noch ein paar Tage!
Ein Tor ist jeder, der da sagt: O Ghalib,
lebst du noch immer?
Mein Schicksal ist es, auf den Tod zu hoffen
noch ein paar Tage!

GHALIB

Totenklage für ihren Bruder Nimr

Und ich bebte, mit eisigen Fingern, über
dem Stück Briefpapier
Sie lügen ... sie lügen ...
Nein, aber du träumst, du träumst –
Wach doch jetzt auf – dieser Traum ist ja unerträglich!
Und ich richtete meinen Blick auf die sicheren Dinge,
streckte die Hände aus
um die Blätter, den Tisch und das Buch zu berühren

Wach doch jetzt auf – dieser Traum ist ja unerträglich!

Und ich richtete meinen Blick auf das Stück Briefpapier
noch einmal, hier
Und ergriff mit eisigen Fingern
das Stück Briefpapier
O Bruder – Bruder– o Bruder

*

O Nimr, o Freund deiner Schwester, deren Schwinge gebrochen
O Nimr, du neue Wunde in meinem Herzen
von Wunden zerstochen
So ohne Abschied, o Lieber, du,
lieblicher Prinz –
Kein Kuß auf die Wangen, die frischen, und auf die Stirn
Kein letzter Blick, den wir als Wegzehrung trügen
in die Wildnis der Trennung
O Nimr, o lieber Freund, o du Prinz, wenn es nur
Abschied für ein paar Jahre wäre –
wir würden's ertragen ...
Aber ein Leben lang
Aber ein Leben lang ...

FADWA TUQAN

Schönheit und Tod

Die Rose, die am allerschönsten im Garten stand
und deren Glanz die Weite tauchte in Farbenpracht,
Die nie des Herbstes grimme Härte an sich empfand,
Die mild mit Herzensblut Ernährte von Lenzes Hand –
An sie hat er, der Blumen schneidet, allein gedacht.

Viel tausende von Blumen schmücken des Lebens Flur,
Jedoch des Todes Augen blicken auf eine nur,
Zu der die Hoffnung aller Herzen ward hingeführt,
Die von dem Schmutz des Schicksals-Feldes niemals berührt,
Die, seit sie in die Welt gekommen niemals gespürt
Des Glückes Mangel, noch des Kummers zu volle Fracht:

Im Schoß des göttlichen Erbarmens sieh süß sie ruhn,
Die Engel Klagelieder singend zur stillen Nacht;
Lenzmorgen kommt, sie zu umkreisen wie Pilger tun,
Der Zephir bringt ihr Edens Blüten als Spende nun.

FAIZ

Die Freunde, die es einst gab –
ich weiß nicht, wohin sie gegangen.
O Herr, welch Tag war es, da
getrennt sie sich, von uns gegangen?
Kommt jetzt der Frühling und fragt,
wie es den Freunden wohl geht,
So sage, Zephir: Die Rosen
sind alle wie Gras vergangen.
O Rose, die aus der Erde
gekommen, sage uns doch:
Wie geht es den Rosenwangen,
die unter dem Staub gefangen?
Die Hohen, die eine Krone
fürs Haupt der Menschen gewesen –
Sieh, wie sie alle zum Fußstaub
des Volkes geworden, vergangen!
Ein Spielzeug ist, das nur Kinder
verführt, das Gut dieser Welt –
Wie töricht sind doch die Menschen,
geplagt von ihrem Verlangen!
Die Weltbewohner, sie wurden
so treulos wie diese Welt …
So geh denn, Khosrau – die Treue
ist ganz aus der Welt gegangen!

AMIR KHOSRAU

Sag nicht, es seien die Freunde,
die toten, vergessen, verschwunden!
Wo wäre ein Klaglied, in dem sie
nicht tönten zu allen Stunden?
Sie waren die Leuchten des Lebens,
die staunend-entzückt wir erblickt –
Jetzt sind auf dem Schleier des Herzens
sie schweigende dunkle Wunden.
Doch nein, sie sind nicht gegangen,
so lange es Worte gibt:
Die Freunde, den Blicken entschwunden,
sind doch im Gehör noch gefunden.

BEDIL

*

Sachte, ganz sachte
Schwanken im Mondeslicht, fächeln
Die schwarzen Fächer der großen Zypressen.
Die Dunkelheit zittert und wogt.
Die Toten lächeln …

SALAHATTIN BATU

Vertrau dich dem Entwerden

Es hat mein Geist gemischt sich mit dem Deinen,
Wie Wein vermischt mit klarem Wasser sich.
Wenn etwas Dich berührt, rührt es auch mich an,
Denn immer bist und überall Du ich.

HALLADSCH

Für die Mystiker ist das Ziel das Entwerden im Geliebten, das heißt, sein Aufgehen in Ihm, die Vereinigung mit Ihm, die jenseits von Worten und Symbolen liegt und niemals recht ausgesagt werden kann und darf. Deshalb haben die mystischen Dichter – nicht nur des Islam – immer neue Bilder erfunden, um diesen letzten, wortlosen Zustand anzudeuten: die irdische Liebeseinigung war für viele das beste Symbol der unaussprechlichen Seligkeit der Einigung der Seele mit Gott; das liebende Vergehen der Einzelseele konnte auch als Aufgehen des Tropfens im Ozean des göttlichen Wesens umschrieben werden oder aber mit einem auch in der christlichen Welt verwendeten Bild angedeutet, nämlich das Durchglühtwerden des Eisens vom Feuer, was bedeutet, daß zwar die Substanz des Eisens erhalten bleibt, daß es aber alle Attribute des göttlichen Feuers annimmt. Dieses Bild ist vor allem auf den Märtyrer-Mystiker Halladsch angewendet worden, der 922 in Bagdad hingerichtet wurde; sein Ausspruch »Ich bin die Absolute Wahrheit« (meist interpretiert als »Ich bin Gott«) ist von vielen als Ausdruck der völligen Vereinigung von Menschen und Gott angesehen worden; andere dagegen haben ihn als unerlaubten Ausdruck einer unaussagbaren Erfahrung getadelt. Doch »Mansur« Halladschs Gestalt erscheint immer wieder, wenn von Gotteseinigung gesprochen wird. Und jenes Bild vom Falter, der verzückt in der Flamme ein höheres Leben findet – erstmals von Halladsch verwendet! –, gehört zum Standardrepertoire der Dichter, wenn sie das völlige Aufgehen im Geliebten andeuten wollen.

Gern haben die islamischen Mystiker auch das Gleichnis vom Spiegel aufgenommen: wer sich ganz von sich selbst entleert, sich vom Rost des Materiellen gereinigt hat, kann das Bild des Geliebten völlig in sich aufnehmen und ist ihm dann näher als er sich selbst ist.

Glücklich der Nu, da wir im Schlosse weilen –
wir: Du und ich,
Wohl ist der Leib –, die Seele nicht zu teilen,
wir: Du und ich.
Des Gartens Farbe und der Hauch der Vögel
wird Lebensquell
In jener Zeit, da wir zum Garten eilen,
wir: Du und ich.
Vom Himmel kommt die Sternenschar, zu schauen
auf Dich und mich,
Wir zeigen ihr den Mond selbst ohn' Verweilen,
wir: Du und ich.
Ohn Ich und Du, so werden in Verzückung
wir dann vereint,
Beglückt und frei von wirrer Rede Zeilen,
wir: Du und ich.
Vor Neid verschlingen alle Himmelsvögel
ihr eignes Herz,
Dort wo so selig lachend wir verweilen,
wir: Du und ich.
Das Wunder ist, daß wir, in einem Winkel
hier hold vereint,
Zugleich getrennt sind viele tausend Meilen,
wir: Du und ich!

RUMI

*

Ich bin der, den ich lieb'; Er, den ich liebe
Ist ich – zwei Geister, doch in einem Leibe.
Und wenn du mich siehst, hast du Ihn gesehen,
Und wenn du Ihn siehst, siehest du uns beide.

HALLADSCH

Die von dem Pokal der Liebe trunken
Und vom Wein des Urvertrags berauscht,
Mühen sich bald im Gebet asketisch,
Dienen Götzen bald und trinken Wein.
Was sie auf des Daseins Tafel sahen,
Tilgten sie – nur nicht des Freundes Bild;
Jenseits flogen sie des Gottesthrones,
Saßen in der Klause »Wo-kein-Ort«,
Schämen sich, zu nehmen, zu verweigern;
Einigung und Trennung gilt nicht mehr;
Sie, das Vorwort für das Buch des Daseins,
Wurden Titelblatt der Ewigkeit.
Frei von »Sei! – Es ward,« sind sie geworden,
Sind ihr eig'nes Kommen sie und Geh'n!

GESUDARAZ

*

Dein Geist hat sich gemischet mit dem meinen
Wie Moschus mit dem Ambra, duftend reinen.
Was Dich berührt, muß mich sogleich berühren –
So bist Du ich – ein ungetrennt Vereinen.

HALLADSCH

*

Ein Leben lang hört' ich von ferne Ihn,
Im Traume nur zog an die Brust ich Ihn.
Jetzt, da als Spiegel nur ich vor Ihn trat,
Sah Er sich selbst, nicht ich erschaute Ihn.

DARD

Ich glaubte, in der Welt sei mir kein Freund geblieben –
Ich ließ mich selbst, und sieh! nun ist kein Feind geblieben.
Sah keinen Rosenhag, sah überall nur Dornen –
Ganz Rosen ward die Welt; nun ist kein Dorn geblieben.
Mein Herz schrie Tag und Nacht und wimmerte und seufzte –
Ich weiß nicht, was geschah – kein Ach ist mehr geblieben.
Die Vielheit ging, es kam die Einheit und die Stille.
Die Welt ward ganz zu Gott; nicht Stadt, nicht Markt mehr blieben.
Der Glaube und der Ruf, sie sind verweht im Winde –
Der Name »gläubig« ist Niyazi nicht geblieben.

NIYAZI MISRI

*

Mein Kommen ward zum Gehen, im Wasser Wellen gleich,
Mein Nicht-Seh'n wurde Sehen, dem Auge gleich im Traum.
Verborgen bin ich, sichtbar, wie Sinn in jedem Wort,
Vorhanden, nicht vorhanden, wie Trunkenheit im Wein.
Erbaut bin ich, zerstört auch: wie Häuser auf dem Bild,
Ich weine und bin stille: dem Kindchen gleich im Schlaf.
Ich zeige und ich zeig' nicht, so wie des Spiegels Glas,
Bin sichtbar und verborgen wie Feucht' im dunklen Raum.
Bin ferne und bin nahe, so wie im Aug' das Bild,
Frohsinn bin ich und Sehnsucht: wie Einigung im Traum,
Bin frei und bin gezwungen in allem, was ich tu,
Bin nützlich und bin nutzlos, der Null im Rechnen gleich.
Ich bin, Ali, dem Buch gleich, bin sprechend und bin stumm,
Ich bin der Frage Inhalt, die in der Antwort liegt!

NIʿMAT KHAN ʿALI

Ich bin etwas, o Schwestern,
und weiß nicht, was ich bin!
Ich meine: vielleicht eine Puppe,
vielleicht, dran sie hängt, jener Faden;
Ein Ball in der Hand des Geliebten,
vielleicht ein Joch, schwer beladen;
Vielleicht bin ein Palast ich,
darin der König sinnt,
Gar manche Dinge beredend,
daß Kenntnis er gewinnt.
Vielleicht bin ich ein Roß auch,
das irgend ein Reiter lenkt,
Vielleicht die Woge des Meeres,
das äußeres Sein versenkt.
Vielleicht die Henna-Blüte,
mit Röte ausgelegt,
Vielleicht auch eine Rose,
die Duft im Haupte trägt.
Auch mag ich eine Quelle
gefüllt von der Wolke sein,
In der die Sonne sich spiegelt
und Mondes Widerschein.
Vielleicht auch der Widerschein Gottes,
bin ich von Anbeginn,
Der jenseits aller Worte ...
Vielleicht, daß ich gar nicht bin?

SATSCHAL SARMAST

*

Nicht von der Knospe träumt, nicht an die Rose
gedenkt der Tau:
Das Thema seines eigenen Zerfließens
bedenkt der Tau.

BEDIL

Wenn Seele sich und Leib gemischt –
mein Ziel bist Du.
Im Leben und im Sterben auch
mein Ziel bist Du.
Wenn ich vergeh, Du bist es ja,
der ewig lebt,
Und sage ich auch »Ich« von mir –
der Sinn ist »Du«.

DSCHAMI

*

Verbrennen macht das Stroh
gleichfarbig mit der Flamme –
Wie fremd wir uns auch sind:
vertraut doch dem Geliebten.

BEDIL

*

Vertrau dich dem Entwerden, wenn du
dein Wesen finden willst:
Des Glückssterns Leuchten für den Strohhalm
kommt von des Ofens Glut.

GHALIB

*

Als ich zur Nacht von Angesicht zu Angesicht Ihn traf:
Wie einer Kerze Zunge schwand in Glut mir Wort und Wunsch.

DARD

Die »Taufe Gottes« ist das Farbfaß »Er« –
In ihm gibt *eine* Farbe es nur mehr.
Wer in dies Faß fiel – sprich: »Erhebe dich!« –
Der ruft voll Freude: »Laß, das Faß bin ich!«
»Ich bin das Faß« heißt »Ich bin Gott« zu sagen –
Das Eisen wird des Feuers Farbe tragen.
In Feuerfarbe stirbt des Eisens Farb',
Vom Feuer spricht es, bis sein Wort erstarb.
Ist es von Röte gleichwie Gold durchdrungen:
»Ich bin das Feuer!« ruft es ohne Zungen.
Von Feuers Art und Farbe, hochgemut,
So spricht es: »Ich bin Feuer, ich bin Glut!
Ja, ich bin Feuer! Zweifelst du daran,
Versuche es und rühre mich nur an!
Ja, ich bin Feuer – glaubst du es mir nicht,
Leg' dein Gesicht einmal auf mein Gesicht!«

RUMI

*

Wenn Rosen durch das Herz dir ziehn, bist du die Rose all,
Und wenn's der Sprosser klagend ist, bist du die Nachtigall.
Du bist ein Teil – die göttliche, die Wahrheit ist das Ganze –
Bedenkst das All du allemal, so bist du auch das All.

DSCHAMI

Es klopfte einer an des Freundes Tor.
»Wer bist du«, sprach der Freund, »der steht davor?«
Er sagte: »Ich!« – Der sprach: »So heb dich fort,
Wenn du so sprichst! Ist hier der Rohen Ort?«
Den Rohen kocht das Feuer »Trennungsleid« –
Das ist's, was ihn von Heuchelei befreit.
Der Arme ging, ein Jahr von ihm zu scheiden,
Und glühte hell im Schmerz, den Freund zu meiden.
Da ward er reif. Nun kam er von der Reise,
Daß wieder er des Freundes Haus umkreise.
Er klopft' ans Tor mit hunderterlei Acht,
Daß ihm entschlüpft kein Wörtlein unbedacht.
Da rief sein Freund: »Wer steht denn vor dem Tor?«
Er sprach: »Geliebter, du, du stehst davor!«
»Nun, da du ich bist, komm, o Ich, herein –
Zwei Ich schließt diese enge Haus nicht ein!«

RUMI

*

Wenn dir's beschieden ist, dich gleich der Knospe
selbst zu zerbrechen –
Den Ton des eig'nen Aus-der-Fessel-Springens
wirst du vernehmen!

BEDIL

Hör' der Liebes-Verwirrung Kunde hier –
keine Fee mehr blieb und kein Wahnsinn blieb,
Und kein Du blieb mehr und kein Ich blieb mehr –
Und was blieb? Nur Mangel an Kunde blieb.
Der Entselbstung Fürst, er verlieh mir jetzt
das Gewand der Nacktheit als Ehrenkleid –
Keine Flickarbeit des Verstandes mehr,
Und kein Hüllen-Zerreißen des Wahnsinns blieb!
Aus dem Unsichtbaren wehte ein Sturm
und der Freude Garten ward ganz verbrannt ...
Nur ein einziger Zweig von des Grames Busch,
den man »Herz« genannt – der blieb unversehrt ...

SIRADSCH AURANGABADI

*

Wohin kehr ich das Kamel?
Rings flutet Vollmondes Licht!
In mir die Kammer von Kaak,
in mir sein Platz, sein Gesicht,
Liebster und Liebster! – Und nicht
gibt's einen andern als Ihn.

Wohin kehr' ich das Kamel?
Rings flutet Vollmondes Glanz.
In mir die Kammer von Kaak,
Frühlingshag in mir und Kranz –
Wurde der Freund alles ganz,
bleibt nun kein anderer Ruf.

SCHAH ABDUL LATIF

Mansur

Die Farben kamen aus der Sonne
Die Farben gingen in die Sonne
Die Farben starben ohne Sonne
ich brauche Farben nicht
noch Farblosheit
Die Sonnen kamen aus einem Ort
Die Sonnen gingen zu einem Ort
Die Sonnen starben ohne Ort
Ich brauche Helle nicht
noch Dunkelheit
Die Formen kamen aus einem Ort
Die Formen gingen zu einem Ort
Die Formen wurden unsichtbar

Schlage die große Pauke
Alle Stimmen ersticken in einer –
Mansur
Mansuuuur

ASAF HALET ÇELEBI

Suchend im Grenzenlosen
fand ich des Höchsten nicht Grenze noch Mal;
Ist doch die Schönheit des Freundes
ferne von Höhe, von Breit oder Schmal.
Liebende hier ohne Zahl –
dort der Geliebte, ruhend in sich.

Nicht hat ein Ende der Mensch –
hat er doch keinen Beginn:
Welche sich selber verlieren,
die hat der Liebste erkannt.

So du dich selber noch siehst –
wo wäre wahres Gebet?
All diese Formen gib auf;
dann erst ruf aus: »Gott ist groß!«

So du dich selber noch siehst,
wo wäre wahres Sich-Neigen?
All dieses Dasein gib auf;
dann erst ruf aus: »Gott ist groß!«

SCHAH ABDUL LATIF

*

Und das Ergebnis sind nur die drei Worte:
Ich brannte, ich verbrannte, ich verbrannte!

RUMI

O Herr, laß meine Nacht zum Tage werden

Gebete

Der Bettler ruft, um seine Not zu stillen,
Der Fromme ruft um seiner Seele willen.

RUMI

Des Gebetes beraubt zu sein, wäre für mich schwerer, als der Erhörung beraubt zu sein«, sagt ein frühislamischer Mystiker, und in der Tat ist das Gebet im Islam, wie in den meisten Religionen, ein zentraler Punkt des geistigen Lebens. Kein Wunder, daß Dichter – Mystiker und Nicht-Mystiker, ja Skeptiker – ihre Gedanken zum Gebet oftmals in Verse gekleidet haben, daß sie ihre Wünsche und Hoffnungen in den Mund der Helden ihrer Epen gelegt, manchmal auch ihre Enttäuschung deutlich ausgedrückt haben. Denn das Hadern mit Gott ist im Islam ebenso bekannt wie in der christlichen Tradition, und es nimmt manchesmal erstaunlich scharfe Töne an. »Man muß Ihm die Zähne zeigen«, sagt einer der Beter in 'Attars Epen, die wohl das beste Beispiel solcher Verzweiflungsschreie sind. Doch wenn 'Attars Helden – meist Wahnsinnige oder Bettler – sich gegen Gott auflehnen, wie es auch später, im türkischen Bereich, vor allem die volkstümlichen Bektaschi-Dichter tun, so weist Dschelaladdin Rumi sie doch immer wieder zurück und leitet seine Hörer leise dazu über, daß das Gebet des wahrhaftig Liebenden jenseits der gesprochenen Worte liegt: ja, daß das Gebet ein Gottesgeschenk ist, wie er in seinen berühmtesten Versen im *Mathnawi* sagt, die er immer wieder abwandelt. – Doch das Problem blieb; und so haben moderne Dichter wie Iqbal weniger um Erhörung des Gebetes gebeten als um Wandlung ihres Sinnes, so daß eine Willenseinigung mit den angerufenen Gott erreicht wird, in dem nicht Worte mehr bestehen noch Wünsche.

»O Gott!« rief einer viele Nächte lang,
Und süß ward ihm der Mund von diesem Klang.
»Viel rufst du wohl«, sprach Satan voller Spott.
»Wo bleibt die Antwort ›Hier bin Ich!‹ von Gott?
Nein, keine Antwort kommt vom Thron herab!
Wie lange schreist du noch: ›O Gott!‹? Laß ab!«
Als er betrübt, gesenkten Hauptes, schwieg,
Sah er im Traum, wie Khidher niederstieg
Und sprach: »Warum nennst du Ihn denn nicht mehr?
Was du ersehnt – bereust du es so sehr?«
Er sprach: »Nie kommt die Antwort: ›Ich bin hier!‹
So fürchte ich, Er weist die Türe mir!«
»Dein Ruf ›O Gott!‹ ist Mein Ruf: ›Ich bin hier!‹
Dein Schmerz und Flehn ist Botschaft doch von Mir,
Und all dein Streben, um Mich zu erreichen –
Daß Ich zu Mir dich ziehe, ist's ein Zeichen!
Dein Liebesschmerz ist Meine Huld für Dich –
Im Ruf »O Gott!« sind hundert: »Hier bin Ich!«

RUMI

*

Dein Bildnis mir im Auge, Dein Wohnort mir im Herzen,
Im Mund das Dein-Gedenken – und wo verbirgst Du Dich?

HALLADSCH

*

Um Dich spiel ich ein Lied, wenn ich die Flöte hebe,
Und rege ich den Fuß – zu Deinem Dorf ich strebe.
So viel wie Du an Güte und Gnade mir erzeigt –
Unmöglich, daß ich je mein Herz von Dir enthebe!

RUMI

Ich hab' mein Herz von dieser Welt getrennt –
Mein Herz und Du sind nicht getrennt für mich,
Und wenn der Schlummer mir die Augen schließt,
So find' ich zwischen Lid und Auge Dich.

SUMNUN

*

Du rinnest zwischen Herzhaut und dem Herzen,
so wie die Tränen von den Lidern rinnen,
und wohnest im Bewußtsein tief im Herzen,
so wie die Geister in den Körpern drinnen.
Nichts Regungsloses kann sich jemals regen,
wenn Du es nicht bewegst, verborgen innen.

HALLADSCH

*

Holder Sprosser, wilder Falke sind von Dir.
Licht und Glut im Weg des Lebens sind von Dir.
Waches Herz und Handvoll Erde, Weltenschau,
Nächt'ger Wandel dieses Mondes lind: von Dir.
Perle, noch im Meer, und Perle, schon ertaucht!
Was mein Mund sagt, was mein Herz noch sinnt – von Dir!
Ich bin eine Handvoll Staub nur, windverweht,
Tulpen sind von Dir, Lenzregen rinnt von Dir.
Du der Maler, wir die Feder, die Du führst,
Bild des Jetzt und was die Zukunft spinnt: von Dir!

IQBAL

Gebet der Schirin

O Herr, laß meine Nacht zum Tage werden
und laß mich strahlend gleich dem Tage werden!
Der Morgen hoffnungslos, und schwarz die Nacht:
O gib, daß mein Gesicht wie Sonnen lacht!
Mein Gram ist so, daß Helden ihm erliegen:
Laß mich, wie Freude, diesen Gram besiegen.
Nicht länger trag' den Druck ich, das Bedrängen:
Lös' mich wie den Rubin aus Felsenengen!
Du bist der Freund, zu dem sie alle klagen –
O bring Erlösung mir in meinem Klagen!
Ich kann nicht mehr in diesem Gram bestehen –
Hilf, Helfer aller, die um Hilfe flehen!
Bei aller unterdrückten Kinder Tränen,
Bei aller tiefgebeugten Greise Sehnen,
Beim Straßenrand, wo arme Wandrer schliefen,
Beim Schweigen derer in des Kerkers Tiefen,
Beim Ruf »Gerechtigkeit!« der Angeklagten,
Beim Ruf »O Herr! O Gott!« der Schuldgeplagten,
Beim reinen Saume der, die Dich anbeten,
Die kennen das Geheimnis der Propheten,
Bei dem Bedürft'gen, dem das Tor verschlossen,
Bei den Verwundeten, blutübergossen,
Bei jedem, der von Haus und Hof getrennt,
Den seine Karawane nicht mehr kennt,
Bei Litanei'n im Mund von Schulbeginnern,
Beim Seufzer aus verbrannter Herzen Innern,
Beim Licht – (verhüllt ist noch der Welt sein Strahlen),
Bei Deiner Wohltat, jenseits aller Zahlen,
Beim wahren Wort des Mönchs in seiner Zelle,
Bei dem Erfolg aus alles Guten Quelle,
Bei Eremiten, die Verdienst erworben,
Bei jungen Kindern, die noch nicht verdorben,

Bei jeder Stärke, die Dir lieb und wert ist,
Bei jedem Beten, das bei Dir erhört ist,
Bei jedem Seufzer, nahe Deinem Thron,
Bei jenem Namen, höher als Dein Thron:
Erbarm Dich über mein zerriss'nes Herz,
Hilf mir aus diesem Wirbelsturm von Schmerz!
Ja, würde jedes Haar von mir zu Zungen,
Mit jedem würde Dir Dein Lob gesungen!
Noch schlumm're stumm ich, und ich fasse kaum
Des hundertfachen Dankes fernen Saum.
Du bist es, neben dem nichts andres ist,
Du bist das Sein, und Nichts das andre ist.
Du bist verschleiert in der Einheit Hülle,
Du gibst den Sphären Kraft, Du, Macht und Fülle!
Nicht Anfang hat Dein Gott-Sein und kein Ende –
Wer wär' es, der das Erste, Letzte fände!
Mit Furcht und Hoffnung darf zu Deinen Hallen
Man nur in williger Ergebung wallen.
Du schufst die Sphären, und Du läßt sie kreisen,
Du gabst die Welt, die Seele, und die Speisen.
Ob Du uns nährst, die Seele uns entreißt –
Du weißt's am besten, tue, was Du weißt!
Ich lebe so durch Deine Gunst und Gaben –
Laß mich denn eine neue Gunst noch haben:
Was Du verhängen magst und was entscheiden:
Schaff mir ein Herz, es freudig zu erleiden!
Doch welches Urteil immer du magst geben
Wie nehmen's an, sei Tod es oder Leben.
Ich leide, bin ein Stäubchen, bin erschlafft:
Gib mir nicht Schmerzen über meine Kraft!
Von mir kommt nichts, was mir zu tun gebührt:
Von Dir kommt, Schöpfer, was von mir nicht rührt.
Erfreu' noch einmal mich mit Deinen Gaben,
Du schenktest schon die Fülle Deiner Gnaden!

Wollt' ich verbergen mein geheimes Sorgen,
Wie könnte ich's? Denn Du weißt, was verborgen!

NIZAMI

*

Gott, laß mich nicht als Jüngling sterben –
Dann ängstigt sich die Mutter, und die Liebste jammert!

LANDEY

*

Ich hatte Tränen – Du hast sie vernichtet,
Du ließest bluten die Augenlider.
Ich hatte ein Herz, und Du hast es verzehrt,
Ich hatt' einen Leib, Du zerrissest die Glieder.
Ich hatte, o Herr, einen Blick, daß ich schaute
Die Wahrheit – Du warfest die Blindheit drauf nieder.
Dein Diener erkrankte, o Herr, bis zum Tode –
Wenn Du es nur willst, heilst Du heut' ihn noch wieder.

DHU'N-NUN

*

Gott, gib dem blauen Himmel langes Leben!
Er ist das Dach für aller Armen Grab!

ATISCH

Wenn zur Abendzeit ein jeder
seinen Tisch deckt und die Kerzen,
Bin ich mit den Freundes Traumbild –
Seufzen, Klagen, Gram und Schmerzen!
Wasch' mich zum Gebet mit Tränen,
dann wird mein Gebet zu Gluten –
Der Moscheen Tor fängt Feuer,
wenn daran schlägt mein Gebetsruf ...
Ist wohl das Gebet des Trunknen,
sage mir, ist es wohl gültig?
Denn er weiß von keinen Zeiten,
denn er kennt ja keine Orte!
Sind's zwei Folgen des Gebetes?
Oder ist es schon die achte?
Welch' Kapitel rezitiert' ich?
Denn ich habe keinen Mund mehr!
Wie klopft' ich an Seine Pforte,
da nicht Herz mir blieb, nicht Zunge?
Du nahmst Herz und Zunge von mir –
so verzeih mir, Herr, sei gnädig!
Nein! Bei Gott, wie könnt' ich wissen
wie ich das Gebet verrichte?
Ob die Beugung ich vollendet?
Wer der Leiter der Gemeinde?
Denn ich bin nur wie der Schatten,
vor und hinter jedem Leiter,
Und ich wachse und ich schwinde,
wie der Schattenträger wandelt ...

RUMI

Willst Du mir dieses Tor nicht öffnen?
Meine Hände sind müde geworden, und noch klopfe ich,
klopfe an Deine Tür.
Zu deinem Hofe kam ich, erbittend
Ein wenig Ruhe, ein wenig Frieden
sei mir beschieden.
Aber dein Hof ist verschlossen
vor mir, in Schweigen gehüllt...

O Herr des Hauses –
Offen war einstmals dies Tor
Und der Platz eine Zuflucht für alle mit Schmerzen Beladnen.
Offen war einstmals dies Tor, und der Ölbaum
grün, frei sich streckend
umarmte zärtlich das Haus.
Und das Öl leuchtete schon ohne Feuer.
Des Wächters Schritte leiteten sicher des Nachts,
und die Gebeugten unter der Last der Erde, sie ruhten
selig in dieser friedlichen Stille Fluten.

Hörst Du mich, Herr des Hauses?
Ich, die verloren in einsamen Wüsten
ferne von Dir, kehre jetzt zu Dir heim.

Aber Dein Hof ist verschlossen
vor mir, in Schweigen gehüllt.
Aber Dein Hof ist bedeckt
mit des Todes Staub.

Wenn Du noch hier bist, so öffne das Tor.
Öffne! Verhülle nicht Dein Antlitz vor mir!
Sieh, ich, verwaist und verloren in
den Ruinen der Welt, der zerstörten,
Auf meinen Schultern der Erde Leid
und das grausen Geschickes Schrecken, die unerhörten...

FADWA TUQAN

Aus dem Tagebuch einer Pilgerfahrt zum heiligen Hause Gottes

Über des Propheten Gebein ist jedes Staubkorn
        ein Pfeiler von Licht,
Aufrecht von der Kuppel des Grabes
Bis hin zu der Kuppel des Himmels ...
Und jene Ehrfurcht, die
wie Deine Macht die Stirnen sich neigen läßt
zeichnet im Horizont einen höheren Horizont
von Händen und Lippen
der wogt »Im Namen Gottes«.
        Dein ist das Lob
        Dein ist der Dank
        Dein ist der Ruhm
        Dein ist das Reich
        Der Du die Wohltat gibst, o Du der alles besitzt!
        Hier sind wir zu Deinem Dienst, Du der keine Gefährten hat
        Hier sind wir zu Deinem Dienst, Du der keine Gefährten hat.

Keine Glut mehr in unseren Knochen, noch Asche,
Kein Schnee, keine Schwärze;
Nicht Unglauben mehr, und Anbetung nicht.
Erniedrigung ward Gewohnheit, und Schwäche ohne Licht ...
O Herr,
Du lehrtest uns Liebe,
Lehr uns den Willen, der Mauern bricht!

AL-FAITURI

Was fragst du nach der Liebenden Gebete?
Geheimnis, tief vertraut, ist, was ich bete!
Die Glut von einem Ruf »Gott ist der Größte!«
Paßt nicht in die fünf täglichen Gebete!

IQBAL

*

Ich mag nicht allzu kühn in der Rhetorik sein –
Vielleicht prägt deinem Sinn doch dieses Wort sich ein:
Der Ruf: »O, Gott ist groß!« fortwährend in den Himmeln;
Am Boden staubend stets Gebet und Litanei'n.
Das eine ist der Weg der selbstbewußten Helden,
Das andre ist der Weg von Priester, Pflanze, Stein!

IQBAL

*

Das Gebet des Hirten, das Gott lieber war
als das gelehrte Gebet Mosis.

Auf dem Weg sah Moses einen Hirten,
Der da sprach: »Du, der wählt, wen Er will –
Wo bist Du, daß ich Dein Diener werde,
Deinen Rock dir flick', Dein Haar Dir kämme,
Wasch' dein Kleid und töte Deine Läuse,
Milch Dir bringe, o Du Hocherhab'ner,
Küss' Dein Händchen und massier' Dein Füßchen,
Und zur Schlafenszeit feg' ich Dein Stübchen ...?
Du, dem alle Ziegen ich gern opfre!
Du, dess ich gedenke voller Seufzen!«

RUMI

Gebet Satans

Herrgott, Herr von Unrecht und von Recht!
In des Menschen Nähe geht's mir schlecht.
Zeigt er mir doch niemals Widerstand,
Der sein Auge schloß, sein Selbst nicht fand!
Fremd sein Staub der Lust der Rebellion,
Fremd der Glut des höchsten Stolzes schon!
– Beute, die sich selbst dem Jäger gibt –
O des Dieners, der Gehorsam liebt!
Rette mich vor solcher Beuteschar!
Denk, wie ich Dir einst gehorsam war!
Meine hohe Seele fühlt sich hier
So erniedrigt – wehe, wehe mir!
Schwach sein Wille, unreif von Natur –
Kaum erträgt er meines Schlages Spur!
Klügere Gefährten sind mir nötig!
Reifere Genossen sind mir nötig!
Nimm das Lehm-und-Wasser-Spielzeug fort!
Kinderspiel frommt nicht an Greises Ort.
Was heißt Mensch? Ein Häufchen Schutt, nun gut –
Mehr als er ist *ein* Stück meiner Glut!
Wenn die Welt nur Schutt und Asche kennt –
Wozu diese Glut, die mich verbrennt?
Glas zu schmelzen, ist ein Kinderspiel –
Stein zu schmelzen, ist das wahre Ziel!
So enttäuscht bin ich von meinem Fang,
Lohn erbittend, führt zu Dir mein Gang:
Jemand, der mich leugnet, gib mir bitte,
Lenk' zum Gottesmanne meine Schritte!
Einen, der mir meinen Hals ersticke,
Daß ich zittere vor seinem Blicke!
Der: »Heb dich hinweg von mir!« mich schelte,
Dem ich nicht zwei rote Heller gelte:

Gott, woll' mich zum Lebend-Frommen leiten –
Im Zerbrechen welche Seligkeiten!

IQBAL

*

Wir wenden uns ja immer nur zu Dir:
Du bist uns näher als ich selber mir!
Du schenktest und Du lehrtest dies Gebet –
Wie wüchse sonst aus Staub ein Rosenbeet?

RUMI

*

Ein frecher Derwisch sah einst in Herat,
Wie eines Großen Diener vor ihn trat,
Mit goldnem Gürtel und mit Seidenflor –
Da hob den Blick zum Himmel er empor:
»O Gott, willst Du von diesem Mann der Welt
Nicht lernen nun, wie man sich Diener hält?
Nicht lernen, wie man kleidet sie und nährt,
Von diesem Fürsten, unsrem Meister wert?«
Denn er war hilflos und war arm und nackt
Und zitterte, von Kälte hart gepackt;
Ganz außer sich vergaß er seine Sitte,
Er wurde frech aus seines Elends Mitte.
Auf tausend Gaben hatte er gebaut:
Die Wissenden sind eng mit Gott vertraut.
Des Schahs Vertrauter darf wohl Frechheit wagen:
Du aber darfst nicht solche Worte sagen.
Gott gab den Leib, der besser als das Kleid,
Der Fürst schenkt Kronen – Er das Haupt verleiht.

RUMI

Ein Irrer, der durch eine Wüste lief –
Der Wahnsinn packte ihn, so daß er rief
(Das Angesicht zum Himmel wendend, sehr
voll Herzensschmerz) rief er: »O Gott, o Herr!
Mag Dein Beruf auch nicht das Lieben sein –
Ich liebe stets und immer Dich allein!
Und hast *Du* Freunde ohne Zahl wie mich –
Ich aber habe keinen Freund als Dich!
O Welt-Erleuchtender – wie sag ich's Dir?
Lern Liebe einen Augenblick von mir!«

'ATTAR

*

Solltest Du, o Gott, mich einmal fragen,
Werde ich Dir dies als Antwort sagen:
Hab ich auch gesündigt gegen mich,
Doch, o Fürst, was tat ich gegen Dich?
Eh ich kam, hast Du mich schwach erkoren,
»Ein Rebell!« sprachst Du, eh ich geboren,
Und Du tatst, was Du mir zugedacht –
Was ich tat, hast Du – nicht ich! – gemacht!
Sah, die Augen öffnend, mich im Kerker,
Voll von Lüsten, drin die Teufel stärker,
Dort nicht zu verhungern, mußt' es sein,
Daß ich ein – zweimal aß, was nicht rein.
Machte ich mich so? Nein, Du voll Kraft!
Warum schufst Du mich so fehlerhaft?
Nahm von Deinem Reich ich etwas fort?
Rührte Deinen Ratschluß je mein Wort?
Aß ich Dein Mahl, ließ Dich hungrig stehen?
Ließ ohn' Brot ich Dich bedürftig gehen?

Eine Brücke schufst Du, haaresbreit:
»Daß du Rettung findest, drüber schreit'!«

Kein Mensch kann solch Brücke überschreiten –
Er muß straucheln und zu Falle gleiten.
Wir bau'n nur zum Guten eine Brücke:
Gut ist, daß der Übergang uns glücke!
Breit und fest muß sein der Brückensteg,
Daß man sagt: »Sieh da, der rechte Weg!«

Schufst die Waage, Übeltat zu wägen:
So willst Du mich in das Feuer legen!
Waage für den Krämer passend ist,
Goldschmied braucht sie, Händler und Drogist.
Du bist wissend, Du kennst meine Lage –
Mich zu prüfen, brauchst Du denn die Waage?

Mehr als alles unrein ist die Sünde –
Fern sei's, daß sie nahe Dir sich finde!
Warum wiegst Du so unreine Schuld?
Besser wär's, Du hülltest sie in Huld!

Sagst Du nun: »Ins Feuer mit ihm her,
Seh ich seine Sündenlast so schwer!«
Böses kannst Du mindern, Gutes mehren,
Gutes mindern, Böses mehr bescheren:
Du magst auf Dein Gutes sehn … ich brenne …
(Fern sei dies von Dir, Herr, den ich nenne!)

Endet Deine Rache? Gabst zum Raub
Mich dem Tod und füllst mein Aug' mit Staub!
Tut für eine Handvoll Staub denn not
All dies Reden, mächt'ger, gnäd'ger Gott?
Schaden ward von mir nicht offenbar –
Doch Du weißt das, was verhüllt, was klar!

YUNUS EMRE

Der Sehnsucht nie begang'ner Sünden sollte
Belohnung werden,
O Herr! wenn für begang'ne Sünden wirklich
es Strafe gäbe!

GHALIB

*

Zweites Gesuch

Setzte sich auf den Feigenbaum eine Amsel
Und zerhackte die honigtropfenden Feigen,
Und dann verzog sie, ohn' einen Heller zu zahlen.
Nach den Feigen wollte auch ich mich strecken:
Doch da war gleich Jüngstes Gericht:
Goldne Waagen aufgestellt,
Jenseitsfragen mir gestellt!

O Herr! Laß mich wie die Amsel hin zu den Gärten,
Wie die Schwalben zum Frühling hin fliegen,
Aus Deiner Hand komme mir Speise –
Du machtest mich hungrig, mach mich nun satt!
Deine Ähren sollen ohne mich sprossen,
Deine Melonen sollen ohne mich schwellen?
Fragtest Du mich, als Du die Erdbeeren schufst?
Mach mich doch nicht zum Gespötte, mein Gott!
Ich bin ein Gast, Dein Diener ich –
Dein Sklave nicht, Dein Sklave nicht!

BEDRI RAHMI

Gespräch zwischen Gott und Mensch

Gott:
Aus einer Handvoll Lehm schuf Ich die Welt –
Iran und Türken, die hast du geschaffen!
Ich schuf aus Erde nur den reinen Stahl –
Du schufst daraus das Schwert, den Pfeil, die Waffen.
Du schufst die Axt, die Zweige abzuschneiden,
Den Käfig du, drin meine Vögel leiden!

Mensch:
Du schufst die Nacht, doch ich der Lampe Glanz;
Du schufst den Ton, ich den Pokal zum Tanz.
Du schufest Wüsten, Steppen, Berge ganz,
Ich die Alleen und der Gärten Kranz!
Ich bin es, der den Spiegel schlägt aus Stein!
Ich bin es, der aus Gift braut Arzenein!

IQBAL

*

Dein Gebet kann Dein Geschick nicht ändern,
Doch vielleicht kann es dich selbst verwandeln!
Wenn in dir die große Wandlung einsetzt,
Ist's kein Wunder, wenn sich Welten wandeln.
Ewig bleibt der Wein, berauschtes Rufen,
Doch der Krug, der Schenke wird sich wandeln.
Dein Gebet: daß sich dein Wunsch erfülle –
Mein Gebet: Möge dein Wunsch sich wandeln!

IQBAL

Wenn verkehrt die Sterne laufen
ist die Nacht Dein, oder mein?
Soll ich um die Welt mich kümmern?
Ist die Welt Dein, oder mein?
Wenn das Jenseits, da kein Ort ist
leer von Sehnsuchtsstürmen ist,
Wer ist schuld dran? Ist das Jenseits
Ohne Ort Dein, oder mein?
Wie konnt' Satan aufbegehren
früh in der Urewigkeit?
Tu mir's kund! Sag, wess Vertrauter
war er denn? Dein, oder mein?
Muhammad ist Dein, die Engel,
Gabriel, und der Koran,
Doch wess Dolmetsch sind die Worte
hold und süß? Dein, oder mein?
Von dem Lichte dieser Erde
wird erleuchtet Deine Welt –
Wenn der Mensch entschwände, wessen
Schaden wär's? – Dein, oder mein?

IQBAL

*

O Weiser, für Gebete nicht um Erhörung bitte –
Nur um ein wunschlos Herz, das kein Gebet braucht, bitte!

GHALIB

Lob des Einen, des einzigen Gottes

Im Paradies die Flüsse all,
Sie fließen mit dem Ruf »Allah!«
Und dort auch jede Nachtigall,
Sie singt und singt »Allah! Allah!«

YUNUS EMRE

Der Koran stellt mehrfach fest, daß alles dafür geschaffen ist, Gott zu dienen und Ihn anzubeten, und so ist das Gotteslob ein wichtiger, ja *der* zentrale Ausdruck islamischer Frömmigkeit. In allen Sprachen haben die Dichter sich bemüht, das Geheimnis der Einheit und Einzigkeit Gottes zu umschreiben, der sich in seinen Neunundneunzig Schönsten Namen kundtut. Die literarischen Formen des Ghasels und der Kasside mit ihrem immer wiederholten Reim oder Überreim waren ein ideales Vehikel, um das göttliche Geheimnis zu umkreisen – jenes Geheimnis, das unnahbar bleibt, sich aber in immer neuen, sich stets wandelnden Manifestationen in der Welt des Geschaffenen zeigt. Auch die Epen, vor allem in Iran und der Türkei, beginnen mit dem Gotteslob, ehe sich der Dichter dem Lob des Propheten zuwendet; hier werden oft lange Ketten von Anaphern aneinandergereiht, um die Größe des Herrn zu umschreiben. Und Seine Eigenschaften werden beschrieben entsprechend dem Charakter des Gedichtes: im Liebesgedicht ist Er es, der »Liebe ins Herz Madschnuns wirft« oder »die Kerze der Schönheit für den Falter der Liebe entzündet», im Heldenepos würde der Dichter eher Attribute wählen, die Gottes Gewalt und Macht andeuten. Denn Majestät und Güte, Macht und Schönheit sind ja die Wirkungsformen des Einen, durch die das Leben – wie durch Ein- und Ausatmen, wie durch den Pulsschlag – überhaupt erst bestehen kann, hinter denen der Liebende und Wissende aber die Eine göttliche Wirklichkeit sieht. Deshalb kommt der Dichter immer wieder auf die wunderbare Spannung und die vielfältigen Namen Gottes zurück und weiß am Ende, daß er zwar nur einen winzigen Bruchteil des Gott zukommenden Lobes aussagen kann, daß er aber der allumfassenden Liebe und Fürsorge des Schöpfers sicher sein kann, die ihn in wundersamer Weise durch Leben führt.

Gottes Namen woll'n wir nennen allererst,
Das ist Pflicht für jeden Menschen allererst.

Wer des Namens Gottes zu Beginn gedenkt,
Gott in jeder Arbeit ihm Erleicht'rung schenkt.

Ist der Name Gottes jeder Tat Beginn,
Niemals geht ihr Ende dann zum Schlechten hin.

Gottes Name sei genannt in jedem Hauch!
Dann vollendet sich in ihm die Arbeit auch.

Spricht die Zunge einmal »Gott« voll Liebe hier,
Fällt wie Herbstlaub alle Sünde ab von dir.

Wer den reinen Namen nennt, wird selber rein,
Wer sagt »Gott«, gelangt zu jedem Ziele sein.

Komm, voll Liebe laß Allah uns sagen jetzt;
Und mit Seufzern und mit Tränen klagen jetzt:

Möge jener König uns nun gnädig sein,
Der Erbarmer, Gnadenvolle, Gott allein.

Einer ist Er, seine Einheit zweifellos,
Ist die Zahl der Falsches Sagenden auch groß.

Als die Welten noch nicht waren, war doch Er,
Unbedürftig aller Schöpfung, hoch und hehr.

Als schon Er war, war noch Mensch und Engel nicht,
Thron und Himmel, Sonne, Mond, neun Sphären nicht.

Voller Kunst bracht' Er sie alle dann ins Sein,
Ließ bekennen alle, daß Er eins ist, ein.

Bracht' der Mächt'ge seine Kraft so zum Erweis,
Wurden sie für Seine Einheit zum Beweis.

»Sei!« sprach Er einmal, da wurde diese Welt.
Spricht Er »Sei nicht!« – wie im Nu sie gleich zerschellt!

Aber braucht es hier denn vieler Worte noch?
Gott ist einer, neben Ihm kein andrer doch!

SÜLEYMAN ÇELEBI

*

Bald Wein wir Dich, und bald Pokal Dich nennen,
Bald Korn wir Dich, und Schlinge bald benennen.
Nichts als Dein Name auf der Welten Tafel –
Mit welchem Namen sollen wir Dich nennen?

DSCHAMI

*

Als nichts war, da war doch Gott –
wäre nichts, Gott wäre doch!
Elend macht mich nur das Sein –
wär' ich nicht – was würde sein?

GHALIB

*

Mein Herr hat große Gnade mir erwiesen –
ein Nichts von Staub macht' Er zu einem Menschen!

MIR

Gebet und Fasten sind so gut
        wie für den Leib die Lungen,
doch etwas andres gibt es noch,
        wenn wir von Gott durchdrungen!

QADI QADAN

*

An Deinem Tisch sind wir, bei Deinem Becher,
Wo wir auch sei'n, und wohin ich auch reise.
Wir sind die Bilder, die von Dir geformten.
Wir sind ernährt von Deiner Huld und Speise.
Wir sind gleich Taubenjungen Deines Turmes,
Um Deine Halle zieh'n wir unsre Kreise!

RUMI

*

Ich sehe Deine Schönheit ganz,
        schließ ich die Augen mein,
Und schließ' den Mund ich, trinke ich
        nur immer Deinen Wein.
Verboten gilt mir das Gespräch
        mit Menschen in der Welt –
Doch wenn von Dir gesprochen wird:
        lang wird mein Wort dann sein!

RUMI

Bald verriegelt Er die Pforte,
bald tut Er die Tür mir auf,
manchmal komm ich, komm vergebens,
Dann ruft Er zum hohen Orte,
bald ersehn' ich Seinen Anruf,
bald sagt Er geheime Worte –
Seht, solch ein Wesen
hat Er, mein Freund!

Du ein Fürstensohn, Geliebter,
ich in einer Dien'rin Kleid.
Ohne Grenzen will ich dienen,
steh gekreuzten Arms bereit.
Hätt' ich Deine Tür verlassen,
Freund, zu irgendeiner Zeit?
Wende den liebenden Blick
Liebster, doch nie von mir ab!

SCHAH ABDUL LATIF

*

Schlaf ich, sitz' ich, stehe ich,
rede oder singe
Immer ist mein Herz bei Dir,
daß zu Dir es ginge!

QADI QADAN

Mit Bergen und mit Steinen auch
Will ich Dich rufen, Herr, o Herr!
Mit Vögeln früh im Morgenhauch
Will ich Dich rufen, Herr, o Herr!

Mit Fischen in des Wassers Grund,
Gazellen in der Wüste Rund,
Mit *Ya Hu!* aus der Toren Mund
Will ich Dich rufen, Herr, o Herr!

Mit Jesus hoch im Himmelsland,
Mit Moses an den Berges Rand,
Mit diesem Stab in meiner Hand
Will ich Dich rufen, Herr, o Herr!

Mit Hiob, der vor Schmerz versteint,
Mit Jakob, dessen Auge weint,
Und mit Muhammad, deinem Freund
Will ich Dich rufen, Herr, o Herr!

Mit Dank und Preis und Lobeswort,
Mit »Gott ist Einer!«, höchstem Hort,
Barhäuptig, barfuß – immerfort
Will ich Dich rufen, Herr, o Herr!

Mit lesend frommer Zungen Hallen,
Mit Turteltauben, Nachtigallen,
Mit denen, die Gott lieben, allen
Will ich Dich rufen, Herr, o Herr!

YUNUS EMRE

Ich wähle Dich von aller Welt alleine.
Sprich, willst Du, daß ich traurig sitz' und weine?
Der Feder gleicht mein Herz in Deinen Händen,
Du bist der Grund, wenn froh, wenn trüb ich scheine.
Was will ich außer dem, was Du für gut hältst?
Die Bilder nur, die Du zeigst, nenn ich meine.
Bald treibst Du Rosen aus mir, bald auch Dornen,
Bald Schmerz, bald Duft schenkt mir die Ros' im Haine.
Wünschst Du mich so, füg ich mich Deinem Willen,
Hälst Du mich so, so bin ich ganz der Deine.
Dort, wo Du, Herr, dem Herzen Farben schenkest,
Verfließt mir Lieb' und Haß ins ewig Eine.
Wenn Du verborgen bist, bin ich nicht gläubig –
Damit ich fromm bin, ew'ges Licht, erscheine!
Was suchst in meinen Ärmeln Du und Taschen?
Denn Schätze hab' ich – als die Du schenkst – keine!

RUMI

*

Gäbst Du mir Millionen Körper,
Jedem Leib Millionen Köpfe,
Jedem Kopf Millionen Münder,
jedem Mund Millionen Zungen –
Und wenn alle diese Zungen
einer Stimme, laut und deutlich
Dein Lob kündeten, o König,
könnt' ich's nicht genügend singen!

QADI QADAN

Erhab'ner Gott, Du, Einer, ohnegleichen:
Dich nennen »Herr« die Herrn aus allen Reichen.
Du bist das Ende und auch das Beginnen,
Das Außen, o Erhab'ner, und das Innen.
So viel Jahrtausende rennt der Verstand,
Doch hat von Dir er keinen Hauch erkannt ...
Für alles, was geschaffen, bist Du Licht,
Du nur verleihst dem Auge seine Sicht.
O Wunder, daß Du sichtbar und verhüllt!
Du bist's, der – ohne Herz – den Herzgrund füllt.
Die Seelen stammen, Freund, von Deinem Strahle;
Du bist der Kern, das andre ist die Schale.
Nur Namen hat die Welt von Dir, kein Zeichen,
Nicht kann Dich schauender Verstand erreichen.
Verborgen dem Verstand, sichtbar im Sein,
Zeigst Du den Abglanz Deines Wesens rein.
Durch Dich erschien die Welt – in jedem Nu
Sprichst ganz Geheimes in der Seele Du.
Wohl sucht Verstand Dich vielfach zu umschreiben –
Zuletzt muß er doch voller Schmerzen bleiben.
Wie schön! Zeigst Du im »Sei!« Dein Angesicht
Und hüllst die sieben Sphären in Dein Licht!
Wie schön! O Sprechender! Gibst Lipp' und Mund –
Du bist so klar und doch verhüllt im Grund.
Wie schön! O Sehender! Du schenkst das Sehen,
Daß wir im Schleierinnern Dich erspähen.
Wie schön! Die Welt erhellt von Deinem Schein,
Der Mensch geformt nach Deinem Widerschein!
Wie schön, daß Du gezeigt in Herz und Seele
Dem Sucher Deine Schönheit ohne Fehle!
Du bist das Licht, das in den sieben Sphären
Um diesen Staubball kreist in stetem Währen.
Du bist das Licht, das strahlt im Sonnenglanze
Wodurch der Teil ist ewig und das Ganze.

Du bist das Licht, das Mond und Stern bewohnt,
Verloren sind vor ihm so Stern wie Mond.
Du bist das Licht, dran niemals rührt die Glut,
Schmerz wie Arznei, die tief im Herzen ruht.
Du bist das Licht, aus Eifersucht entbrannt,
Das alle, die es lieben, setzt in Brand.
Du bist das Licht, das der Propheten Seele,
Und das erscheint in Heil'gen ohne Fehle.
Du bist das Licht, den Wandrern helle Kerzen
Und großer Glanz für alle Menschenherzen ...

Von deinem Licht ward der Verstand verstört,
Und ward vor Scham unwissend und betört.
Kommst Du im Frühling sichtbarlich gegangen,
So lüftest Du den Schleier von den Wangen.
Du wirfst zur Erde des Gesichtes Glanz,
Und schmückst den Staub mit holden Bildern ganz.
Der Frühling kommt mit Blüten allzuhauf,
Vor Deinem Antlitz wallt die Rose auf.
Sieh, wie die Rose nach Dir sehnend lacht!
Daher kommt ihrer vielen Farben Pracht.
Narzissen setzt Du Kronen auf aus Gold,
Juwelenschmuck aus Wolken auf sie rollt!
Trägt Veilchen Deines Klosters Ordenskleid
Und senkt den Kopf so tief aus Trennungsleid.
Die Lilie will mit jeder Zunge loben
Dich, Herr, und trägt deshalb des Haupt erhoben.
Ihr Herzblut trinken Tulpen, die Dich lieben –
Die Wang' ist bleich, ihr Herz blutrot geblieben.
Nach Dir sich sehnend, ist verwirrt ihr Sinn,
Sie werfen sich in Deinen Staub nun hin.
Wie man Dich auch beschreibt – es ist voll Fehle –
Gewiß weiß ich: Du bist der Seele Seele! ...

Nichts will ich, Liebster, noch als Dich beschreiben
Und dann allein mit Deiner Liebe bleiben.
Willst Du allhier mir diesen Wunsch versagen,
So werde über Deine Hand ich klagen.
Durch Deine Gnade gabst du Hoffnung mir –
Vereine mich in Liebe nun mit Dir!
Du bist die Sonne, und in Deiner Nähe
Bin ich wie Schatten, wenn ich bei Dir stehe.
Nein, auch den Schatten machst Du noch zunicht,
Wenn Du verströmest je Dein ew'ges Licht ...

Daß ich den Schmerz der Liebe trank – Du weißt es!
Und Tag und Nacht darin versank – Du weißt es!
Ich klage laut im Schmerze Deiner Liebe,
Da stets in diesem Strudel Blut ich bliebe.
Du mögest mich von diesem Schmerze heilen –
Laß mich aus Güte nicht alleine weilen!
Du weißt: ich habe nichts als Dich erlesen –
Besitze nichts, o Seele, als Dein Wesen.
Von dieser Welt und jener hab ich Dich,
Du, Ziel von allem hier und dort für mich!
O Gott, wer bin ich hier? Ein Bettler arm,
Der Dir bekannt in Deiner Freunde Schwarm.
O Gott, der Bettler tritt sehr hilflos vor:
Ist Handvoll Knochen nur an Deinem Tor.
O Gott, verwirrt, verstört ist mein Gemüt –
Da es im Feuer Deiner Liebe glüht!
Vor Sehnen ward mein Herz zu Blut – Du weißt es.
Laß mich vergeh'n! Was bleibt, o Gut – Du weißt es.
Dein Bleiben ist am Ende mein Vergehen
Und Du wirst stets auf Teil und Ganzes sehen.
Du bist ja ewig – ich kann es nicht sein.
Ich werd' vergeh'n – und Du bleibst ganz allein!

'ATTAR

Du hast nicht in der Kaaba Platz, und nicht zum Tempel kommst Du,
Jedoch zum sehnsuchtsreichen Herz, wie sehnsuchtsreich, ach kommst [Du!
Setz kühn den Fuß ins Heiligtum der sehnsuchtsvollen Seele!
Du bist ja dieses Hauses Herr – warum verstohlen kommst Du?
Im Angriff raubst das Kapital Du aller frommen Beter,
Und nächtlich in der Ketzer Herz gleich Türkenräubern kommst Du!
Bald treibst Du hundert Heere an, der Freunde Blut vergießend,
Und bald in froher Zecher Reihn mit Glas und Becher kommst Du.
Du gossest ohne Schonung aus die Glut in Mosis Baum,
Doch zu des Waisen Herzensglut gleich einem Falter kommst Du!

IQBAL

*

Hilfreichster Helfer, mögest Du uns führen!
Reichtum und Wissen einzig Dir gebühren! …
Gießt über uns Du Tadel oder Spott –
Dir steht es zu, Du wunschlos reicher Gott.
Nennst »Schaum« Du nur die Sonne und den Mond,
»Krumm« die Zypresse, die so aufrecht thront,
Nennst Du den Himmel und den Thron »erbärmlich«
Den Ozean, den Schacht voll Erze »ärmlich« –
So ist vor Deiner Herrlichkeit das richtig:
Vollkommen machen kannst Du das, was nichtig! …

RUMI

*

Was Du im Dasein siehst, Freund, sich hier zeigend,
Als dem Befehl des Höchsten sich stets beugend:
Des Himmels Rücken krumm vom Niederwerfen,
Die Sonne senkt ihr Haupt, vor Ihm sich neigend!

DARD

Im Namen meines Gottes will ich singen,
Deß einer Name »Höchst gepriesen« ist.
Er ist der Herrscher über alle Herrscher,
Er ist der König über jeden Fürst.
Die Dinge, die zu schwer für einen jeden –
Die Dinge sind nicht schwer für Ihn, nein, leicht.
Kann jemand Sonnen an den Himmel setzen?
Die Sonne setzte Er ans Firmament!
Kann das Gesicht der Sonne man verschleiern?
Sieh, Er hat es in Wolken ganz verhüllt.
Wer kann denn Mondlicht in die Sphären bringen?
Erscheinen ließ Er diesen hellen Mond!
Wer kann ein Tröpflein wohl vom Himmel holen?
Er läßt den Frühlingsregen strömen reich!
Wer könnt' nur *einer* Mücke Leben geben?
Er gab der ganzen Welt den Lebensgeist.
Wer kann den Steinen Rosenfarbe schenken?
Die Purpurfarbe schenkt' Er dem Rubin!
Wer brächte *eine* Blume aus der Erde?
Er brachte aus dem Erdreich Blumengärten!
Wer kann wohl Wasser aus dem Feuer machen?
Aus Sommerglut bracht' Er den Winterschnee.
Wer macht Juwelen aus den Regentropfen?
Er machte draus die Perlen und Korallen.
Wer könnte wohl den Menschen Glauben geben?
Er schenkt den Glauben jedem Gläubigen.
Wer könnt' zum Himmel von der Erde steigen?
Die Möglichkeit dazu gab Jesu Er.
Wer könnte sich mit Gott wohl unterreden?
Doch damit hat Er Moses hoch geehrt.
Wer könnte wohl das Roß des Windes satteln?
Er setzt' auf Wind den Thron des Salomo.
Wer lebt, weißbärtig, bis zur Auferstehung?
Dem Khidher gab er dieses Huldgeschenk.

Vor ihm wirft sich die Erde betend nieder,
Der Himmel beugt sich im Gebet von Ihm.
Anbetend steht vor Ihm der Baum im Walde.
Ein jedes Gras ist Zunge seines Lobs.
In Seinem Lobpreis sind beständig alle,
Ob's Engel sind, ob Geister, ob der Mensch.
Sein Lob verkündet jeder Fisch im Wasser,
Im Hain singt jeder Vogel Seinen Preis.
Nicht hat Sein Wissen Ende oder Grenzen –
Sein Wissen ist ein grenzenloses Meer.
Nicht einer ist Ihm ähnlich oder gleichend,
Und Er ist keinem ähnlich oder gleich.
In Ihm gibt es nicht Makel, Mangel, Mindern –
Ganz makellos ist, ohne Mind'rung, Er.
Nichts Seinesgleichen, und nicht Ort noch Stelle –
Ganz ohnegleichen, ohne Ort ist Er.
Er ist ganz rein, ganz ohne jeden Zweifel
Von allem dem, woran man zweifeln kann.
Niemand hat Ihn erblicket je mit Augen,
Doch ohne Wie und Weil zeigt Er sich klar.
Wer sagt: »Man sieht Ihn nicht!« – man sieht Ihn niemals!
Wer sagt: »Doch, überall!« – da ist Er auch.
Von aller Form ist frei Er und von Richtung,
Und alle Form und Richtung kommt von Ihm.
Von Seinen tausenden von Eigenschaften
Hab' ich besungen eine halbe nur!

RAHMAN BABA

Aus dem Goldenen Alphabet.

A – Allah ist ein Zweig Jasminen,
den man in mein Herz gelegt – *Hu!*
Mit dem Wasser »Keiner als Er«
hab' ich immer ihn gehegt – *Hu!*
Bis sein Duft das Herz ganz füllte
und mein ganzes Wesen prägt – *Hu!*
Mög' mein Meister lange leben,
der die Blüte hegt und pflegt! – *Hu!*

SULTAN BAHU

*

Gleich einem Ringstein, drauf Gebete eingraviert,
Ist nichts in unserm Haus als Gottes Name nur.

QABUL

*

Palast und Ort und auch das Paradies,
sie sind des Einen Platz.
Der Eine aber hat nicht Ort noch Platz...
Welch sonderbare Welt!

MIR

Gott, so groß ist wie Dein Name
mein Vertrau'n in Deine Huld!
Schöpfer: Weder Zahl noch End' hat
Deine ewige Geduld.
Deinen Namen, o Herr,
hab in mein Herz ich gelegt.

Deine Schöpfermacht, o Herr, schlägt
wundersame Wege ein,
Läßt das Blatt im Strom versinken,
schwimmen auf dem Fluß den Stein!
Kämst Du doch zu mir herein,
daß ich mich verlöre!

Deine Schöpfermacht, o Herr,
ist gar wunderbar:
Groß ist Deine Macht und Kraft,
nur Dein Wille gilt.

Gott, so süß Dein Name ist,
so groß ist mein Hoffen:
Keine Tür gleicht Deiner Tür –
viele sah ich offen!

Löse nicht, o Liebender,
Deinen Bund mit dieser Armen!
Keine Rettung außer Dir
hat die Elende – Erbarmen!
Stets greif' ich mit beiden Armen
Deinen süßen Namen nur!

SCHAH ABDUL LATIF

Ergreife den Saum seiner Gnade,
weil Er dir im Nu entflieht,
Doch spann ihn nicht straff gleich dem Pfeile,
weil Er dir vom Bogen entflieht.
Sieh, was für Formen Er annimmt
und was für Künste Er kennt!
Er zeigt sich dir in Gestalten,
indess Er der Seele entflieht.
Du suchst Ihn in Seinem Himmel –
da glänzt Er mondgleich im Meer,
Du stürzt dich voll Sehnsucht ins Wasser,
indess Er zum Himmel entflieht.
Du suchst Ihn da, wo kein Ort ist –
da deutet Er dir Seinen Platz;
Du suchst Ihn darauf am Orte,
indess Er ins Nichts dir entflieht...
Und ebenso flieht auch Sein Name,
sobald du ihn aussprechen willst,
Da du ja schon eilest, zu sagen:
»Seht her, solch einer entflieht!«
So flieht Er. Und willst du Ihn malen,
mit Linien begrenzen die Form,
So fliegt dir das Bild von der Tafel,
das Zeichen vom Herzen entflieht!

RUMI

Wir verliefen uns – Gott sucht uns,
die wir irr von Ihm gegangen,
Gleich wie wir ist Er voll Sehnsucht
und in Seinem Wunsch gefangen.
Manchmal schreibt Er Seine Botschaft
uns auf Tulpenblättern auf,
Manchmal hörten wir Sein Rufen,
wenn die Gartenvögel sangen.
Er ruht im Narzissen-Auge,
unsre Schönheit zu betrachten,
So entzückend, daß dem Sprechen
gleicht schon dieses Blicks Umfangen.
Jenes morgendliche Seufzen,
das Er haucht, von uns getrennt,
Innen, außen, oben, unten –
alle Welt kann es umfangen!
Unrast schuf Er und Erregung,
um den Erdenmensch zu sehen –
Schuf den Blick, denn Duft und Farben
zu erschaun, war Sein Verlangen.
Im Atom ist Er verborgen,
uns ist Er noch nicht vertraut,
In Palast und Gasse weilt Er,
klar wie Mondlicht ist Sein Prangen.
Ach, im Staube ging verloren
das Juwel des Lebens uns:
Ist es Er, sind wir es selber,
dies Juwel, um das wir bangen?

IQBAL

Niemals steigt und niemals sinkt die Sonne,
ohne daß nach Dir der Sinn mir stände.
Nie sitz' mit den Leuten ich zu sprechen,
ohne daß mein Wort Du bist am Ende.
Keinen Becher Wasser trink' ich dürstend,
ohne daß Dein Bild im Glas ich fände.
Keinen Hauch tu ich, betrübt und fröhlich,
dem sich Dein-Gedenken nicht verbände.

HALLADSCH

*

In meinem Herzen kreisen
alle Gedanken um Dich.
Anderes spricht nicht die Zunge
als meine Liebe zu Dir.
Wenn ich nach Osten mich wende,
strahlst Du im Osten mir auf,
Wenn ich nach Westen mich wende,
stehst vor den Augen Du mir.
Wenn ich nach oben mich wende,
bist Du noch höher als dies,
Wenn ich nach unten mich wende,
bist Du das Überall hier.
Du bist, der allem den Ort gibt,
aber Du bist nicht sein Ort,
Du bist in allem das Ganze,
doch nicht vergänglich wie wir.
Du bist mein Herz, mein Gewissen,
bist mein Gedanke, mein Geist,
Du bist der Rhythmus des Atmens,
Du bist der Herzknoten mir.

HALLADSCH

Das Innerste des Inneren verhüllt sich
Und zeigt am Horizont des Lichtes Falten.
Wie das? Man kenn das Wie nur durch das Äuß're,
Das Inn're: durch das Wesen für das Wesen.
In finstrer Blindheit irren die Geschöpfe,
Ihn suchend, und erkennen nicht die Zeichen.
Zu Gott, dem Ziel, gewandt mit Wahn und Meinen,
Zur Luft sich wendend, reden sie zum Himmel.
Der Herr jedoch ist immer unter ihnen
Und wandelt ihren Zustand alle Stunden.
Ach, wüßten sie, daß sie von Ihm nicht fern sind
Und daß Er nie zurückzieht sich von ihnen!

HALLADSCH

*

Er ist hier
in der Hütte deines Herzens.
Öffnest du nur die Tür,
Wirst du, nein, alle werden Ihn sehen!

SCHAH ABDUL KARIM

*

Er ist nicht in Süd noch Nord,
jenseits nicht noch hier –
Welchen du verwirrt gesucht:
sieh Ihn doch in dir!

QADI QADAN

Verliere zuerst dich selbst,
und dann wirst du finden Ihn.
Der Freund ist getrennt nicht von dir –
du wende nach innen dich!

SCHAH ABDUL KARIM

*

Erglänzen vom Wein die Pokale?
Sind's Wolken im Sonnenglanzstrahle?
So rein sind und zart Wein und Gläser,
Daß eins scheinen Trank dir und Schale.
Ist alles denn Glas, ist der Wein nichts?
Ist's Wein, der das Glas überstrahle?
Wenn Sonne die Lüfte erfüllet,
Verschmelzen der Glanz und das Fahle,
Versöhnen der Tag und die Nacht sich,
Daß Ordnung der Welt nun erstrahle.
Kannst Nacht nicht und Tag unterscheiden,
Noch Wein oder Becher beim Mahle!
Begreife durch Wein und durch Becher
Das Wasser des Lebens im Tale!
Enthüllung der Schleier des Wissens
Wie Nacht sich und Taglicht dir male!
Wird dies aus dem Wort dir nicht deutlich
Vom Anfang zum anderen Male,
So suche das Welt-Glas – dann klärt sich
Dem Geist dieses Rätsel im Strahle:
Daß Er alles ist, was besteht:
Freund, Herz, Seele, Glaube, Gebet!

'IRAQI

Eh vergilbt dein Hag,
Eh vergeht dein Tag,
In dem Herde schlag
Hellen Feuerbrand.

Tu dein Aug auf, Herz!
Sieh Gott allerwärts.
Mehre deinen Schmerz
Voller Lieb entbrannt.

Herzensnachtigall,
Sieh das Rosental.
Im Land Nirgend-All
Sei dir Rast und Stand.

Kam das Gnadenlicht –
Siehe, Hakki spricht:
Ist am Ende nicht
Gott dein Heimatland?

ISMAIL HAKKI BURSALI

*

Ich kann mich selbst nicht als getrennt erkennen,
Doch kann ich sicher mich auch »Gott« nicht nennen.
So wie ein Tröpflein auf das Meer bezogen –
Mehr darf ich fühlen nicht und nicht benennen!

DARA SCHIKOH

Wie das Wasser nahm auch ich
in mich alle Farben –
Gott der Herr der Färber ist,
Sein sind alle Farben!

QADI QADAN

*

Aus Einheit kam die Fülle,
Einheit der Vielheit Wirren.
Die Wirklichkeit ist Eines:
laß nicht die Rede irren!

Er ist ganz erhaben hoch,
Er der tiefste Schönheitsglanz,
Er ist des Geliebten Bild,
Er vollkommner Liebreiz ganz,
Er wird Meister, Jünger selbst,
Er wird aller Träume Tanz,
und aus aller Dinge Kranz
wird Er uns bekannt.

Ist ein Schloß mit tausend Toren,
Fenster jenseits aller Zahlen –
Wohin ich den Blick auch wende,
dort seh ich den Herrn erstrahlen!

SCHAH ABDUL LATIF

Am großen Auferstehungstag
laß siebzig Sonnen brennen:
Ich sehe es als Schatten an,
wenn dort den Freund ich treffe!

QADI QADAN

*

Da Er mein Werk tut, sollte ich
durch andres Werk gewinnen?
Da ich von Seiner Lippe trank,
des Zuckers mich entsinnen?
Wie ließ den Rosengarten ich
und ging zum Dorne hin?
Sollt' ich, der nächt'gen Eule gleich,
dem Morgenlicht entrinnen?
Da ich den Gürtel umgetan
um solch mondgleichen Freund:
Wie lief' ich hinter Sternen her
und ließ des Mondes Zinnen?
Wie spräche von der Erde ich
im siebten Himmel hoch?
Beneidet von den Engeln – wie
wollt' ich des Menschen sinnen?

RUMI

Ein Sorgennetz aus Speichel, spinnengleich,
Web' nicht, da Kett' und Einschlag wertlos sind.
Geh, gib die Sorgen Ihm, der sie dir gab,
Auf Ihn sieh, der den Kummer dir zerstreut.
Wenn du nicht sprichst, so wird dein Wort Sein Wort,
Wenn du nicht webst, so wird der Weber Er!

RUMI

*

Und wenn Er alle Wege und Pässe vor dir schließt,
Zeigt einen Weg, geheim, Er, den niemand noch gekannt!

RUMI

Wer das Ziel erreicht hat, schließt die Lippe
vom Warum und Wie –
Ist der Weg vollendet, hat die Glocke
keine Zunge mehr.

KALIM

Anhang

Verse und Gedichte in dieser Anthologie sind aus folgenden Werken entnommen:

Annemarie Schimmel,
A Dance of Sparks. Studies in Ghalib's Imagery. Delhi 1979
Aus dem goldenen Becher. Türkische Lyrik vom 13. bis zum 20. Jahrhundert. Istanbul 1973, ^{2}1982
Denn Dein ist das Reich. Gebete aus dem Islam. Freiburg 1987
Gärten der Erkenntnis. Texte aus der islamischen Mystik. Köln 1982
Al-Halladsch, Märtyrer der Gottesliebe. Köln 1968
Al-Halladsch: O Leute, rettet mich vor Gott! Freiburg 1985
Iqbal: Buch der Ewigkeit. München 1957
Iqbal: Botschaft des Ostens. Eine Anthologie. Tübingen 1977
Mirza Asadullah Ghalib: Woge der Rose, Woge des Weins. Eine Anthologie. Zürich 1971
Die orientalische Katze. Köln 1983
Rumi: Aus dem Diwan, ausgewählt und übersetzt. Stuttgart 1964
Rumi: Ich bin Wind und du bist Feuer. Leben und Werk des großen Mystikers. Köln 1978
Stern und Blume. Die Bilderwelt der persischen Poesie. Wiesbaden 1984
Und Muhammad ist Sein Prophet. Köln 1982
Unendliche Suche. Geschichten des Schah Abdul Latif. München 1981
Zeitgenössische arabische Lyrik. Tübingen 1975
Annemarie Schimmel, Walther Schubring und Wilhelm Gundert, Lyrik des Ostens, München 1952 und oft

Viele Gedichte sind hier erstmals veröffentlicht.

Quellennachweis

ABDULBAQI Nihawandi, Ma'āthir-i Raḥīmī, 3 Bd. Calcutta, 1924–1927
ABDUL GHANI, Persian Language and Literature at the Mughal Court. 3 Bände. Allahabad 1929, 1972 repr.
ABDUL HAYY, Gul-i ra'nā. A'zamgarh [3]1945
Ṣalāh 'ABDAS SABUR, Ma'sāt al-Ḥallādsch. Cairo 1965
ABU'L-'ATAHIYA, Dīwān. Beirut 1887
ADONIS, Qaṣa'id ūlā. Beirut 1957; Aurāq fi'r-rīh. Beirut 1958; Kitāb at-taḥawwulāt wa'l-hidschra fi aqālīm an-nahār wa'l-lail, Beirut 1965
'AINUL-QUDAT Hamadhānī, Lawā'iḥ, ed. Raḥīm Farmāyish. Teheran 1958
AMIR KHOSRAU, Dīwān-i kāmil, ed. Maḥmūd Darwīsch, Teheran 1965
Muḥammad Nāṣir 'ANDALIB, Nāla-i 'Andalīb, 2 Bde. Bhopal 1309/1890–1
ANVARI, Dīwān, ed. Mudarris Rażawī, 2 Bände, Teheran 1958, 1961
Manuskript im Fogg Art Museum, Harvard University, Cambridge, Mass., s. Annemarie SCHIMMEL and Stuart Cary WELCH, A Pocket Book for Akbar: The Divan of Anvari, New York 1983
Muḥammad ASLAH, Tadhkirat-i schu'ārā-yi Kaschmīr, ed. Sayyid Hussamuddin Rashdi, 5 Bände. Karachi 1967–68
Farīduddīn 'ATTAR, Dīwān-i qaṣā'id u ghazaliyyāt, ed. Sa'īd-i Nafīsī, Teheran 1960
–, Ilahīnāma, ed. Hellmut Ritter. Istanbul–Leipzig 1940
–, Manṭiq uṭ-ṭair, ed. M. Jawād Shakūr. Teheran 1962
–, Muṣībatnāma, ed. Nūrānī Wiṣāl. Teheran 1959
Muhammad 'AUFI, Lubāb al-albāb, ed. E. G. Browne and Muhammad Qazwini, 2 Bände. London–Leiden 1903, 1906
N. A. BALOCH, ed., Munāqibā, Hyderabad/Sind 1960
'Abdal Wahhāb AL-BAYATI, Dīwān, 2 Bände. Beirut 1971
Mirzā 'Abdul Qādir BEDIL, Kulliyāt, 4 Bände, Kabul 1962–65
Azād BILGRAMI, Khizāna-i 'āmira. Luckow um 1890
E. G. BROWNE, A Literary History of Persia, 4 Bände. Cambridge, 1902–1921 und Reprint.
Asaf Halet ÇELEBI, HE. Istanbul um 1954
–, Lam Alif. Istanbul 1955
'Abdur Raḥmān DSCHAMI, Bahāristān, Lithographie o. D.
–, Dīwān-i kāmil, ed. Hāschim Riżā. Teheran 1962
–, Haft Aurang, ed. Agā Murtażā und Mudarris Gīlānī. Teheran 1972
Khwādscha Mīr DARD, Dīwān-i Fārsī. Delhi 1309/1891
–, Urdu Divan, ed. Khalīl ur-Raḥmān Da'ūdī. Lahore 1961
DAULATSCHAH, Tadhkirat asch-schu'arā, ed. E. G. Browne. Leiden 1900
Rudolf DVOŘAK, Abū Firās, ein arabischer Dichter und Held. Tha'ālibīs. Auswahl aus seiner Poesie. Leiden 1895
Sadettin Nüzhet ERGUN, Bektaşi Şairleri ve Nefesleri. Istanbul 1944
Muḥammad AL-FAITURI, 'Aschiq min Ifrīqiyya 1957
–, Ma'zūfa li-darwīsch mutadschawwil, 1970

FAIZ Ahmed Faiz, Naqsh-i Faryādī, 1943
FARRUKHI Sīstānī, Dīwān, ed. Muḥammad Dabīr Siyāqī. Teheran 1956
J. H. GARCIN DE TASSY, Les Oeuvres de Wali hindoustani. Paris 1834, Übersetzung 1836
GESUDARAZ, Dīwān Anīs al-ʻuschschāq. Hyderabad/Deccan 1940
Mirzā Asadullāh GHALIB, Urdu Dīvān, ed. Ḥāmid Aḥmad Khan. Lahore 1969
–, Kulliyāt-i Fārsī, 17 Bände. Lahore 1969
GHALIB DEDE, Hüsn u aşk, ed. Abdulbaki Gölpīnarlī. Istanbul 1968
Aḥmad GHAZZALI, Sawāniḥ, ed. Hellmut Ritter. Istanbul 1940
E. J. W. GIBB, A History of Ottoman Poetry, 6 Bände. London 1900–1909, repr. 1958–63
al-Ḥusain ibn Manṣūr AL-HALLADSCH, Dīvān. Reconstitution par Louis Massignon, Journal Asiatique 1931; kritische Neuausgabe von M. Kāmil asch-Schaibī, Beirut 1973
HADI HASAN, Qāsim-i Kāhī. His Life, Time and Works. Islamic Culture 27 (1953)
B. A. HASCHMI, Sarmad. His Life and Quatrains. Islamic Culture 7–8 (1933–34)
B. J. HASRAT, Dārā Shikūh. Calcutta 1953
ʻOmar IBN AL-FARIḌ, Dīwān, Kairo s. d.
IBN AL-MUʻTAZZ, DĪWĀN, ed. B. Lewin. Bd. 4, Istanbul 1945
S. M. IKRAM, Armaghān-i Pāk. Karachi 1953
Muḥammad IQBAL, Asrār-i khudī. Lahore 1915
–, Payām-i maschriq. Lahore 1923
–, Bāng-i darā. Lahore 1924
–, Zabūr-i ʻadscham. Lahore 1927
–, Jāvīdnāma. Lahore 1932
–, Bāl-i Jibrīl. Lahore 1936
–, Zarb-i Kalīm. Lahore 1937
–, Armaghān-i Ḥijāz. Lahore 1938
Fakhraddīn ʻIRAQI, Kulliyāt, ed. Saʻīd-i Nafīsī. Teheran 1955
M. ISHAQUE, Sukhanwarān-i Irān dar ʻaṣr-i ḥāżir. Kalkutta 1933
Motilāl JOTWANI, Shāhʻ Abdul Karīm. Delhi 1975
Abū Ṭālib KALIM, Dīwān, ed. Partav Baiḍāʼī. Teheran 1957
KAYGUSUZ ABDAL, HATAYI, KUL HIMMET. Varlīk Klasikleri. Istanbul 1955
KHAQANI-yi Schīrwānī, Dīwān, ed. Ḍiyāʼ ad-dīn Sadschdschādī. Teheran 1959
KHUSCHHAL KHAN KHATAK, Muntakhabāt (mit Urdu-Übersetzung). Peshawar 1965
Waris KIRMANI, Dreams Forgotten. Aligarh 1984
Vasfī Mahir KOCATÜRK, Tekke Şiiri Antolojisi. Ankara 1955
Mehmet Fuat KÖPRÜLÜZADE, Eski şairlerimiz: Divan edebiyatī antolojisi. Istanbul 1931
Cahit KÜLEBI, Rüzgar. Istanbul 1949

Mahmud Darwisch, ʿĀschiq min Filisṭīn. Beirut 1964
al-maqqari, Nafḥ aṭ-ṭīb, ed. R. A. Dozy und andere, Leiden 1855–61
Masʿud ibn Saʿd-i Salmān, Dīwān, ed. Raschīd Yāschmī. Teheran o. d.
David J. Matthews and Christopher Shackle, An Anthology of Classical Urdu Love Lyrics. London 1972
Mir Taqī Mīr, Kulliyāt, ed. Ebadet Brelwi. Karachi 1958
al-Mutanabbi, Dīwān. Kairo 1929
Yaşar Nabi, Türk Yenilik şiiri antolojisi. Istanbul 1950
Nazik al-Mala'ika, ʿĀschiqat al-lail, 1949
Naziri, Dīwān, ed. T. Muṣaffā. Teheran 1961
Behcet Necatigil, Çevre. Istanbul 1951
Reynold A. Nicholson. Selected Poems from the Dīvān-i Shams-i Tabrīz, Cambridge 1898
Nizar Qabbam, qaṣā'id, Beirut s. d.
Niyazi Misri, Divan. Istanbul 1955
Nizami, Kulliyāt-i Khamsa. Teheran 1962
Necmettin Halil Onan, Divan Şiiri Antolojisi. Istanbul 1946
Orhan Veli, Bütün Şiirleri. Istanbul 1951
Pir Sultan Abdal, ed. Abdulbaki Gölpĭnarlĭ, Varlĭk Klasikleri. Istanbul 1953
Qadi Qadan, Qāḍi Qādan dschō kalām, ed. Hiran Thakur, Delhi 1978
Mīr ʿAlīschīr Qaniʿ, Maqālāt asch-schuʿarā, ed. Sayyid Hussamuddin Rashdi. Karachi 1957
Rahman Baba, D' Raḥmān Bābā Dīwān. Kabul 1356/1977
Lajwanti Ramakrishna, Panjabi Sufi Poets. London–Calcutta 1936, repr. 1967
H. G. Raverty, Selections from the Poetry of the Afghans. London 1862
Riza Tevfik, Divan, Istanbul s. d.
Maulānā Dschelāladdīn Rumi, Dīwān-i Kabīr ya Kulliyāt-i Schams, ed. B. Furūzānfar, 10 Bände, Teheran 1957 ff.
–, Mathnawī-i maʿnawī, ed. and transl. R. A. Nicholson, 8 Bände, London 1925–1940
Ralph Russell-Khurshid ul-Islam, Three Mughal Poets. Cambridge, Mass. 1967
H. S. Sadarangani, Persian Poets of Sind. Karachi 1956
Muhammad Sadiq, A History of Urdu Literature. London 1964
Abu'l-Madschd M. Sana'i, Ḥadīqat al-ḥaqīqa, ed. Mudarris Rażawī. Teheran 1950
–, Dīwān, ed. Mudarris Rażawī. Teheran 1962
Abū Naṣr as-Sarraj, Kitāb al-lumaʿ fī't-taṣawwuf, ed. R. A. Nicholson. London 1914
Satschal Sarmast, Risālō Sindhī, ed. O. A. Ansari. Karachi 1958
Mirzā Rafīʿuddin Sauda, Kalām-i Saudā, ed. Khurshid ul-Islam. Aligarh 1965
Badr Schākir as-Sayyab, Unschūdat al-maṭar. Beirut 1960

Schah 'Abdul Latif, Schāh dschō Risālō, ed. Kalyān Advānī. Bombay 1957
Siradsch Aurangabadi, Kulliyāt-i Sirādsch. Delhi 1982
Suleyman Çelebi, Mevlûd-i şerif. Lith. Istanbul um 1920
Sultan Bahu, Abyāt, ed. and transl. Maqbool Elahi. Lahore 1967
Talib-i Amuli, Diwan, ed. Schihāb Ṭāhirī. Teheran 1967
ath-Tha'alibi, Yatīmat ad-dahr, 4 Bände. Damaskus 1887
Finn Thiesen, A Manual of Classical Persian Prosody with chapters on Urdu, Karakhanid and Ottoman prosody. Wiesbaden 1982
Fadwā Tuqan, Amām al-bāb al-mughlaq. Beirut nach 1974
Yunus Emre, Divan, ed. Abdulbaki Gölpinarli. Istanbul 1943
Nūraddīn Muḥammad Zuhuri, Dīwān. Cawnpore 1874.

Eine Anzahl von Versen stammen aus Zeitungs- und Zeitschriftenveröffentlichungen oder aus von Freunden gefertigten Abschriften.

Dichter nach Sprachen geordnet

Arabisch:

'Abdaṣ-Ṣabūr; Abū Firās, Abū'l-'Atāhiya, Abū Muḥammad, Abū Ṭāhir, Adonis, Aḥmad ibn Fāris, al-Aḥnaf, Baschschār, al-Bayātī, Dhu'n-Nūn, ad-Duwainī, Fadwā Ṭūqān, al-Faitūrī, al-Ḥallādsch, Ibn Abdschad, Ibn Bāqī, Ibn al-Fāriḍ, Ibn al-Mu'tazz, Ibn Zuhr, Ibrāhīm al-Khawāṣṣ; Ibrahīm ibn al-Muwallad, Ilyā Abū Māḍī, al-Khālidī, Maḥmud Darwīsch, al-Muhallabī, al-Mu'taḍid, al-Mutanabbī, Nāzik al-Malā'ika, Nizār Qabbānī, 'Omar ibn Abī Rabī'a, al-Qāḍī at-Tanūkhī, Qais, as-Sābī, as-Sayyāb, asch-Schiblī, aṣ-Ṣirādsch al-Muhār, Sumnūn, at-Tortūschī, 'Ulaiyya

Persisch

'Abdur Raḥīm, Abū'l-Faradsch as-Sidschzī, Abū Isḥāq, Afrīn, 'Ainulqudāt, Akbar, 'Alī Mandschik, 'Amīd Lōikī, Amīr Khosrau, 'Andalīb, Anvarī, 'Aṭṭār, Auḥadī Marāghī, Aurangzēb, Azād Bilgrāmī, Bābā Saudā'ī, Bēdil, Dārā Schikōh, Dard, Dschāmī, Daulatschāh, Faiżī, Farrukhī, al-Gauharī, Gēsūdarāz, Ghanī, Ghazzālī, Ḥaidar Kalīcha, Hamgar, Imāmī, Iqbāl, 'Irāqī, Irādsch Mirzā, Kalīm, Kasrā'ī, Kaukabī, Khāqānī, Khādschū, Kisā'ī, Māhir, Mansūr Qarābuqā, Mas'ūd ibn Sa'd, Mu'ayyid al-mulk, Mu'izzī, Munīr, Nāmī, Nāṣir 'Alī, Ni'mat Khān, Ni'matullāh, Niẓāmī, Nuṣrat, Pindār-i Rāzī, Qā'ānī, Qabūl, Qābūs ibn Waschmgīr, Qāsim al-Anwār, Qāsim Kāhī, Qudsī, Rafī'ī, Rūmī, Ruzbihan, Ṣā'ib, Sa'īd, Salmān-i Sāwadschī, Sanā'ī, Sandschar Kāschānī, Sarkhosch, Sarmad, Schahfūr, Schāhī, Schahīd-i

Balkhī, Schāhidī, Ṭāhira, Ṭālib-i Amulī, Ubaidi Zakani, Unsī, ʻUrfi, Wāḍiḥ, Zēb un-Nisā, Ziyā'uddīn Nakhschabī, Ẓuhūrī.

Türkisch

Ahmed Hamdi, Ahmet Pascha, Akif Pascha, Asaf Halet, Aschik Hasan, Babur, Baki, Batu, Bayburtlu Zihni, Bedri Rahmi, Salah Birsel, Cafer Çelebi, Cahit Külebi, Cahit Sĭtkĭ, Fażĭl Hüsnü, Ghalib Dede, Hamdi, Ahmet Haschim, Hayali, Ibrahim Hakkĭ Erzerumlu, Ismail Hakkĭ Bursalĭ, Karacaoğlan, Kamu, Köröglu, Kul Himmet, Mehmet Akif, Muradi, Nazĭm Hikmet, Necatigil, Nedim, Nef'i, Niyazi, Oktay Rifat, Orhan Veli, Pir Sultan, Rĭza Tevfik, Sami, Süleyman Çelebi, Ümmi Sinan, Wasĭf, Yahya Kemal, Yunus Emre, Ziya Pascha

Urdu

Akbar Allāhābādī, Atisch, Dāgh, Dard, Faiz, Farāz, Ghālib, Hāschim'Alī, Inschā, Iqbāl, Jōsh, Mīr, Nāsikh, Saudā, Sirādsch Aurangābādi, Walī, Ẓafar

Sindhi

ʻAbdul Karīm, ʻAbdul Laṭīf, ʻAbdur Ra'uf, Qāḍī Qādan, Satschal

Paschto

Khuschḥāl, landey, Raḥman Bābā

Pandschabi

Sulṭān Bāhū

Verzeichnis der Dichter

det in Deutschland, Verfasser zarter Lyrik und einiger dramatischer Werke, die ihren Stoff aus der Antike nahmen (»Helena bleibt in Troja«). 276

'Abdul Wahhāb AL-BAYATI, geboren 1926 in Bagdad, führender progressiver Dichter des Irak, der eine Zeitlang in Ländern des Ostblocks und in Wien in der Emigration lebte und seinen fortschrittlichen Humanismus in zahlreichen dichterischen Werken ausdrückte. 74, 82, 162, 228

BAYBURTLU ZIHNI, türkischer Volkssänger aus Ost-Anatolien, der um 1800 wirkte. 134

Mirzā 'Abdul Qādir BEDIL (1644—1721). Aus Patna, ließ sich nach langen Reisen in Delhi nieder. Seine philosophisch-mystischen Werke gehören zu den schwierigsten Erzeugnissen persischer Dichtkunst, werden aber vor allem in Afghanistan und Zentralasien äußerst hoch geschätzt. 53, 68, 182, 185, 186, 189, 197, 221, 245, 276, 282, 283, 285

BEDRI RAHMI Eyüboğlu (1911—1975), türkischer Dichter und Maler, der expressionistische und volkstümliche Züge in seinen Werken verbindet. 122, 156, 304

CAFER ÇELEBI (gest. 1514), hoher Beamter unter dem osmanischen Sultan Bayezid II, unter dessen Nachfolger er aus politischen Gründen hingerichtet wurde. 29

CAHIT KÜLEBI (geb. 1917), türkischer Dichter aus Zile, dessen erste Gedichte 1946 erschienen. 157, 171

CAHIT SITKI Tarancĭ (1910—1956), einer der führenden Dichter der türkischen Moderne. 64, 251

Nawwāb Mirzā Khān DAGH (1831—1905), am Hofe des letzten Moghulkaisers in Delhi erzogen, wirkte nach dem Sturz des Moghulreiches 1857 zunächst in Rampur, dann in Hyderabad (Dekkan); seine geschmeidige Urdu-Lyrik gewann ihm viele Schüler. 32, 161, 206

DARA SCHIKOH (1615—1659), ältester Sohn Schāhdschahāns, mehr an Mystik, Dichtung und Kalligraphie als an Politik interessiert, wurde von seinem Bruder Aurangzēb in Delhi wegen Häresie hingerichtet. 328

Khwādscha Mīr DARD (1721—1785), Sohn von 'Andalīb, Verfasser großer mystischer Lehrwerke und Meditationen in persisch, doch in erster Linie für seine knappen mystischen Urdu-Verse bekannt, lebte und starb er in Delhi. 33, 36, 40, 53, 54, 65, 68, 88, 89, 90, 93, 104, 105, 131, 138, 148, 160, 187, 190, 216, 236, 246, 247, 280, 283, 318

DAULATSCHAH von Samarkand (gest. um 1495), Verfasser einer nützlichen Anthologie persischer Poesie. 185

DHU'N-NUN (gest. 859), von Legenden umgebener ägyptischer Mystiker, Verfasser glühender Gebete. 295

'Abdur Raḥmān DSCHAMI (1414—1492), gilt als der letzte »klassische« Dichter Persiens, der in allen Kunstformen gleichermaßen gewandt war. Seine Werke, die er in Herat, dem Sitz des timuridischen Herrschers Ḥusain Baiqarā, schrieb, reichen von zierlicher Lyrik bis zu mystischen Biographien und Epen. 19, 41, 201–4, 283, 284, 310

Muḥammad Iqbal (1877–1938), der »geistige Vater Pakistans«, geboren in Sialkot; nach Studien in England und Deutschland verbrachte er sein Leben als Jurist und Dichter-Philosoph in Lahore. Seine dichterischen Werke in Urdu und Persisch lehren Selbstverwirklichung, Erwachen aus dem gefährlichen mystischen Schlummer, und sein Ideal ist der faustische Mensch, dessen Sehnsucht sich nie erfüllt und der im ständigen Kampf mit Satan an Stärke zunimmt. 5, 17, 18, 19, 20, 95, 106, 109–10, 125, 130, 150, 151, 158, 159, 164–8, 193, 194, 200, 210, 219, 254, 290, 292, 299, 300—1, 305, 306, 318, 324

Iradsch Mirza (1874–1924), aus dem Qadscharenhause, lebte in Tabriz, gilt als letzter klassischer und erster moderner persischer Dichter. 269

Fakhruddīn 'Iraqi (gest. 1289), mystischer Dichter, der 25 Jahre in Multan lebte, dann nach Anatolien zog und in Damaskus begraben ist. Seine eleganten Verse spiegeln das Wechselspiel von Schönheit und Liebe in der Einheit des Seins wider. 327

Ismail Hakki Bursalı (gest. 1721), türkischer Mystiker des Khalveti-Ordens. 328

Schabbīr Ḥasan Khān Josch (Dschòsch) (1894–1981), einer der aktivsten und wortgewaltigsten progressiven Dichter in Urdu, der in Delhi zahlreiche Zeitschriften herausgab, für politische Freiheit kämpfte und bis zu seinem Tode dann in Pakistan wirkte. 9

Abū Ṭālib Kalim (gest. 1650) aus Kaschan, wanderte nach Bidschapur aus, kehrte nach Iran zurück, kam aber nach 1620 wieder nach Indien, wo er unter Schāhdschahān lyrische und beschreibende Gedichte verfaßte, die zu den besten Erzeugnissen des »indischen Stils« gehören. 29, 53, 127, 183, 185, 189, 199, 331

Karacaoğlan, türkischer Volkssänger des 17. Jahrhunderts. 43, 56, 245

Siyawush Kasra'i, zeitgenössischer persischer Dichter. 117

Kaukabi-yi Marwazī, lebte im 12. Jahrhundert in Ost-Iran. 103

Kayğusuz Abdal, Bektaschi-Dichter aus der europäischen Türkei, der im 15. Jahrhundert das Land durchwanderte und angeblich in Kairo starb; er zeichnet sich durch groteske Paradoxe aus. 124–5, 196, 208

Kemalettin Kamu (1901–1948), türkischer Dichter, vor allem durch Landschaftsgedichte bekannt. 155

Al-Khalidi, einer der beiden Brüder, die im 10. Jahrhundert in Bagdad preziöse Poesie und beschreibende Prosa verfaßten. 85

Afḍaladd in Khaqani (gest. 1199), wohl der gewaltigste unter den persischen Panegyrikern und – allgemein – Kassidendichtern, dessen Sprachkunst eine adäquate Übertragung in Poesie unmöglich macht. Er lebte im westlichen Iran und stammte aus dem Kaukasusgebiet. 13, 154

Khadschu Kirmani (1281 bis um 1352), aus Kirman stammend, ließ sich nach langen Wanderungen in Schiras nieder. 41

Khuschhal Khan Khatak (gest. 1689), pathanischer Kriegerfürst und der fruchtbarste Dichter in Paschto; seine Poesie reicht ,on lehrhaften Sprüchen zu strahlender Liebeslyrik und eindrucksvollen Versen aus dem

Gefängnis in Indien, wo er wegen seiner Rebellion gegen die Moghuln einige Zeit verbrachte. 55, 182, 185, 186, 187, 200, 245, 247
KISA'I (um 950–1001) einer der ersten bedeutenden persischen Dichter, lebte in Bukhara. 93, 102
KÖROĞLU, türkischer Volksheld und Sänger des 16. Jahrhunderts. 40
KUL HIMMET, türkischer Sufi-Sänger des 17. Jahrhunderts. 246
LANDEY, Kurzgedicht im Paschto aus zwei Zeilen von 9 und 13 Silben; oft von Frauen gedichtet. 27, 33, 39, 43, 44, 49, 50, 53, 56, 57, 86, 134, 160, 295
MAHIR Akbarābādī (gest. 1678), vom Hinduismus zum Islam übergetretener Dichter, den mystische Neigungen mit dem Moghulprinzen Dārā Schikōh verbanden. 62
MAHMUD DARWISCH (geb. 1942) aus Accra, dessen erste Gedichte 1960 erschienen; der Titel seiner berühmtesten Sammlung »Ein Liebender aus Palästina« beschwört die Heimat, die er nicht verlassen will. 270
MANSUR Qarabuqā-i Ṭūsī, lebte in Ost-Iran und starb dort 1452. 205
MAS'UD IBN SA'D-i Salmān (um 1046–1131), Großgrundbesitzer aus Lahore, der aus politischen Gründen lange eingekerkert war und dessen Gefängnis-Gedichte besonders rührend sind; einer der ersten persisch schreibenden Dichter des indischen Subkontinents. 160
Faqīr Muḥammad MATSCHHI (gest. um 1939), Sindhi Volkssänger. 128–9
MEHMET AKIF Ersoy (1873–1936), Dichter der türkischen Nationalhymne und zahlreicher sprachmächtiger Balladen, in denen er historische wie zeitgenössische Themen dramatisch darstellt. 261
Mīr Taqī MIR (1724–1810), in Agra geboren, gehört zu den »vier Pfeilern der Urdu-Dichtung«. Er lebte lange in Delhi, verließ die Stadt wegen der hoffnungslosen politischen Wirren und ließ sich in Lucknow nieder, wo seine sensitive Liebeslyrik jedoch kaum Anklang fand. 20, 32, 49, 53, 54, 55, 59, 61, 70, 87, 100, 102, 104, 105, 219, 250, 310, 321
Abū Bakr MU'AYYID AL-MULK (um 1100), Sohn des berühmten Seldschukenministers Niẓāmulmulk. 43
AL-MUHALLABI (gest. 963), Beamter, 956 Wezir in Bagdad und Freund der Herrschenden, fiel bei einem Kriegszug in Oman. 49, 86
Amir MU'IZZI (gest. um 1147), Hofdichter des seldschukischen Sultans Sandschar in Samarkand. 41, 85
MUNIR LAHORI (1609–45), lebte in Lahore, besuchte auch Bengalen. Schrieb unkomplizierte persische Gedichte. 37.
MURADI (gest. 1595), Dichtername des osmanischen Sultans Murād III. 191
AL-MU'TADID (1016–1069), wurde 1042 zum Herrscher der abbaditischen Dynastie in Sevilla. 92
Abū Ṭayyib AL-MUTANABBI (905–965), aus dem Irak, Lobdichter an verschiedenen arabischen Höfen; jahrhundertelang als größter Dichter der arabischen Klassik gefeiert. 133
Mīr Ma'ṣūm NAMI (1537–1606) aus Bhakkar (Sind), Dichter, Chronist, Kalligraph im Dienste des Moghulherrschers Akbar. 248

Imāmbakhsch NASIKH (gest. 1838), aus Faizabad, Dichter von großer Versatilität, gilt als Führer der Lucknower Schule, deren raffiniertester Wortkünstler er ist. 248

NASIR 'ALI Sirhindi (gest. 1697), Vertreter des kompliziertesten »indischen Stils«. 182, 221, 236

NAZIK AL-MALA'IKA (geb. 1923), aus Bagdad gebürtig, studierte arabische Literatur; ihre 1949 erschienene erste Gedichtsammlung verhalf dem freien Vers in der arabischen Dichtung zum Durchbruch. 15, 229–30, 238–42

NAZIM HIKMET Ran (1902–1963), der bedeutendste progressive Dichter der Türkei, Vorbild für zahlreiche moderne Literaten auch in der arabischen Welt, besonders durch seine Balladen berühmt. Nach langen Jahren im Gefängnis floh er und starb in Moskau. 115—6, 135—7, 263

Behcet NECATIGIL (1916–1979), gehörte zum Kreis um die Zeitschrift VARLIK; er hat mehrere Werke aus dem Deutschen übersetzt und eine sehr zurückhaltende, fast spröde Lyrik geschrieben. 57, 59, 217–8

NEDIM (gest. 1730), Kadi und dann Bibliothekar des Großwezirs in Istanbul, gilt er als der typische Repräsentant des »Tulpenzeitalters«, in dem Istanbul seine heitersten Tage erlebte. Nedims singbare Verse sind neben Levnis Miniaturen ein vollkommener Spiegel dieser Jahre, die 1730 mit dem Tode von Sultan Ahmet III endeten. 23, 32, 36, 174

NEF'I (gest. 1634), türkischer Lobdichter und Satiriker aus Erzerum, dessen in hochelegante Rhetorik gehüllte Bosheiten dazu führten, das er in Istanbul erdrosselt wurde. 205

NI'MAT KHAN ALI (gest. 1711) stammte aus Schiras, diente in Indien unter dem Moghulherrscher Aurangzeb und schrieb politische Prosa und hin und wieder Verse. 94, 281

SCHAH NI'MATULLAH (gest. 1451), persischer Mystiker aus Kirman, auf den der Ni'matullahī-Orden zurückgeht. 104

NIYAZI MISRI (gest. 1697) aus Malatya, mystischer Dichter des Khalveti-Ordens und Kommentator klassischer Sufi-Literatur, lebte auf der Insel Limnos in Verbannung. 138, 281

NIZAMI (gest. 1209), der größte persische Epiker, dessen KHAMSA, das Quintett von fünf Geschichten, unzählige Male imitiert worden ist und zahlreiche Maler zu Miniaturen inspiriert hat. Sein phantasievollstes Epos ist HAFT PAIKAR, die Abenteuer des Prinzen Bahrām Gūr mit den sieben Prinzessinnen, sein menschlich schönstes die Liebesgeschichte von Khosrau und Schīrīn. 13, 293–5

NIZAR QABBANI (geb. 1923), stammt aus Damaskus, veröffentlichte 1944 seine ersten Gedichte; gehörte dem syrischen diplomatischen Dienst an. Seine Verse sind biegsam und wohlklingend. 170

Dilāwar Khān NUSRAT (gest. 1726), stammte aus Sialkot, diente unter Aurangzeb und starb in Khuldabad im Dekkan. 184

OKTAY RIFAT (geb. 1914), gehört zur türkischen Avantgarde. 144

'OMAR IBN ABI RABI'A (um 643—712), aus Mekka, der anmutigste erotische Dichter der frühislamischen Zeit. 133

Orhan Veli Kanik (1914–1950), gilt als Begründer der türkischen Moderne, gab 1941–1949 Gedichte und Übersetzungen heraus, und hat immer wieder den Reiz seiner Heimatstadt Istanbul besungen. 45, 85, 154, 155–6, 173, 176, 177–8, 195, 209

Pindar-i Razi (um 1000), stammte aus Rayy (Teheran) und war Hofdichter der Dailamiten. 243

Pir Sultan Abdal (gest. um 1560), aus der Gegend von Sivas, Anatolien, wurde wegen verräterischer Beziehungen zu den Safawiden in Iran gehängt. Seine herbe Lyrik gehört zu den Lieblingssängen der Alaviten und der Bektaschi-Derwische. 38–9, 97, 215

Ḥabībullāh Qa'ani (um 1808–1854) aus Schiras, wurde in Teheran Hofdichter und Dichterfürst; er ist der erste persische Dichter, der Französisch beherrschte. Seine Verse zeigen eine bewundernswerte formale Meisterschaft; das gilt vor allem für seine Elegie auf den Tod Husains. 88, 257–8

Qabul Kaschmīrī (gest. 1726), aus Kaschmir. 321

Qabus ibn Waschmgir (976–1012), ziyaridischer Herrscher in Tabaristan am Kaspischen Meer. 27

Al-Qadi at-Tanukhi (940–994), aus Basra, lebte in Bagdad als Richter und Unterhaltungsschriftsteller. 162

Qadi Qadan (gest. 1551), Jurist und Mystiker aus Sehwan, Sind; erster bekannter Dichter in Sindhi, von dem erst jüngst etwa 100 Verse aufgefunden sind. 28, 63, 92, 96, 160, 190, 192, 311, 312, 314, 326, 329, 330

Qais ibn Dharīkh (gest. 687) aus Medina, berühmt für seine romantischen Liebesverse an Lubnā. 48

Qasim al-Anwar (gest. 1433), mystischer Dichter aus Azerbaidschan, mit beachtlichem Einfluß auf spätere Autoren. 32

Maulānā Qasim Kahi (1463–1580). Der aus Bukhara stammende Dichter soll 1553 Indien erreicht haben und 1580 in Agra gestorben sein; das Geburtsjahr scheint nicht sicher. Qāsim Kāhīs Verse zeichnen sich durch neuartige Metaphern aus. 94

Qudsi Maschadī (gest. 1642), führender Dichter der Zeit Schāhdschahāns, vor allem durch sein Prophetenloblied bekannt. 52, 184

Rafī'i Ḥaidar von Kaschan (um 1600), zog von Iran nach Indien, zeichnete sich durch geschickte poetische Chronogramme aus. 114

Rahman Baba (gest. nach 1707), der führende mystische Dichter des Paschto, dessen Verse oft einfach, doch eindrucksvoll sind. Er ist in seiner Heimat Peschawar begraben. 319—20

Riza Tevfik (1868–1949), türkischer Philosoph und Dichter, der vor allem über mystische Philosophie geschrieben hat. Sein Gedicht ist dem verstorbenen Dichter Tevfik Fikret gewidmet. 266

Maulānā Dschelāladdīn Rumi (1207–1273), der größte mystische Dichter persischer Zunge, geboren in Balkh, seit 1228 in Konya, wo er starb. Seine dem Wanderderwisch Schams-i Tabrīz gewidmete Lyrik und sein umfangreiches *mathnawi* sind seit Jahrhunderten immer wieder kommentiert

SIRADSCH Aurangābādī (gest. 1763), leidenschaftlicher mystischer Liebesdichter aus dem Dekkan, der sich später in Delhi niederließ. 25, 286

SÜLEYMAN ÇELEBI (gest. 1419), türkischer Dichter aus Bursa, der das bis heute beliebte Gedicht auf die Geburt des Propheten Muhammad verfaßt hat (*mevlud-i şerif*). 309—10

SULTAN BAHU (gest. 1692), Pandschabi-Dichter aus dem Distrikt Jhang, berühmt durch sein *siharfi*, »Goldenes Alphabet«; verfaßte auch theoretische mystische Schriften. 321

SUMNUN al-Muḥibb (gest. 907), durch seine ekstatische Liebe bekannter Bagdader Sufi. 292

Ṭāhira Qurratul'ain (1817–1852), erste persische Dichterin der Bābī-Bewegung, wurde wegen ihrer religiösen Überzeugung hingerichtet. 67

ṬALIB-I AMULI (gest. 1626), kam aus Iran nach Indien und wurde unter Kaiser Dschahāngīr zum Dichterfürsten ernannt. 103, 200, 223

AT-TORTUSCHI (1059–1126 oder 1131), Dichter aus Tortosa, der sich früh nach Mekka begab und in Alexandrien starb. 49

'UBAID-I ZAKANI (gest. 1371), lebte in Schiras, größter Satiriker der persischen Literatur. 205

'ULAIYYA bint al-Mahdi (um 800), Tochter des abbasidischen Kalifen al-Mahdi (reg. 775–785) in Bagdad. 27

ÜMMI SINAN (gest. 1568) aus Karaman oder Bursa, türkischer volkstümlicher Mystiker des Khalveti-Ordens. 101

Mirzā Ismā'il UNSI (gest. 1616), aus Herat, schloß sich in Indien dem Khānkhānān 'Abdur Raḥīm an, wurde auf der Rückreise ermordet. 31

Muḥammad 'URFI (1556–1591) aus Schiras, begab sich nach Indien, wo er sich mehreren Meistern, zuletzt dem Khānkhānān 'Abdur Raḥīm, anschloß. Seine Kassiden gehören zu den schwierigsten, aber auch schönsten Erzeugnissen persischer Poesie, und der Disput, ob er oder Faiżī höher zu stellen seien, hat persische und türkische Kritiker jahrhundertelang bewegt. 213, 214, 220, 249

Irādat Khan WAḌIḥ (gest. 1724), Dichter aus Nordindien, der zeitweise in Kaschmir lebte. 245

WALI Dekkani (gest. nach 1707), geistvoller Urdu-Dichter aus dem südlichen Indien, kam um 1707 nach Delhi und inspirierte weitgehend die dann dort entstehende Urdu-Literatur. 104

WASIF ENDERUNI (gest. 1825), lebte im Serail in Istanbul, schrieb auch im Frauendialekt. 33

YAHYA KEMAL Beyatlī (1884–1958), geboren in Üsküp, studierte in Paris, wurde unter Atatürk Abgeordneter und Botschafter. Er gilt als der letzte klassische Dichter der Türkei, dessen verhältnismäßig wenige Gedichte allen Schmelz der osmanischen Kultur tragen. 22, 46—7, 51—2, 91, 154, 169, 173, 175, 177, 249, 251, 260, 264

YUNUS EMRE (gest. 1321), türkischer mystischer Dichter, der erstmals seine Muttersprache für religiöse volkstümliche Dichtung verwendete, die noch heute lebendig ist. 121, 302—3, 307, 313

Bahādur Schah Zafar (1775–1862), der letzte Moghulherrscher Indiens; berühmt für seine singbaren Urdu-Verse und seine Gesänge aus dem Exil in Rangoon, wohin er 1858 verbannt wurde. 30–31, 223, 224

Zeb un-Nisa (1638–1701), älteste Tochter des Moghulherrschers Aurangzēb, Mäzenin von Gelehrten und Dichtern, erbaute auch Gartenanlagen in Lahore. Ihre Lyrik spiegelt die Einsamkeit der unverheirateten, mystisch veranlagten Prinzessin wider. 62, 211, 219

Ziya Pascha (1825–1880), einer der ersten türkischen Literaten, die dem Neuen aufgeschlossen waren; seine lehrhaften Verse sind sprichwörtlich geworden. 180, 188

Ziya'uddin Nakhschabi (gest. 1350), lebte in Bada'un, Nord-Indien; besonders bekannt als Verfasser des *tutiname*, »Papageienbuches«. 94

Ẓuhuri (gest. 1615) kam aus Ost-Iran zunächst nach Schiras und wanderte dann nach Indien aus, wo er am kunstliebenden Hof von Bidschapur erfolgreich wirkte. 87

رفتن مجنون بکوچه لیلی
و سنگ ربا درکنار گرفتن و زاری کردن
مجنون و نظاره کردن لیلی مجنون را

همچون نهنگ بیشه داران
سنگی چو جزیره پاره آب ز شعور ان
ریگی ز پشته پشته های سیم
بستان زمین و ایمان

جای که ندیم را برد خواب
ابری که نه تشنه را دهد آب

مرغان چمن خزیده در شاخ
در رفته خزندگان سوراخ

حور چشمه چو نشیمن تری او بست
سیمی و جوی بار ز او می بعد بیست
دیوی صد حلقه چشمه ز اینها ابر
صد باره شده زمین ابر

در دست سرابهای کین سوز
چون دعوی سلکان جگر دوز

مرغابی را آرزوی آبی
خون خورده بگرد هر سرابی